MORIR DE PIE

PEDRO J. FERNÁNDEZ

MORIR DE PIE

ÚLTIMA CONFESIÓN DE EMILIANO ZAPATA

OCEANO

MORIR DE PIE
Última confesión de Emiliano Zapata

© 2019, 2023, Pedro J. Fernández

Diseño de portada: Jorge Garnica
Fotografía del autor: Javier Escalante

D. R. © 2023, Editorial Océano de México, S.A. de C.V.
Guillermo Barroso 17-5, Col. Industrial Las Armas
Tlalnepantla de Baz, 54080, Estado de México
info@oceano.com.mx

Primera edición en Océano: 2023

ISBN: 978-607-557-797-5

Impreso en México / Printed in Mexico

A Andoni, por supuesto.

*También a Mónica Farrera, a Javier Fernández,
a Jorge y Moisés Quintanilla, a Juan Pablo González,
a Alejandro Xoconostle, a Bernardo Valladares,
a Diego Méndez, a Rodrigo González y a Gonzalo Maldonado.*

Ayudad, pues, a la Revolución. Traed vuestro contingente, grande o pequeño, no importa cómo, pero traedlo. Cumplid con vuestro deber y seréis dignos; defended vuestro derecho y seréis fuertes, y sacrificaos si fuere necesario, que después la patria se alzará satisfecha sobre su pedestal inconmovible y dejará caer sobre vuestra tumba un puñado de rosas.

Manifiesto a la nación del
general Emiliano Zapata, octubre de 1913

La cuestión agraria es de tan alta importancia, que considero debe estar por encima de la alta justicia, por encima de esa justicia de reivindicaciones y de averiguaciones de lo que haya en el fondo de los despojos cometidos contra los pueblos. No pueden las clases proletarias esperar procedimientos judiciales dilatados para averiguar los despojos y las usurpaciones, casi siempre prescritos; debemos cerrar los ojos ante la necesidad, no tocar por ahora esas cuestiones jurídicas, y concretarnos a procurar tener la tierra que se necesita.

Discurso a la Cámara de Diputados,
pronunciado por Luis Cabrera en diciembre de 1912

Voy a decir verdades amargas, pero nada expresaré a usted que no sea cierto, justo y honradamente dicho.

Emiliano Zapata

Querido lector:

A CIEN AÑOS DE SU MUERTE y ciento cuarenta de su nacimiento, este "Año de Zapata" debemos reconocer el legado revolucionario e ideológico del caudillo en la construcción del México moderno y la lucha agraria. Su Plan de Ayala fue uno de los pilares de la lucha armada y de la Constitución de 1917, y sus exigencias permanecen vigentes en este México herido.

Quise dar voz a uno de nuestros héroes nacionales para ir más allá de la acartonada figura que suele ilustrarse en los eventos oficiales, y retratar al hombre más allá del mito, al hijo, al padre y al mexicano que defendió sus ideales hasta la muerte, que amó desmesuradamente la tierra y que enfrentó batallas con gran habilidad sin saber cuál sería el resultado. Creo que dejar de idealizar a nuestras figuras históricas nos ayudará a comprender su verdadera grandeza.

Espero, lector, que la siguiente historia te lleve a una reflexión sobre qué fue aquella lucha armada que marcó los primeros años del México del siglo XX, y de los hombres y las mujeres que nos dieron patria.

Debo advertirte que esta novela no está escrita de forma cronológica, por lo que he decidido acompañar el libro con una breve cronología con la historia de Emiliano Zapata y la Revolución mexicana.

Así pues, a un siglo de la lamentable desaparición de uno de los personajes más significativos de la historia de América Latina, sólo puedo decir: ¡Zapata vive!

PEDRO J. FERNÁNDEZ
Ciudad de México,
6 de febrero de 2019

Ce

1919

I

DECÍA MI MAMÁ que el mundo está lleno de umbrales, aunque no siempre podamos verlos; en los espejos, en las nubes, en los templos y hasta en el propio cuerpo.

Al cruzar el primero del mundo, dejas de estar en el más allá y de trancazo existes, conoces el frío. La luz te ciega y te arrancan del seno materno para que conozcas la vida. Por eso la primera reacción de todo hombre al nacer es el llanto.

A mí me pasó en Anenecuilco, según dicen, un 8 de agosto de 1879.

No hubo signos maravillosos que predijeran mi llegada a este mundo, ni viejas matronas que soñaran con mi nacimiento; tampoco apareció en oráculos ni en escritos proféticos. Como el noveno hijo de la familia, mis padres, Gabriel Zapata y Cleofas Salazar, esperaban que mi parto fuera igual a los otros. Imagino que en cuanto empezaron los dolores mis hermanos encendieron velas al Señor de Anenecuilco y fueron a buscar a las parteras; mientras mi madre se ponía de cuclillas para pujar, como era costumbre en el pueblo.

Así, en medio del dolor, traspasé el umbral.

Después de horas de intensa agonía y tras el sano alumbramiento los rezos que habían llenado el silencio se convirtieron en cantos a la vida y a la Virgen, y se abrieron muchas botellas de aguardiente para celebrar mi nacimiento.

Ellos no sabían que mi destino estaba sellado desde aquel día, pues mi alma venía hecha de tierra y agua, pero, sobre todo, de pólvora que encontraría el fuego necesario para hacer arder a México.

También crucé un umbral cuando fui bautizado en la iglesia del pueblo, y años después, para tomar el cuerpo y la sangre de Cristo por primera vez, aunque los misticismos mejor se los dejo a las viudas supersticiosas y, sobre todo, a los curitas caprichosos que bastante han ayudado a que el jodido no se levante del polvo.

Bienaventurado el paraíso de los ignorantes, porque son esclavos de la tiranía... No, mi religión es otra. Como siempre he dicho: si no hay justicia para el pueblo que no haya paz para el gobierno.

Fueron ellos, los del gobierno, los que empezaron este borlote... Yo, quien decidió que era tiempo de mandar todo al carajo.

II

Hace unos días, en abril de 1919, crucé otro umbral para entrevistarme con Jesús Guajardo. Esta vez en una casa, o mejor dicho, un cuarto de Tenancingo, en el Estado de México. Las paredes estaban desnudas como el hueso blanqueado, con cuarteaduras desde el techo hasta el piso, como arañas negras impregnadas en el yeso. Recuerdo una luz gris que entraba por la ventana.

Guajardo me vio y se levantó de la silla. Se veía como un catrín pazguato, muy delgado y de ojos como el color de la ceniza de un cigarro a medio apagar. Le temblaba tanto el labio inferior que le era imposible esconder su nerviosismo.

Tenía, a lo mucho, treinta años el escuincle.

—Mi general Zapata, recibí la nota que me hizo llegar. Vengo a ponerme a sus órdenes —exclamó como un autómata que ha ensayado muy bien sus líneas.

Lo miré de arriba abajo; le quedaba grande el uniforme y llevaba las botas llenas de lodo. Eso sí, se había puesto harta cera en el bigote para que le quedara a la usanza de la capital.

Chupé el puro que llevaba en la boca y solté, con desprecio, una bocanada de humo.

—Y usté, ¿qué dijo? Este tarugo ya cayó, ¿no? —respondí—. Si a leguas se ve que sigue obedeciendo las órdenes del general Pablo González. Mire nomás, todavía trae el uniforme de los federales; y la meritita verdá, pos sí me interesa que se una a mis filas, pero pos no me fío de usté... Trae las manos muy manchadas de sangre.

—Mi general, si usted mandó esa nota a la cantina donde yo estaba, sabe bien que no estoy contento con las decisiones militares que ha tomado el general González y cuantimenos que el viejo barbas de chivo del presidente Carranza. Mis hombres y yo estamos con usted y su lucha agraria. Estamos cansados de tanta matazón y creemos que juntos podemos llegar a la victoria.

Un discurso conmovedor, sin duda, pero ridículo. Parecía hecho para darme la razón, y, además, nunca he confiado en los hombres que tropiezan las palabras. De adulados está lleno el camposanto.

—Mire, mejor regrésese a Morelos y no vuelva a aparecerse por aquí, porque en una de ésas no me agarra tan de buenas y le mando meter una bala por... donde más le duela. Tiene la boca muy grande, y la... reputación muy chiquita, señor Guajardo. Usté todavía juega a la guerra, cuando le tiene miedo a la vida.

Me encaminé a la entrada, con la intención de terminar de fumarme mi puro lejos de ahí. Cuando escuché la voz desesperada de Guajardo.

—¡No se vaya! Que si me devuelvo para el campamento y el general González se entera que estuve aquí con usted, me manda fusilar por traidor.

Me volví para verlo. Los dedos de sus manos no se podían estar quietos; respiraba muy rápido y tenía los ojos húmedos, aunque no lloraba. Sólo mostraba su cobardía.

—¡Tengo armas! —continuó—, muchísimas armas para que reinicie la lucha... parque también... y hombres que quieren luchar. Puede volver a armar a su ejército y recuperar Cuernavaca... Comenzar otra vez el reparto de tierras. Por lo que más quiera, escúcheme. Usted sí es hombre, no como los federales a los que he servido. Conoce los crímenes de los González, no se los tengo que repetir.

Me llevé el puro a la boca.

—Habla... —exclamé, en medio de una nube de humo.

—Ese maldito de Carranza... le tiene miedo a usted, porque la gente lo sigue y lo escucha. Porque no se ha vendido a su gobierno, ni a los gringos, ni a los alemanes, ni a los rusos. Su lucha, don Emiliano, no tiene precio... Yo quiero ser parte de ella. ¡Hasta la victoria con mi general Zapata!

—¡O hasta su chingada madre, Guajardo! —lo interrumpí—. Mire, los halagos se los deja a los muertos que no hicieron un carajo en vida, porque entre los vivos nos hablamos claro… Así, derechito se lo digo y escúcheme bien: no confío en usté, pero me interesan las armas; así que le voy a pedir una cosa para probar su lealtad y no se la voy a repetir.

—¡A sus órdenes!

—A ver, pele bien la oreja: si quiere ser parte del Ejército Libertador del Sur, va y me chinga a Victorino Bárcenas. Luego me lo arresta a él y a todos sus hombres. No me ha dejado en paz en los últimos meses y necesito quitármelo de encima para seguir la lucha.

Vi a Guajardo tragar saliva.

—¿A… Bárcenas? Pero es un militar muy capaz… muy bueno en el campo de batalla, sus hombres lo respetan. Además, siempre está cerca del general González… No creo que se pueda.

—¿Está usté tan tarugo que tiene que repetir las órdenes que le estoy dando? Va, se chinga a Bárcenas y luego vuelve. A ver si tiene los tamaños necesarios para luchar a mi lado.

Torpe, asintió en silencio; aunque tenía la cara descompuesta. Lo dejé ahí, carraspeando como un animal moribundo, y salí de aquel cuarto. Por un rato anduve sorteando las piedras del camino, mientras terminaba de fumar el puro, y mis hombres agarraban el valor para preguntarme cuál era mi plan.

Cuando al fin lo hicieron, ya casi llegando a la plaza del pueblo, me fui, como quien dice, por la tangente:

—¿Verdá que ya no hacen a los mexicanos como antes? Se nos están acabando los hombres con arrojo…

Y ellos no entendieron un carajo, pero siguieron caminando conmigo; soplaba un viento cargado de bochorno húmedo.

En silencio recorrí la plaza del pueblo, mientras cavilaba.

No sé cuántas veces me sentí igual, solo; pero digo solo mientras estaba rodeado de gente; solo con mis muertos, con los campos de batalla ensangrentados en la memoria y el trueno de las pistolas; solo con la idea de la Revolución dándome vueltas en la cabeza, y los dos grandes umbrales: la guerra y la muerte.

Y es que la Revolución en México es un juego de cuidarse las espaldas de los amigos, anticiparse a las traiciones usando la inteligencia como un método premonitorio, y explotando la habilidad de conseguir armas para ganar o perder plazas; matar y morir por el bien de la patria (o por el de uno mismo).

Fui hasta la casa que usábamos como cuartel general y agité la mano derecha para espantar a las moscas que zumbaban cerca de la entrada. Me dejé envolver por el humo del fogón; sin duda en la cocina ya se estaban preparando para la comida.

¡Y yo con esa mentada hambre!

A veces no sé qué me da por no desayunar... Será, supongo, por recordar el hambre que vi en mi niñez, en mi querido Anenecuilco.

No sé, será por eso.

Cuando entré al cuarto que hacía de cocina, no encontré cortinajes en las ventanas, ni muebles fastuosos, sino tres formas de mujer con faldas largas ceñidas a la cintura y con remiendos en la tela a lo largo de la caída, trenzas mezcladas con listones verdes y blusas de algodón que me dejaban adivinar tres pares de senos morenos y, en cierta medida, castos.

Ahí me quedé, recargado en el dintel, dándole las últimas chupadas a mi puro, mientras ellas movían las caderas para hacer pulpa chiles en el molcajete, preparar las tortillas con las palmas de sus manos y usar una cuchara de madera para darle vuelta a los frijoles que tenían en la lumbre. Hubiera dado lo que fuera por un buen caldo de gallina, pero no teníamos con qué.

Dejé caer el puro y lo pisé con la punta de mi bota. Decidí aventurarme al comal y robarme una tortilla calientita para hacerme un taco con sal.

Haciendo tiempo mientras llegaba la hora de comer descubrí que mi hambre no era sólo de caldo de guajolote.

Las mujeres siguieron moviendo las caderas mientras preparaban los frijoles.

Esa tarde, mis hombres y yo nos sentamos en los petates y nos comimos un buen plato de frijoles, cocinados lentamente en manteca de cerdo y hojas de epazote en una cazuela de barro. Prácticamente los últimos que nos quedaban en el almacén de comida, y que, yo decidí, eran para todos. ¿Por qué iba yo a comer algo diferente a mis hombres? La lucha armada no es para que los generales busquen la gloria o la comodidad. Ésta no es una guerra de ricos o de pobres, sino para que todos jalemos parejo.

Ahí sentados, hombres y mujeres de diferentes rangos y edades querían saber de mi reunión de mediodía. Hice el plato a un lado; todas las miradas estaban puestas sobre mí:

—El mentado Guajardo nunca luchará contra uno de los hombres de Pablo González. Lo único que hice fue ponerlo entre la espada y la pared; a ver si de una buena vez se decide a estar con mi ejército o con el de los contras. Bastante cansado estoy ya de la destrucción y la muerte que causa González día y noche.

—¿Y si no regresa? —me preguntó una coronela de melena negra que apodábamos Lupe, la veloz.

—Pos me deshice del cabrón por la buenas...

Y era cierto, lo había mandado lejos con la idea de no volver a encontrarlo, pero aquello no resolvía mi problema. Mi ejército estaba diezmado, apenas si nos quedaban armas, y las balas que teníamos no alcanzaban ni para media batalla. ¡Ni qué hablar de la moral de mis hombres!

Ellos rieron por mis palabras, pero sabía que estaban rotos por dentro.

Ansiaba... no, más bien necesitaba recuperar Morelos, Anenecuilco y Cuernavaca, y de ahí planear el derrocamiento de Venustiano Carranza. ¿Me apoyaría en Pancho Villa? Sí, lo estaba considerando como una posibilidad; mientras más pelados fuéramos, sería más fácil apoderarnos de la capital. Otra vez.

Lo discutimos todos con un segundo plato de frijoles, que acompañamos con las tortillas que nos hizo doña Elena.

Por la tarde fui hasta el cuarto que me servía de dormitorio y me senté junto a una ventana. Me serví una copa de coñac, que más que llenarme de ideas sobre mi futuro militar, me sumergió en el típico estado melancólico en que uno no es amo de sus recuerdos, sino que éstos corren libremente por la cabeza.

Me acordé, por ejemplo, de cuando conocí a Porfirio Díaz, allá en la casa de su yerno, de los juegos enrevesados de canicas que mi hermano Eufemio y yo practicábamos cuando éramos niños y de todas las ocasiones en que Josefita y yo habíamos dado rienda suelta a la pasión que sentíamos entre nosotros.

¡Ay, mi pobre esposa! Desde que nos fuimos a Cuernavaca y luego huimos al Estado de México, la tengo de un lado para el otro, siempre escondida para que mis enemigos no la arresten y la ajusticien por algo que yo hice...

Pensando en ella, y en otros recuerdos, sentí unos dulces labios sobre mi mejilla, y sonreí... Lupe, la veloz, se me había metido al cuarto sin que yo me diera cuenta, y así, sin más, había comenzado a desabotonarme la camisa. Su apodo no se debía a que ella fuera muy rápida en hacer las cosas, sino todo lo contrario, y en ese momento disfrutaba sus manos acercándose a mi pelvis.

Antes de que cayera la noche, cerré las cortinas y ahuyenté los recuerdos rancios con mis besos húmedos sobre la piel de aquella mujer. Ella, dócil como el agua, y yo firme como la tierra de Anenecuilco.

Luego, cuando cayó la noche azul y cerré los ojos, vi calaveras de jade brotar de las buganvilias muertas. Y es que los sueños también son umbrales a tiempos diferentes y circulares que lo vuelven a uno clarividente, a mundos tan ajenos que parecen construidos con nácar y mármol, a lugares tan lejanos como la pirámide de Cholula o el puerto de Tampico.

Así la noche mexicana se convierte en un umbral mágico imposible de describir. El día, en otro.

III

La verdá es que no pude olvidar a Guajardo con el paso de los días. Al contrario, me lo imaginaba muerto de miedo sin saber si prometerme más armas o de plano ir con el general Pablo González, como perro con la cola entre las patas, a decirle: "¿Sabe qué? No pude ganarme la confianza de Zapata. Encuentre otra forma de deshacerse de él".

No deseaba su muerte, pero me hubiera hecho muy feliz pasarlo por las armas y verlo desmoronarse sin vida junto al paredón de fusilamiento.

Fui tonto, menosprecié a Guajardo. Olvidé que en México la guerra es un umbral que transforma a los hombres. Un cobarde puede volverse un dictador feroz, un hombre orgulloso tiembla al momento de disparar un revólver, y un valiente orador suele encontrar el miedo a la hora de probar sus palabras.

Así, aunque mi primera impresión de Guajardo era que se trataba de un iluso cobarde, pronto me llegaron noticias que cambiaron mi percepción de él. A través de una carta que me envió, y que luego pude comprobar por las noticias que llegaban al pueblo, me enteré de que Jesús Guajardo había resultado más cabrón que bonito, y había atacado Jonacatepec, donde acampaban los hombres de Bárcenas.

Corrió la sangre y tronó la pólvora.

En cuestión de unas horas había dominado el terreno, haciendo prisioneros a cuarenta y nueve soldados federales y al propio Victorino Bárcenas. Luego, por iniciativa propia, Guajardo ordenó el fusilamiento de los prisioneros, quienes uno a uno fueron atravesados por las balas, cayendo como muñecos de trapo.

En resumen, el precio de su lealtad fue de cuarenta y nueve vidas... Cuarenta y nueve pelados federales. Y si no fueron cincuenta se debió a que perdonó a Bárcenas.

No lo salvó, ni tampoco le hizo un flaco favor al dejarlo con vida. Quería entregármelo como un sacerdote mexica ofrece un corazón sangriento a su dios; aquella era una ofrenda de paz, pero también un sacrificio con un tufo a muerte.

Yo, todavía receloso de aquella situación, mandé a dos de mis hombres a comprobar que todo lo que se me había dicho fuera verdá. Y ellos regresaron un par de días después con descripciones de cómo lucía el campo de batalla, lleno de manchas sangrientas, cadáveres desnudos y uniformes desgarrados; hablaron de pasto quemado y cañones humeantes. Describieron la muerte sin hacerlo.

Guajardo, por su parte, me escribió una carta larga, en la que, con urgencia, me pedía una fecha para que lo incorporara a mi ejército, ya que, además de las armas que me había prometido, aseguraba tener catorce mil cartuchos.

Yo la leí en mi cuartito de paredes cuarteadas y ahí mero le escribí la respuesta. Me temblaba la pluma mientras la sumergía en el pote de tinta... ¡Catorce mil cartuchos! Más que suficientes para infundirle temor a Carranza y voltear las reglas del juego a mi favor.

Le respondí a Guajardo que viniera al pueblo, que me entregara todo lo que tenía, y que podría incorporar a todos sus hombres.

¡Yo ya no veía el fin de la mentada lucha! Con las armas y mi experiencia podría conseguir justicia para los espíritus de mis antepasados, ya en otro umbral de la existencia.

Cuando terminé la carta, hice que me trajeran la caja de latón que siempre me acompañaba. Sólo acaricié los bordes filosos y la textura metálica de la cerradura. Sabía los secretos que escondía: el fuego que encendía mi alma y me inspiraba a seguir luchando por la tierra, por mi pueblo y por la patria.

Dentro estaba mi mayor secreto.

No la abrí; la dejé a un lado preguntándome cuántos fantasmas había dentro, y cuántos hombres habrían de morir antes de que no me causara dolor abrir la mentada tapa.

Levanté el puro del cenicero y me lo llevé a la boca. Sólo entonces comprendí que se había apagado. Estaba yo bastante cansado de esconderme en Tenancingo cuando podría estar luchando por la tierra y la libertad de los pueblos de Morelos.

¿Cuántos años llevaba ya en esto? Ocho. No, más bien nueve... Acababa de cumplir nueve años de arriesgar la vida por un México mejor, por la tierra y por la libertad.

Un país no merece tanta guerra para encontrar la paz. Mucho menos éste.

IV

En el Estado de México las mañanas se despiertan con ventiscas poderosas, aun en pleno abril; levantan hojas y remueven el polvo de las calles sin pavimentar. A veces se meten a las iglesias hasta cubrir a los santos, y otras ayudan a que las palomas vuelen más alto.

—¿Ya vio, general? —me preguntó Agustín Cortés, uno de mis ayudantes más fieles, mientras señalaba el cielo con su dedo índice—. ¿Qué le dije? Que hoy sí nos iba a llover. Las tormentas de abril son rete famosas en todo el estado. Uno nomás oye el trueno, y así, al ratito, ya todas las calles son ríos de mugre y granizo... Y no hay nada que hacer.

—Así es la guerra —respondí—. Te atacan en cualquier chico rato y si no te defiendes, también corren ríos de sangre y muerte, y ya no hay nada que hacer.

Agustín me ha de haber oído apesadumbrado. Estábamos sentados en la plaza del pueblo y aprovechó mis palabras para sentarse un poco más cerca.

Por allá jugaban unos niños con un trompo de madera, y más cerca, dos jóvenes casaderas y de buena familia caminaban con el paso apretado, seguramente con miedo de que los revolucionarios les fueran a hacer algo.

¡Ridículas! No saben que la comodidad es el mayor enemigo de la Revolución.

—¿Ya tiene noticias del Guajardo ese? No se fíe, mi general. Una cosa es que ya no esté con el general Pablo González y otra que sea leal a usted. ¡Ya sabe cómo está la cosa! Cada uno jala agua para su molino, mientras los pozos de la patria se secan. En tiempos de don Porfirio...

—Ni me hables del tirano ese —murmuré.

—...los hombres eran un poco más leales. Claro, a don Porfirio, pero leales al fin y al cabo. No que ahora... ¡Ya quisiera el señor Carranza ser la mitad de hombre que don Porfirio o que usté mero!

—¿No quieres saber mejor lo que decía la última carta que me envió Jesús Guajardo? El barbas de chivo me tiene hasta la coronilla.

—Ándele, mi general, cuénteme todo el borlote que se traen con eso de que no quiso venir hasta acá... O más bien, no quiso obedecerlo. Digo, porque quiere servir bajo sus órdenes y a la primera siente que se manda solo.

Hice una mueca. Agustín tenía un talento muy particular, el de sacarme de mis casillas a la mínima intención. Si no fuera porque es un buen amigo, y un valiente soldado, hace mucho que lo hubiera mandado a su casa a estar con su mujer.

—Está mejor en Chinameca. Tiene control de la plaza; allá tiene a Bárcenas y las armas que me va a entregar. De todas maneras me mandó un caballo alazán que se llama As de Oros. Mañana salimos a reunirnos con él. Partimos por la tarde...

Espero que me vaya mejor que hace unos años, cuando las tropas de Porfirio Díaz quisieron emboscarme ahí mismo; desde entonces le traigo ojeriza a Chinameca.

Agustín asintió.

—¿Sabe qué le digo, mi general? Se me hace que sí nos va a llover. Yo que usted me andaba con cuidado estos días; luego no se siente lo duro, sino lo tupido.

Mi respuesta fue una mirada de reproche que él entendió muy bien, porque se quedó callado el resto de la tarde.

Lo curioso fue que esa noche me arrulló el tormentón que azotó el pueblo y que sí dejó ríos de mugre y granizo... tal como había dicho Agustín.

V

Partimos según lo estipulado.

¡Qué magnífico es recorrer los campos de México! Se mezclan los terrones con el pasto que crece salvaje, el musgo que se adhiere a las rocas sin forma y las vetas que crecen en robles y ahuehuetes. Montado sobre mi caballo, dejé atrás Tenancingo y me dirigí a la hacienda de Chinameca, escoltado por cien hombres, en una caravana en la que también nos acompañaban algunas soldaderas.

Iba montado sobre el As de Oros, con mi sombrero de charro; el bochorno se me metía hasta los huesos y me empapaba la espalda, haciendo que el pantalón se me pegara a los muslos. He aprendido a engañar el miedo, callando los pensamientos de mi alma y andando siempre adelante. Ni siquiera durante mis derrotas en el campo de batalla he considerado rendirme, ¿por qué habría de hacerlo en ese momento? Sin embargo, mi estómago era un abismo, llenado por un presentimiento funesto de espinas.

El aire todavía se sentía pesado. Todavía... desde 1910.

En el camino encontramos casquillos por doquier, madera quemada, caminos que no llegaban a ningún sitio... el México de siempre luchando para sobrevivir, campesinos arando, el silencio, los pasos de mi caballo obedeciendo mis órdenes. Esperaba hallar a cualquier pelado colgado de algún poste o algún árbol, como tantas otras veces, pero en aquella ocasión no sucedió; sentía que caminábamos sobre un cementerio.

Llegó la noche, y no pude dormir, por cuanto soñaba con un camino largo coronado por calaveras de jade como si fueran estrellas, lleno de umbrales lunares de los cuales provenían las voces sin cuerpo que me llamaban: Emiliano, Emiliano... ¡Ven!

Y yo no entré en ninguno, porque quise caminar hasta llegar al final.

Después de desayunar, me alejé de la tropa. La brisa era una con el rocío y la lluvia que había caído por la noche.

Otra vez tuve dudas en si debía seguir, o volver al pueblo.

No llegó ningún aviso premonitorio que me orientara. En lugar de eso, reflexioné por un largo rato antes de tomar una decisión.

Se la comuniqué a mis hombres y monté el As de Oros.

Antes del mediodía surgió la Hacienda de Chinameca, entre los campos de caña y los canales que los irrigaban.

Emergió a lo lejos, como una bruma blanca, que se convirtió en un edificio de forma definida, dos plantas bien cimentadas, arcos y columnas, lo mismo de piedra que de ladrillos porosos y escondrijos varios. Sabía que dentro tenían una de las máquinas más modernas para la producción de azúcar y miel, con ayuda de campesinos que trabajaban en condiciones terribles, claro.

Mi tropa y yo llegamos a un campamento cercano y fue el mismo Jesús Guajardo quien salió a recibirme.

Bajé del caballo; mis hombres hicieron lo mismo.

—Cumplí sus órdenes, mi general —había un ligero temblor en su voz, pero sonreía.

Estaba lleno de una emoción que no puedo describir.

La luz blanca quemaba desde lo alto. Me sequé la frente con un pañuelo.

—¿En dónde tienes las armas?

—Guardadas en la hacienda. Ahí mismo mandé encerrar a Bárcenas para que usted disponga si quiere mantenerlo bajo arresto o, ya de plano, le damos el tiro de gracia para que sepa que con el Ejército Libertador del Sur nadie se mete.

—¡Tráetelas, pues! —respondí.

Avancé por el terreno, antes de que volviera a escuchar la voz de Guajardo.

—Mi general, antes de entrar a la hacienda y que le traiga las armas y el parque, me gustaría que me concediera el honor de comer conmigo. Mire, allá dentro tenemos dispuesta la mesa y, espero que no le moleste, pero hasta mandé traer un tequila con el que podemos brindar por la caída de Carranza. ¿Cómo la ve? Allá dentro lo espero. No se va a arrepentir. Dentro de una de las bodegas tengo todos los rifles, carabinas, fusiles y pistolas que le prometí. También el parque. ¡Hágame ese honor, general! Los triunfos siempre se celebran con una buena comida y un caballito de tequila. ¿A poco no?

Me volví a secar el sudor de la frente mientras él se alejaba.

Encendí un puro y contemplé el arco de entrada.

El terrateniente Palacios, junto con Agustín, se acercó para decirme que todo se veía seguro y que Guajardo esperaba dentro de la Hacienda de Chinameca.

Tuve mis dudas, pues si entraba a la hacienda y se trataba de una trampa, estaría muerto; pero si me acobardaba y me quedaba fuera, perdería por completo la moral de mis hombres y, sin tener armas ni parque, tendría que enfrentar una muerte sin honor. La vida me había llevado hasta ese punto, como una partícula de ceniza sin voluntad que es arrastrada por el viento hasta desvanecerse.

Una bocanada de humo tras otra reflexioné sobre lo que debía hacer, y recordé la voz de mi madre hablando sobre los umbrales como puertas a otros mundos y nuevos destinos… Y ahí tenía uno.

Escuché el arrastre de un río cercano cuando subí a mi caballo y le pedí a Agustín que cabalgara detrás de mí, sólo para protegerme.

El As de Oros avanzó en cuanto lo espoleé en el costado y caminó directamente hasta el arco, funesto umbral que sería mi perdición. Tragué saliva, el corazón también era un tambor de guerra, cada vez más rápido.

Y es que en cuanto lo atravesé y entré a la Hacienda de Chinameca, escuché eso… el silencio.

Un profundo silencio cómplice.

¿Dónde estaba Guajardo?

¿Y sus hombres? ¿Y el parque?

Escuché, a lo lejos, el toque del clarín; tres veces sonó.

Erguí la espalda con una sonrisa, creyendo que aquel toque tan grato había sido en mi honor militar; mas vi el brillo de los cañones de pistolas que se apostaban en el techo y que apuntaban directamente hacia mí.

¡Carajo!

Apenas me dio tiempo de llevar la mano al cinto para tomar mi pistola cuando comenzaron las explosiones.

El aire se tornó en una lluvia de balas que cayeron en diagonal sobre mí, en polvaredas sangrientas que brotaban de mi pecho cada vez que era atravesado; como Cristo siendo azotado; como la patria herida por los abusos de sus gobernantes. Agustín cayó primero; lo mismo hizo su caballo herido.

Yo quise mantenerme firme, pero el As de Oros se levantó en dos patas. No pude aferrarme a él, mis dedos cedieron. Escuché mi aliento asustado al caer. Sentí el golpe en el costado, en mis muslos y en mi rostro.

El caballo se fue galopando, y yo me quedé aquí: en el tronar de las balas, en el charco de sangre que crecía debajo de mí.

Me faltaron las fuerzas para estirar la mano y alcanzar la pistola, pero mis dedos largos del color de la tierra ya no obedecían mis órdenes. Tampoco mis hombres.

Qué difícil fue jalar aire mientras las balas seguían hiriendo mi cuerpo.

Me invadió el frío.

¿Sólo con una traición pudieron vencerme?

¿Merecía que mi desencarnación fuera algo más que un engaño vil?

Y sin embargo, no quise aceptar la derrota...

Si tan sólo mis dedos pudieran alcanzar esa pistola que tengo enfrente.

Ya casi... ya casi...

Apenas puedo tocar el mango... Sólo un poco más...

Lo que mi madre nunca me dijo, pero la vida me enseñó a golpes, es que el cruce de algunos umbrales, como la muerte, suele ser inmediato, definitivo y doloroso, pero siempre es el inicio de la siguiente batalla.

La vida es un conjunto de guerras, y la guerra es un cúmulo de vidas. Algunas veces son causa de alegría, otras veces vienen acompañadas de lágrimas que duran hasta la siguiente ocasión en que se nos presenta la oportunidad de cruzar un umbral a otra dimensión.

Así me pasó el día que caí en Chinameca y comprendí todo...

Ome

1918-1919

I

No me puedo levantar.

Intento tomar la pistola, hacer que mis piernas me hagan caso o al menos abrir los labios partidos y mentarles la madre; pero ya no puedo. Así de jodido es el fin de los que hemos sido traicionados.

La vida no es un evento al azar tras otro, todo está relacionado. Y cuando podemos verla completa, desde el nacimiento hasta la muerte, es cuando entendemos que, en México, el tiempo es circular. Siempre se luchan las mismas batallas, contra los mismos enemigos, para conquistar los mismos sueños inalcanzables: tierra y libertad; ésos fueron los míos.

Desde Anenecuilco hasta Chinameca estuve en una noria infinita que finalmente se ha detenido a causa de las balas que atravesaron mi pecho. Supongo que vendrán otros hombres y otras mujeres a perseguir mis ideales. Muchos Emiliano Zapatas, con otros nombres, pero con la misma alma hecha de pólvora, lodo y sangre, como la de todos los mexicanos.

Sin embargo, quiero saber cómo llegué hasta este momento. ¿Acaso he fracasado en esta mísera existencia que viví por México? ¿Por qué ahora, que en mi boca se hace una pasta con el polvo, el sudor y la sangre, veo la vida entera pasar ante mis ojos cuando nunca me interesó el pasado caduco, sino un mejor futuro?

Vienen a mí los recuerdos, primero los más recientes y poco a poco los más lejanos, todos revueltos... pues soy esclavo del tiempo circular y de sus designios caprichosos. Me parece que adentrarse a una vida es desentrañar un laberinto, desde el centro hacia fuera;

habrá pasadizos sin salida, fantasmas en los rincones, peligros escondidos y monstruos ancestrales.

Es irónico que sólo en la muerte se halle la respuesta a las preguntas que nos hicimos en vida.

II

Todo comenzó con la tierra, ese polvo marrón como la piel de nuestra gente; esos terrones que se desmoronan en las manos; el material que cubre cada rincón de este país y que no permanece estático, pues transmuta la muerte en vida, las semillas en maíz, frijol, caña de azúcar, arroz, árboles que dan manzanas. Ese lugar mágico donde podemos echar raíces como un maizal y sentirnos en casa, es más útil que el oro, tiene textura, sabor y, cuando llueve, un olor ácido que sacude el alma; pero también la tierra tiene un destino más funesto, pues se convierte en la última morada de todo ser que ya no puede burlar a la muerte y debe esconderse bajo una lápida de piedra.

¡Malhora el momento en que los ricos descubrieron su valor!

El indiscriminado robo de tierras a los pueblos de México no comenzó a finales del siglo pasado, cuando Porfirio Díaz era el presidente; aunque su Ley para la Enajenación de Terrenos Baldíos, de 1894, permitió que muchos hacendados se hicieran dueños de grandes porciones de tierra, o más bien que las arrebataran a los pueblos y las pusieran a su nombre.

¡Nos las robaron legalmente! Moralmente siempre fueron nuestras.

¿Y qué pensó Porfirio Díaz que iba a pasar con toda esa gente a la que, de un día p'al otro, habían dejado sin casa y sin tierra para sembrar?

Hubo progreso en su dictadura, al menos eso predicó; creció la industria nacional y algunos hombres amasaron fortunas impresionantes, pero el pobre no traga porque el de al lado sea rico. Sobre todo cuando la miseria de unos se hace más grande a costa de que la riqueza de otros también crezca. México es la tierra de toda desigualdad. Detrás de cada decisión de gobierno en México hay demasiadas personas que pagan las consecuencias: usualmente ganan los que tienen poder y pierden los más pobres. A los que están en la política les va bien, porque esos soberanos riquillos están más preocupados por engordar en sillones de terciopelo que en aprender lo que es ganarse la vida dignamente; en cambio, en los pueblos, como el mío, se vivió el hambre y la miseria.

Para darle algo de comer a sus familias todos esos hombres y esas mujeres de los pueblos tuvieron que ir a pedir trabajo a los mismos hacendados que les habían quitado las tierras. ¿Todo para qué? Apenas si ganaban unos centavos para comer, o unas fichas que sólo eran válidas en las tiendas de raya del patrón. Otros rentaron las tierras que antes habían sido suyas, para continuar con la siembra de azúcar.

Y si así nos vamos, dando tumbos hacia el pasado para descubrir que el tiempo se repite, Benito Juárez se las dio de muy indígena y hasta lo nombraron Benemérito de las Américas por haber luchado contra el emperador Maximiliano, pero ¡mangos! No ayudó a los pueblos, ni respetó la propiedad de las tierras; ni porque teníamos los títulos de propiedad otorgados durante el virreinato.

Sebastián Lerdo de Tejada, el otro "gran" liberal, tampoco hizo mucho por nosotros, los verdaderos dueños de esas tierras.

Su hermano, Miguel Lerdo de Tejada, fue responsable de la Ley Lerdo, de 1856, la cual nos fregó todavía más, porque benefició a los hacendados, y los jueces hicieron mano negra para quitarnos las tierras y dárselas a ellos, a los ricos, porque podían pagarlas y nosotros no.

Y si nos vamos todavía más p'atrás, cuando gobernaba Antonio López de Santa Anna y Guadalupe Victoria, o cuando todo era la Nueva España, salíamos peor. En esos tiempos no había más organización que las tierras y las propiedades amasadas a la mala por la Iglesia católica... Y para colmo de males, los pobres le hacían caso a los curitas que todos los días les robaban.

No, si está cabrón ser pobre en México, porque te jode el gobierno, te chinga la fe y, hagas lo que hagas, hay que pasar miserias para matar el hambre. Ah, pero eso sí, todo mientras los políticos hablan del progreso que supuestamente vive México y que sólo ven ellos. Los que creen que nuestro país está muy bien es porque no han visto más allá de la capital.

Anenecuilco perdió sus tierras en 1607. Entonces gobernaba el virrey Luis de Velasco. Nos las quitó la Hacienda de Hospital. Ninguno de los gobernantes que vinieron después nos ayudó a recuperarlas; como ya dije, nos fregaron más.

Con ese pasado tan mísero, ¿cómo no iba a tomar las armas en el presente para construir un nuevo futuro? Yo estaba decidido a romper el tiempo circular a balazos, o con mi propia vida.

III

El que también volvía a las andadas en 1918 era el general Pablo González (junto a su compinche Jesús Guajardo)... Hasta la boca del estómago se me hace chicharrón nada más de acordarme de él, porque no era el general serio que se ve en las fotografías. Detrás de sus lentes redondos se escondían los ojos de un demonio, cuyas pupilas brillaban cada vez que uno de mis hombres moría. No exagero, González demostró ser un hombre terrible. Era tal su crueldad, que a veces caminaba entre los muertos, o junto a los ataúdes, sólo para ver los cuerpos hinchados traspasados por las balas. Si no había pólvora para fusilar a los vivos, señalaba un árbol o un poste de luz, y ahí mero los mandaba colgar, y sonreía hasta que se dejaran de mover, y el cadáver se tornara azul, y el muerto se quedara quieto tras un vaivén terrible.

No conforme con la destrucción de aquellas vidas, Pablo González ordenaba el robo de ganado y la quema de las casas. De los pueblos, sólo quedaban ladrillos negros, la paja regada que alguna vez perteneció al relleno de colchones y cojines, y las viudas que se inclinaban sobre los cadáveres y sollozaban. Los niños descalzos que lloraban, no sólo lo hacían por sus padres muertos, sino por el hambre. Las nubes de moscas recorrían los campos y el tufo a podrido llenaba las nubes.

Cuatro jinetes azotaban los campos cada vez que los soldados federales salían a pelear: guerra, hambre, peste y ¡muerte! ¿No sería el Apocalipsis una alegoría premonitoria de lo que es hoy la Revolución en México?

Según me dijeron, una tarde Pablo González señaló el cielo rojo de todo atardecer mexicano y respiró profundo. Carraspeó y escupió junto al cadáver de un viejo tirado bocabajo en el pasto. Gruñó y dijo:

—Hacia allá vamos, a cumplir las órdenes del presidente Carranza.

—¿A dónde, general?

—¿Cómo que a dónde, pendejo? A chingarnos a Zapata —y sonrió largamente.

Yo andaba precisamente allá, en Cuernavaca, cuando Agustín llegó corriendo a decirme que Pablo González se acercaba con todo su ejército, y supe, sin preguntar, que lo había enviado Venustiano Carranza a pacificar Morelos.

Sí, "pacificar". Dichosa palabrita que usan los políticos mexicanos cuando no quieren decir que van a matar a alguien (y en eso Porfirio Díaz fue el maestro). Eso merito quería hacer Pablo González conmigo y con mis hombres... O bueno, lo que quedaba de ellos: pacificarnos.

Recuerdo que el silencio era penetrante en Cuernavaca. Mis hombres no querían hablar, bajaban la mirada y tragaban saliva. No era por el respeto que les imponía yo; más bien andaban todos turulatos, medio pálidos, con la idea de que ellos podrían ser los siguientes en morirse. Y es que yo no estaba para batallas, cuando el tiempo circular había traído una terrible enfermedad a la ciudad.

El sol quemaba. Me ajusté el sombrero sobre la cabeza y seguí caminando por el centro de la ciudad, junto a la imponente e innecesaria estructura que era el Palacio de Cortés, hasta perderme en una callejuela cuyo nombre no puedo recordar ahora. Atraía las miradas de los pobladores que iban al mercado y seguramente se preguntaban por qué se me veía tan preocupado.

Yo iba con el paso firme y Agustín trataba de alcanzarme.

—¿No me oye? Ya viene el general González, que Dios lo mande a los apretados infiernos...

Mas yo no estaba de humor para hacerle caso, cuantimenos sabiendo que la muerte rondaba en cada esquina. Dando la vuelta a la izquierda en un tronco con largas ramas sin hojas, me acerqué hasta una pequeña casa. Había cuatro ventanas en el primer piso, todas cubiertas con sus cortinas blancas. No se me olvida que la puerta de entrada estaba abierta de par en par.

—¿A qué vino? ¿Le duele algo? De seguro tanta guerra y tanta matazón se le metió en la cabeza y ahora tiene que exorcizarlas de sus sueños porque no lo dejan dormir.

—¡Qué me duele nada ni qué ocho cuartos! —respondí—, ni has entrado a la casa, así que deja de andar de bocón. Sólo nos la prestaron para que pudiéramos tener a nuestros enfermos en camillas y los pudieran curar aquí en lugar de tenerlos en el campo. Al menos aquí tenemos un par de médicos...

—Matasanos les decía mi papá —me interrumpió—, que llegó un día con un catarro y un menjurje que le había dado el médico. ¿Sabe cómo estaba al día siguiente? Tenía una neumonía marca, usted disculpe por lo que voy a decir... pero la neumonía era marca diablo. ¡N'ombre! Yo por eso ya no me fío de ellos, que luego lo dejan a uno peor y pa' qué quiere uno...

Hice sonar la campana. Esperé, mientras me acariciaba el bigote, y me amarré bien el gazné verde al cuello.

Por la puerta se asomó un hombre, ya maduro. Usaba lentes redondos y un bigote de aguacero que medio le tapaba los labios. Conocía muy bien a ese médico: Fidel Bernal. Me quité el sombrero cuando lo vi.

—General, no debería estar aquí —dijo él, mientras parecía limpiarse las manos con un trapo sucio de mugre y sangre.

—Tanta muerte le enrevesó los pensamientos, doctor —susurró Agustín, como quien cuenta una travesura.

Por suerte, el doctor Bernal no le hizo mucho caso. Más bien posó su mirada en mí, como si quisiera regañarme por algo.

Hasta levantó la ceja y tensó los músculos del cuello.

—Quiero saber cómo están los enfermos, doctor. En el desayuno me dijeron que habían traído tres más. Oiga, la cosa está más grave de lo que me habían dicho. Esto ya parece un panteón.

Se me encogió el estómago cuando vi su reacción. Se me apretaron los hombros, mientras el médico se quitaba los lentes y movía los labios para abrirlos, pero hablar parecía dolerle... y mucho. Suspiró, tragó saliva y al hablar se le quebró la voz:

—¡Y sabe Dios cuántos enfermos más traigan en lo que queda del día! Hoy se nos murieron dos hombres, una joven embarazada y tres niños. Siempre es lo mismo. Llegan con fiebres altísimas, casi de cuarenta grados; les duele todo el cuerpo. Se retuercen en las sábanas, sudan toda la noche y no pueden dormir. Tosen sangre y estornudan hasta que la nariz se les pone roja. Se convulsionan, tienen extrañas visiones de otros tiempos que les dan vueltas y vueltas en la cabeza, y cuando ya no tienen fuerzas, simplemente abandonan este mundo.

—¡Santa María de Guadalupe! —exclamó Agustín al santiguarse.

—Hasta tres días tardan en morir. Algunos solamente viven algunas horas —continuó el doctor—. La enfermedad actúa tan rápido que apenas si podemos hacer algo. Además, usted sabe, don Emiliano, no nos damos abasto con los heridos; los medicamentos escasean y nosotros mismos nos la estamos jugando al estar aquí. El riesgo de contagio es altísimo. Recuerde que se lo dije la última vez que vino a verme.

Unos zopilotes negros dieron vueltas en el cielo rasgado de nubes.

—No, pos siendo así la cosa, déjeme pasar. Al menos para darles ánimos... Y si se me van a morir hoy en la noche, al menos quiero despedirme antes de que se los lleve la huesuda.

—Sabe que no puedo hacer eso, don Emiliano. Usted es muy valioso para la causa, y si entra, quién quita que también se nos enferma. ¡N'ombre! Yo sé lo que le digo, mejor déjelo así. No entre. Mire, escúcheme bien, esta gripe arrasó con la población de España, y a los gringos no les fue nada bien. ¿Para qué se mete dónde no debe? Mire, usted haga sus batallas, que los médicos lucharemos las nuestras.

Antes de que pudiera protestar, Agustín me jaló de la manga:

—Viene Pablo González, general. ¿Cuáles son sus órdenes?

—Esta gripa nos dejó muy diezmados. Casi no tenemos hombres y seguramente el catrín ese viene bien armado —respondí.

—Por eso —insistió Agustín—. ¿Qué hacemos?

El médico arqueó las cejas en espera de mi respuesta.

Pablo González, entretanto, supo que yo estaba cerca de Cuernavaca, pues el cielo se tornaba en bochorno cada vez que un grupo de mariposas volaba sobre él. Y comenzó a planear, con cierta desidia, la mejor manera como habría de atacarme. Quizás quería sitiarme o emboscarme a la mitad de la noche; habrá apretado los dientes mientras pensaba cómo me pondría su pistola en la frente para hacerme un tercer ojo, sin entender que muerto el perro no siempre se acaba la rabia. ¡Y vaya que mis hombres tenían mucha rabia!

¿Qué puedo decir? Al cabrón le estaba yendo bien en el campo de batalla. Y hubiera querido ir sobre mí, pero tenía órdenes de Carranza: debía avanzar sobre Cuautla antes de entrar a Cuernavaca.

La gripe, el tifo, el paludismo y la disentería seguían matando a mis hombres en todo el estado.

Parecía que no sólo el gobierno, sino también el tiempo circular y el mundo, estaban en nuestra contra.

IV

A Agustín le tembló la quijada cuando yo terminaba de comer y él se presentó con el semblante roto a sentarse en el comedor. Todos se le quedaron viendo. Se notaba que venía desde muy lejos porque estaba muy sucio y cansado.

—Me choca cuando vienes todo enlodado a verme, te hubieras cambiado la ropa antes de venir. ¿Se puede saber qué te pasa? —le pregunté.

—Cayó Cuautla, mi general.

Todos los que estaban conmigo bajaron los cubiertos; se les había quitado el hambre del espanto. Luego se me quedaron viendo, como si esperaran que dijera algo. Yo, tan calmado como mis nervios me lo permitieron, le dije:

—A ver, nada de tarugadas con que cayó Cuautla. Te sientas conmigo, te tomas un coñac y me cuentas qué diablos pasó.

Y lo hizo...

Lo de Cuautla no fue una batalla, sino un momento de confusión entre los soldados federales que llegaron a atacar, mis hombres tarugos que no supieron qué hacer y los pobladores que, la mera verdá, estaban hartos de la guerra y sólo querían que regresara la paz a todo el país. Ahí, en una casa, yo tenía encerrado al que había sido yerno de Porfirio Díaz, un hacendado de nombre Ignacio de la Torre, que no era famoso por hacer buenos negocios o por haberse casado bien, sino simple y llanamente por andar de sodomita con otros catrines de la Ciudad de México.

—Ahora sí, vienen para acá y no estamos en condiciones de defender la plaza. Estamos fregados, lo que se dice fregados. Lo mejor es regresarnos todos a Tlaltizapán. Todavía no estamos vencidos. Ya desde allá vamos a poder reconstruirnos. Ésta se la estoy guardando a González. Si hoy nos chinga él, mañana nos toca a nosotros.

—Pos si usté lo dice...

Y lo más rápido que pudimos, recogimos todos nuestros tiliches, y a los enfermos que pudimos mover, y huimos de Cuernavaca. Horas antes de que Pablo González entrara, apenas alcanzamos a salir sin toparnos con su gente. (Lo siento por el doctor Fidel, pues ahí lo tuvimos que dejar a su suerte.)

—Pero ¿a dónde iremos, mi general? —preguntó Lupe veloz, montada en su caballo negro.

—¡Ya dije! De vuelta al cuartel de Tlaltizapán, para reagruparnos —respondí.

Mas no avanzamos mucho cuando descubrí que el camino estaba lleno de tropas enemigas. ¡Bruto de mí! ¿Cómo no se me ocurrió que González había planeado mi escape y me estaba esperando? Reaccioné lo más pronto que pude; sin más orden que mi caballo adelantándose a la tropa, giré hacia el valle y mi ejército hizo lo mismo.

El enemigo no nos siguió. Seguramente los soldados tenían órdenes de permanecer en sus puestos, y yo me pelé... lo más lejos que pude.

Pablo González tomó plazas, pueblos y territorios en Morelos, aunque no en todos ejerció su pernicioso oficio de asesino y villano militar.

Mi ejército suriano caía ante él, pero si no lo detenía yo, ¿quién lo haría?

V

Nos fuimos derechito a Puebla. Allá nos recibieron en un pueblito llamado Tochimilco. Y pues, aunque vivíamos con el miedo de que en cualquier chico rato nos fueran a caer los contras para acabar con nosotros, anduvimos sin guerra la mayor parte del tiempo; y la meritita verdá es que no eran buenas ni malas noticias, dada mi situación en aquel momento. Yo me sentía asfixiado y sabía que no iba a ser fácil volver a la lucha así como estaba. La única salida que vi fue pactar con alguno de los otros líderes revolucionarios. A ver si de puritita casualidad nuestro odio común por Carranza podía unirnos en la batalla.

Nombré a mi buen amigo Gildardo Magaña como jefe del Cuartel General de Tochimilco y me senté con él para poner las cartas sobre la mesa. Le hablé de las alianzas que necesitábamos y luego, luego me dijo:

—Usted no se preocupe, mi general Zapata. Escriba las cartas a los revolucionarios con los que quiera pactar y ya sabré qué hombres enviar a negociar. Yo le mando acomodar un cuarto para que nadie lo moleste.

—Mire, usted consiga las alianzas. Antes cae un hablador que un cojo.

—¿Cuándo le he quedado mal, general? —se hizo el ofendido.

—Pues no vaya a empezar, porque entonces me friegan a mí, y soy capaz de regresar desde la tierra de los muertos a jalarle las patas. ¿Me oyó? Así que no se diga más y manos a la obra.

En las siguientes semanas le escribí a otros revolucionarios: a Félix Díaz, a Lucio Blanco, a los hermanos Vázquez Gómez, a Felipe Ángeles, a Manuel Peláez y ya, un poco desesperado, al general Álvaro Obregón. Aquello fue desastroso; o ellos no querían saber de mí, o no estaban dispuestos a pactar conmigo, me creían perdido y derrotado. No comprendían que yo necesitaba seguir luchando, que aún no había logrado mi objetivo en la revolución agraria que había iniciado.

Finalmente, redacté a Carranza una carta abierta que varios periódicos y algunos partidarios retomaron. Seguramente él también la leyó, o al menos le contaron de su existencia (no creo que sea tan tarugo).

En pocas palabras, lo que hice fue mentarle la madre de una manera elegante:

Como ciudadano que soy, como hombre poseedor del derecho de pensar y hablar alto, como campesino conocedor de las necesidades del pueblo humilde al que pertenezco, como revolucionario y caudillo de grandes multitudes, que en tal virtud y por eso mismo he tenido oportunidad de reconocer las reconditeces del alma nacional y he aprendido a escudriñar en sus intimidades y conozco de sus amarguras y de sus esperanzas; con el derecho que me da mi rebeldía de nueve años siempre encabezando huestes formadas por indígenas y por campesinos, voy a dirigirme a usted, Carranza, por vez primera y última.

No hablo al presidente de la República, a quien no conozco, ni al político, del que desconfío; hablo al mexicano, al hombre de sentimiento y de razón, a quien creo imposible no conmuevan alguna vez (aunque sea un instante) las angustias de las madres, los sufrimientos de los huérfanos, las inquietudes y las congojas de la patria.

Luego aprovechaba para decirle que de revolucionario no tenía un pelo de tonto, que en México no existía la democracia, porque él seguía poniendo y quitando gobernadores como si se tratara de Porfirio Díaz... ¿Y sus soldados? Le dejé muy claro los excesos que cometían, sobre todo en Morelos:

La soldadesca, en los campos, roba semillas, ganados y animales de labranza; en los poblados pequeños, incendia o saquea los hogares de los humildes, y en las grandes poblaciones, especula en grande escala con los cereales y los semovientes robados, comete asesinatos a la luz del día, asalta automóviles y efectúa plagios en la vía pública, a la hora de mayor circulación, en las principales avenidas, y lleva su audacia hasta constituir temibles bandas de malhechores que allanan las ricas moradas, hacen acopio de alhajas y objetos preciosos, y organizan la industria del robo a la alta escuela y con procedimientos novísimos, como lo ha hecho ya la célebre mafia del "automóvil gris", cuyas feroces hazañas permanecen impunes hasta la fecha, por ser directores y principales cómplices personas allegadas a usted o de prominente posición en el ejército, hasta donde no puede llegar la acción de un gobierno que se dice representante de la legalidad y del orden.

Y sobre el tema de las tierras, que es el que más me interesaba, le escribí lo siguiente:

En materia agraria, las haciendas, cedidas o arrendadas a los generales favoritos; los antiguos latifundios de la alta burguesía, reemplazados en *no pocos casos por modernos terratenientes que gastan charreteras, kepí y pistola al cinto; los pueblos, burlados en sus esperanzas. Ni los ejidos se devuelven a los pueblos, que en su inmensa mayoría continúan despojados, ni las tierras se reparten entre la gente de trabajo, entre los campesinos pobres y verdaderamente necesitados.*

En resumen, no le quedaba, en mi opinión, más que una salida:

Nadie cree ya en usted, ni en sus dotes de pacificador, ni en sus tamaños como político y gobernante.

Es tiempo de retirarse, es tiempo de dejar el puesto a hombres más hábiles y honrados. Sería un crimen prolongar esta situación de innegable bancarrota moral, económica y política. La permanencia de usted en el poder es un obstáculo para hacer obra de unión y de reconstrucción.

Y me imagino que cuando el viejo barbas de chivo leyó esto se ha de haber enmuinado tanto que, como dicen, seguro se le agrió el mole… Y qué bueno. Hacen falta hombres valientes que critiquen al poder, no changuitos de circo que aplaudan desde el Congreso. Bastantes ya tuvieron don Porfirio y Victoriano Huerta.

Por supuesto, yo sabía que Carranza no se iba a quedar con los brazos cruzados y que en cualquier momento me respondería con fuego, sangre y balas. O, mejor dicho, "pacificándonos".

En más de una ocasión supe que las tropas de Pablo González venían a Tochimilco, pero como sabíamos que estaban cerca, pudimos evacuar, unas horas a Tochimizolco, y volver. La situación se tornaba delicada… La epidemia de gripa seguía cobrando víctimas entre mis hombres.

Y, por si fuera poco, al fin me enteré cuál fue el destino final de Ignacio de la Torre. Había huido a la Ciudad de México para refugiarse con su esposa, Amada Díaz, la hija mayor de don Porfirio. El pobre de Ignacio (y digo pobre, no porque le tenga lástima o porque le haga falta el dinero, sino por una mera cuestión de ironía) tenía el culo destrozado. Parece que durante su encierro en Cuautla alguno de mis soldados quiso burlarse de él y de su sodomía, y le introdujo por el recto objetos humillantes que lo lastimaron gravemente.

Herido, a Ignacio de la Torre se lo llevaron a Nueva York para que lo atendieran médicos gringos, pero él ya estaba muy mal. Le habían reventado todas las venas del esfínter y tuvo una muerte lenta y dolorosa. Al final cada uno cava su propia tumba para enterrar al muerto, y no lo digo con albur.

Dicen que Amada Díaz tendrá que vender sus propiedades para salir de deudas y llevar una vida más o menos decente.

¡Quién diría que terminarían así los hijos del que fuera el gran dictador de México, Porfirio Díaz!

VI

Vueltas y vueltas que da el tiempo: un día te vas y otro te quedas. Para 1919 la situación en Puebla se volvió insostenible. Sabíamos que Pablo González estaba cerca y podía emboscarnos en cualquier chico rato; hasta el momento habíamos tenido suerte. En cuestión de meses habíamos perdido el cuartel en Tlaltizapán, y yo, toda esperanza en que algún político o general quisiera ayudarme... Además, no había querido escribirle a Villa, pues él tenía sus propios problemas en el Norte como para venir al Sur a salvar mi pellejo.

Tochimilco nos había servido de base por algunos meses, pero no era Tlaltizapán, ni podía seguir imponiendo mi presencia a sus pobladores. Los ponía en riesgo. Y todavía no sabía cómo iba a recuperar a mi ejército.

Poco a poco caí en la cuenta de que los revolucionarios teníamos fecha de caducidad. Y quizá había llegado mi tiempo. No tendría más glorias militares; no volvería a comandar un nuevo ejército...

¡No! ¡Carajo, no! Ésa no es la forma de pensar de un general, de un patriota, de un mexicano. Soy Emiliano Zapata, el flagelo de Morelos, el caudillo de las tierras, el hombre del que los hacendados se burlaban en público, pero al que temían en privado; el loco que se atrevió a levantarse en armas cuando todos estaban muy cómodos con la dictadura de Porfirio Díaz...

—Entonces, ¿qué hacemos? —preguntó Agustín, enfrente de todos mis hombres y mis soldaderas. ¡Eran tan pocos, a diferencia de hace unos meses!

—Buscaremos tierra para echar nuestras raíces, y cuando nos levantemos, volveremos más fuertes que nunca. Pelen bien la oreja: necesitamos dónde refugiarnos, y también, echar mano de los rumores que nos lleguen. Cualquier general descarriado que no esté contento con el gobierno, o que quiera pelear contra Carranza, o ya de plano con el que podamos negociar... avísenme... Puede ser nuestra última oportunidad para salir de este hoyo.

Todos asintieron, pero vi el miedo en sus caras. Hombres y mujeres por igual sabían que el futuro era incierto y por eso creció su miedo a la muerte. Así que otra vez agarramos nuestras cosas y nos alejamos de Puebla. Parecía que íbamos en peregrinaje a la nada... como Moisés caminando cuarenta años por el desierto.

En Tenancingo encontramos un lugar para escondernos. Nos prestaron un par de casas y dejaron que nos guareciéramos ahí... Luego llegó el silencio, la presión de saber qué haría para seguir luchando. ¿Qué?

Vino a mí Agustín... Los rumores se regaban en toda la nación como pólvora encendida. ¿Explotaría?

—Jesús Guajardo, mi general —dijo él, ignorante de que había pronunciado el nombre artífice de mi asesinato—. Todos dicen que va siempre al mismo bar, una cantina en la que se sienta y se embriaga, y ya mareado se le suelta la boca, porque el pulque desenreda los recuerdos. ¡Está más que harto de los abusos de Pablo González! Es la oportunidad de jalarlo a nuestro redil.

Vueltas y vueltas daba el viento sobre la plaza principal de Tenancingo, como las agujas de un reloj, o el tiempo que siempre vuelve a lo mismo. Yo estaba, como antes, derrotado. Y una desesperación conocida me volvió a invadir. Apreté los dientes y cerré los puños; levanté la cabeza y cerré los ojos; suspiré largamente y deseé un buen trago, no de coñac, sino de tequila, o de cualquier aguardiente que me quemara el paladar y me embriagara la mente.

—¿Ya decidió qué va a hacer, mi general? —preguntó Agustín.

Bajé la mirada, con la vidriera rota. No lloré, aunque ganas no me faltaron.

—Si el tal Jesús Guajardo anda haciendo muina porque no quiere estar con los pelados federales, entonces yo le voy a mandar una nota al tugurio ese que frecuenta. Le voy a decir que venga para acá y nos apalabramos. Algo podemos sacarle: hombres, parque o información. Si intenta traicionarme, me lo quiebro.

—Le voy a conseguir pluma y papel pa' que escriba su mensaje, y voy a ver quién, entre los muchachos, tiene los tamaños pa' cumplir sus órdenes.

Las hojas secas también se levantaron de la tierra y giraron con el viento como los hombres dan vueltas y vueltas en el tiempo circular... Porque en 1918 el mundo terminaba su Gran Guerra, pero seguramente vendría otra igual, porque estamos condenados a repetir las mismas batallas, los mismos enemigos, las mismas pasiones, los mismos muertos y hasta los mismos sueños: como el de las calaveras de...

Eyi

...jade; el verde de los campos en su frente pulida, los dientes car-
comidos por el paso del tiempo, con las encías rancias; las cuencas
vacías y, a través de ellas, túneles. Largos túneles; en los cuales no
se puede ver el fin. Siempre soñé, toda mi vida, que entraba en ellos,
caminaba sin rumbo hasta que la luz desaparecía y, entonces, caía...
como quien de golpe descubre que no tiene donde pisar y la gravedad
lo atrapa, lo jala al abismo de la historia, a las gárgolas que toman
su pluma y día a día escriben lo que ha de contarse en la posteridad;
libros y libros de verdades, libros y libros de mentiras. Es mi calavera;
mi fin; he soñado todo este tiempo, sin saberlo, con mi destino trági-
co en Chinameca. Porque la muerte no es sino un sueño largo, y cada
sueño, una muerte breve, y cada muerte, un síntoma de vida; una
imagen larga que se difumina entre la niebla del más allá, la de un
águila que se posa real sobre un nopal y que lleva en su pico una serpiente que se retuerce de dolor, y que todo esto sucede en un islote que
apareció en un tiempo pretérito. Sólo que el águila soy yo mismo, y la
serpiente lleva los bigotes de Porfirio Díaz, y el nopal tiene la forma
de México, la de una cornucopia saqueada, violada, ensangrentada...
No verde, sino roja, y que todo esto no es más que el génesis de la patria. De ahí el tiempo se mueve con una rapidez inusitada, las mane-
cillas giran, cayendo siempre en los mismos números. Vi en mis ojos
de calavera de jade las arenas del tiempo caer grano a grano, y el nopal transformarse en una ciudad de piedra, en la gran Tenochtitlán,
en el Templo Mayor en cuyas cámaras secretas se decía que llevaban
a los prisioneros para abrirles el pecho con un cuchillo de obsidiana y
se les extraía el corazón para ofrecérselos a los dioses muertos; y también, en la gran Tenochtitlán, vi surgir la casa de Moctezuma, que
ahora es un palacio enterrado, y donde se servía nieve traída desde el
Popocatépetl en salas cubiertas de plumas y pieles de toda clase; vi la
gloria de una gran civilización hecha de plumas de quetzal engarzadas

en oro. Vi, también, un dragón de fuego venir de Castilla, una quimera llamada Hernán Cortés, que con su piel de plata se acompañaba de demonios argentos con fusiles llenos de pólvora y mataron con ellos toda vida y construyeron una nueva ciudad llena de palacios grises, de recovecos llenos de fantasmas, de vitrales de iglesias, y trajeron en sus barcos pinturas de vírgenes y mártires. En los ojos de mi calavera de jade, yo lo vi con cada sueño que adornó mis noches, porque supe que era la historia de México, la mía, la de otros, la que me contó Pablo Torres Burgos antes de morir; de los abusos de los españoles a los indígenas en una pesadilla larga que duró trescientos años y que causó que un indómito cura de Dolores gritara a favor de la libertad, y que de sus manos fluyeran ríos de sangre que nutrieron la tierra hasta que de ella nació una nueva patria, que es nueva y vieja a la vez, la que el mundo admiró mientras la llamaba una nación de salvajes; el México independiente; el México que nunca olvidó las casas de Moctezuma, ni al Hernán Cortés que escupía fuego por la boca, ni al águila real que devoró una serpiente mientras se posaba sobre un nopal; el México mío, el México de los hacendados y de los indígenas; el México mágico. Yo, Emiliano Zapata, vi el pasado cuando miré a los ojos de mi propia calavera de jade y comprendí que también yo era parte de esa historia, que cambiaría el rumbo de esa patria vieja, y la haría nueva a través de mi muerte, y le daría de beber mi sangre sacrificada, pues yo mismo era un umbral para el país. Por eso la traición era la única forma en que yo habría de desencarnar y dejar este mundo. Lo supe cuando soñé que miraba unas cuencas vacías que eran las mías, y en ellas comencé a ver largos túneles; eternos, hacia mi propio pasado, que es mi futuro incierto; porque si la historia es la madre de los mexicanos, más nos valdría ser huérfanos.

Nahui

1879-1906

I

ME CONTÓ ALGUNA VEZ el maestro Torres Burgos que en la mitología griega había una mujer llamada Pandora. A ella los dioses le otorgaron una caja con una advertencia: nunca debía abrirla para ver qué había dentro, so pena de que pasaría algo terrible.

Pandora obedeció e ignoró la caja unos días, pero su curiosidad crecía cada vez más al preguntarse: ¿qué habrá dentro? No pudo aguantar más. Se armó de valor y abrió la tapa.

De madrazo salieron todos los males de la humanidad: el dolor, el hambre, la injusticia, la incomprensión, el odio, el deseo por el poder, el robo de tierras, la traición, la ignorancia, la ambición, la falta de libertad, el abuso de autoridad, la burguesía desmedida y la pretensión de que la pobreza no existía. Todo eso salió de la caja de Pandora y, como una pandemia, infectó a todos los hombres y mujeres de la Tierra y se anidó en México. Esta moraleja tiene un final curioso, porque antes de cerrar la caja, Pandora encontró en el fondo el antídoto brillante para todos esos males: la esperanza.

Lo mismo que pasó conmigo, y con la caja de latón que es y será parte de mi historia. Es momento de revelar lo que contiene...

II

Cuentan que Anenecuilco (o Nenecuilco, como dicen algunos) ya existía cuando Moctezuma era el tlatoani de los mexicas, que sobrevivió a la Conquista española, que estuvo dedicado a la cosecha de azúcar por cuatrocientos años y que en el siglo XVIII fue objeto de un milagro.

Un campesino que trabajaba en sus tierras, bajo el ardiente sol de Morelos, encontró una figura de Cristo enterrada. Lo llevaron hasta la iglesia, lo hicieron patrón del pueblo y comenzaron a hacerle fiestas el quinto domingo de Cuaresma.

Fue a esta figura, Señor de Anenecuilco, a la que mis hermanas rezaron aquel 8 de agosto en que crucé el umbral de la existencia y conocí el frío.

Mis primeros años no fueron como los de otros niños en el pueblo, porque ellos sí eran verdaderamente pobres y con frecuencia sólo podían hacer una comida al día; a veces ni eso. Además, yo veía que los papás de estos niños se iban muy temprano al campo a cosechar frijol, maíz, arroz y, por supuesto, azúcar; trabajaban de sol a sol y regresaban con escasas monedas en el bolsillo.

No había juguetes de madera ni muñecas de trapo, pero no faltaban las risas cuando nos retábamos para ver quién podía escalar más rápido en el árbol de higos, y luego se nos soltaban las carcajadas cuando uno de nosotros se caía y se tenía que sobar el golpe, o cuando corríamos por el empedrado a ver quién llegaba primero al otro lado. Por supuesto, terminábamos con las rodillas raspadas y los pantalones remendados.

Es curioso, ¿no es cierto? A pesar de mis victorias militares, de mi matrimonio y de todas mis amantes, el momento que recuerdo con mayor alegría es el de los juegos inocentes de mi infancia.

Sí, fui un chamaco feliz.

La mayoría de los otros niños del pueblo no lo fueron. Cuando me tocó ir a la escuela, ellos fueron al campo a labrar, a seguir el mísero destino de sus padres… sin futuro, sin dinero, sin ser dueños de sus tierras, ni de sus propios sueños ni de su futuro.

De verdá fuimos muy pocos los niños en Morelos que tuvimos la oportunidad de aprender a leer y a escribir. Y jamás se me van a olvidar las lecciones del profesor Emilio Vara sobre la importancia de la lectura, la riqueza del pasado, el poder de las letras, el valor de los números y nuestra propia dignidad como mexicanos.

El salón de clases era apenas un cuarto desnudo en el que acercábamos nuestros bancos al escritorio, donde el viejo profesor Varela, un hombre chaparrito con una cara ovalada como de huevo, nos contaba sus anécdotas de cuando fue soldado de la patria. Decía que había luchado en el bando republicano cuando Benito Juárez era presidente y todo el país se peleaba por instaurar la Constitución de 1857 y las Leyes de Reforma. Los niños recargábamos la barbilla en la palma de nuestra mano y escuchábamos atentos todas sus aventuras en el campo de batalla. No sé qué tan ciertas hayan sido sus historias, pero lo mismo nos contó de cuando el emperador Maximiliano fue mal embalsamado en Querétaro, y de cuando le tocó ver a un hombre, al que un cañonazo le había volado la cabeza de repente, cabalgar sin rumbo bajo la luz de la luna. En ese salón de clases aprendí a tener pesadillas y a soñar despierto.

Aquél fue mi primer acercamiento con la historia de México, porque el profesor también nos mostró un libro viejo que tenía en casa, donde se veía un códice muy antiguo sobre la fundación de México: un águila, parada sobre un nopal, devorando una serpiente, y donde había grabados de la Catedral de la Ciudad de México, del cura Hidalgo y del cura Morelos, y también de Agustín de Iturbide, al que alguna vez llamó el otro padre de la patria, y de Antonio López de Santa Anna, al que apodaban el Quince Uñas.

Luego comprendí que no sólo se trataba de qué tan rápido podía leer, si mi letra era redondita o si podía sumar más rápido que los otros niños, sino del poder de la educación, de que la lectura abre la posibilidad de leer libros y periódicos, desplegados políticos, declaraciones militares, cartas personales… De este modo, la curiosidad personal no era esclava de los oscuros propósitos que tuvieran quienes sí saben leer. La educación era una serie de umbrales por cruzar.

Por eso, años más tarde, desde Tlaltizapán abogué por que los niños tuvieran la oportunidad de ir a la escuela, para no seguir el camino de marginación que vivían sus padres.

Pues marginación es lo que muchos conocieron durante años…

Yo nací en el segundo año de gobierno de Porfirio Díaz. Mi abuelo había apoyado su causa cuando se levantó en armas en contra de la reelección de Sebastián Lerdo de Tejada, pues consideraba que era un político y un militar del pueblo.

Es más, antes de esta guerra civil contra Lerdo, mi abuelo, siendo gobernador de Anenecuilco, le escribió la siguiente carta a Porfirio Díaz: "Los ingenios azucareros son como una enfermedad maligna que se extiende, destruye y hace desaparecer todo para posesionarse de tierras y más tierras con una sed insaciable. Cuando usted nos visitó, se dio cuenta de esto y, uniéndose a nosotros, prometió luchar, y creemos, más bien estamos seguros, de que así lo hará".

Porfirio Díaz apenas contestó la carta para decirle que lo ayudaría, pero no hizo mucho.

Dos años después, el dictador recibió otra carta: "Sabemos que el problema es bien difícil, pero tenga usted en cuenta que hemos decidido luchar hasta el fin, junto con usted. Y hemos resuelto todos en el pueblo que es preferible que desaparezca la gran riqueza de los ingenios azucareros, que luego podrá repararse, a que se sigan apoderando de nuestras tierras hasta hacerlas desaparecer. No estamos reprochando nada, pero queremos estar seguros de que no nos ha olvidado. Con gran pena le comunicamos el fallecimiento de nuestro querido presidente, a quien considerábamos casi como un padre".

Porfirio respondió: "Siento la muerte del señor Zapata, pues era fiel servidor y capaz amigo". Y ni por ese hombre al que llamó amigo pudo cumplir su promesa de devolvernos las tierras.

Durante el gobierno de Porfirio Díaz, la Hacienda de Hospital comenzó a hacer maniobras legales y reveses pueriles para arrebatarle a Anenecuilco más tierras. El espíritu de mi abuelo difunto no pudo evitarlo.

Por mi padre me enteré que en todo México sucedía lo mismo. El progreso que tanto pregonaba Porfirio Díaz tenía un precio: la dignidad de los pueblos.

III

Un día, que yo volvía de la escuela, supe que mi padre me andaba buscando para decirme algo importante. La tarde remota en que el sol rompió el cielo, y entre los montes se hundió herido como una bala de cañón que se iba transformando en añil, mi padre me llevó hasta su cuarto. Tenía yo, a lo mucho, ocho años. Sobre la cama reposaba esa caja de latón que había visto tantas veces y que la curiosidad me había llevado a intentar abrir sin éxito. Ahí... descansaba muerta, como si se burlara de mí.

—Éste es tu legado, Emiliano —exclamó.

Hizo girar una llavecita de cobre en la cerradura.

Mi corazón latía acelerado como un potro corriendo en el campo abierto, y mi cuerpo se estremecía como el temblor de tierra que sacudió a la Ciudad de México el día que Madero hizo su entrada triunfal en ella.

Extendí las manos, los dedos... sentí mi respiración entrecortada y levanté lentamente la tapa. Ese día dejé de ser un niño.

Dicen que Pandora, llevada por la curiosidad, abrió la caja que le habían dado los dioses y que liberó todos los males que hoy aquejan a la humanidad.

Algo similar sucedió conmigo cuando dentro de la caja de latón que guardaba celosamente mi padre encontré todos los títulos de propiedad del pueblo, que se remontaban hasta la época en que México había sido colonia española, siglos atrás. En ellos se establecía claramente que las tierras eran de los pobladores de Anenecuilco, no de la Hacienda de Hospital.

En esos papeles estaba documentado el horror que había sufrido nuestro pueblo, el abuso por parte de los diferentes gobiernos, el robo legal de nuestras tierras; la causa del hambre que sufrían nuestros niños, de los pechos secos de nuestras mujeres, de las manos cansadas de tanto cosechar por un salario que no alcanzaba, de la deuda histórica que México tenía con sus campesinos. Ahí estaba reflejada la miseria y la marginación que todos los presidentes de México no habían querido ver para llenarse la boca con discursos sobre progreso y bienestar. La sed de justicia.

—Papá, si aquí tiene las pruebas de que las tierras son suyas, ¿por qué no las hacen valer? Estos papeles lo dicen todo.

—No se puede, Emiliano, los ricos tienen el poder de hacer y romper leyes —respondió él con mucho pesar.

Compadecido por su dolor, le puse la mano en el hombro:

—¿No se puede? Pues cuando sea grande, haré que se las devuelvan.

Me llené de odio porque fui testigo de todo el mal que puede llegar a causar el ser humano. Y me hice hombre.

Ahí nació mi Revolución.

Pero también, tengo que aceptarlo, como le sucedió a Pandora, en el fondo de la caja de latón encontré la esperanza... para hacer valer nuestros derechos, para cambiar la situación en la que nos habían sumido los hacendados burgueses. ¡Ahí estaba mi razón para partirme la madre tantas veces en el campo de batalla, para escribir manifiestos, para desconocer a Madero como presidente, para mentarle la madre a Venustiano Carranza y para haber llegado hasta Chinameca con la esperanza de que Jesús Guajardo me diera armas y parque!

Esos documentos fueron el motor de mis acciones en favor del proletariado y de todos los pactos políticos que hice; fueron, y son, junto con el Plan de Ayala, mi bandera de vida.

Mientras haya sentido de lucha, hay esperanza para México, porque sin ella jamás habría podido comprender esta historia, que es la mía y la de todos. Por eso quiero morir siendo esclavo de los principios, no de los hombres. Es la única forma de mantener la dignidad hasta el último aliento.

¡Cómo recordé ese encuentro una noche lluviosa, ocho años después!

Todavía era un muchacho cuando entré al mismo cuarto: había veladoras blancas alrededor de la cama y los vapores del incienso giraban y giraban hasta mezclarse entre sí e inundar todo con su tufo amargo. Los espíritus de mis antepasados se escondían en las sombras.

—No quiero entrar —escuché la voz de mi hermano Eufemio detrás de mí.

Lo tomé del brazo; lo obligué a que me acompañara. Mis hermanos y mis hermanas mayores ya estaban ahí. A pesar de la lluvia, pude escuchar la respiración entrecortada de Eufemio cuando nos detuvimos al pie de la cama.

Ahí estaba él, nuestro padre, vestido de blanco con sus zapatos empolvados; con el rostro fijo y duro, como una máscara. ¡Se veía tan pequeño! ¿Qué le dice uno a un cadáver? ¿De qué le sirve a uno lamentarse por lo que no le dijo en vida? Sólo lo miré en silencio. Esa imagen nunca me abandonó… Durante muchos años, cada vez que lograba un triunfo o era derrotado en el campo de batalla, volvía la imagen del cadáver de mi padre. Y entonces deseaba que él estuviera vivo para contarle: "Papaíto, estoy luchando para que les devuelvan sus tierras a todos".

Mi hermano tampoco habló. Lo escuché sollozar, su brazo temblaba mientras se limpiaba los mocos con la manga de su camisa; pero no dijo una sola palabra. La muerte lo había dejado mudo.

Horas después metieron el cuerpo de mi padre en una caja de madera y clavaron la tapa. Todavía puedo escuchar el martilleo y los sollozos, los avemarías y los dientes de mis hermanos que castañeteaban por el frío.

El viento frío nos rodeó de golpe. Se sentía la presencia de la muerte; ahí estaba, entre nosotros, fría, burlándose de nuestra fragilidad. Quizás por eso los mexicanos solemos devolverle el favor y nos burlamos de ella, para arrebatarle poder.

En aquella ocasión la presentí, y le volteé la cara.

La muerte estuvo cuando velamos a mi padre y cuando lo enterramos. Y no se fue. Mis hermanos y yo la presentimos con el paso de los días, con la misma fuerza con la que había salido de la caja de Pandora, envenenándolo todo. Y es que menos de un año antes también vi a mamá entrar sin vida en una caja de madera que llegó al cementerio para no salir de ahí jamás.

La muerte se quedó en las hojas agitadas por el viento, en las lágrimas secas que lloraban los hombres sin tierra y en la soledad que me embargaba cada noche cuando soñaba con las calaveras, pero también en las sombras donde se escondían los fantasmas de mis antepasados. La muerte hizo de México su hogar durante muchos años más, y por más que nos burlábamos de ella para ahuyentarla, echó raíces entre nosotros.

IV

Tras la muerte siempre queda mucha vida, cruces en el cajón, borradores de cartas, naipes, zapatos usados, una silla vieja… De mi padre heredé el náhuatl y el español, el amor por la tierra y los ojos negros; también un par de mulas, algunas tierras, un establo pequeño y algo de dinero. Después de llorar la muerte de mis padres, dejé que sus espíritus partieran en paz, pues no estaba yo para cargar con ellos durante años, que luego uno tiene dolor de espalda y lamentaciones excesivas.

Después de pensar mucho cómo podía ayudar a la familia y de escuchar una idea tras otra de mi hermano Eufemio, se me ocurrió la idea de sembrar maíz en las tierras que había heredado. Claro, siempre con el miedo de que llegaran los de la Hacienda de Hospital con alguna consigna del gobierno para quitármelas.

Me levantaba muy temprano y me hacía cargo de la cosecha, tal como mis antepasados lo habían hecho durante siglos; me apoyé en el poder de la tierra para transformar las semillas en plantíos. Mi hermano y yo trabajamos bajo el sol, secándonos la frente con un pañuelo, mientras las semillas moribundas se transformaban en vida.

Con el resto de los centavos me hice de dos mulas más, y con ellas llevé el maíz hasta la capital del estado para venderlo. Señoras de alcurnia, acompañadas de criadas morenas, me miraban con desprecio e intentaban regatearme... Poco imaginaban que iba cambiar sus vidas cuando estallara la Revolución.

Comenzó a irme tan bien que pude ayudar a toda mi familia.

Además, aproveché el guardadito para rentar un poco más de tierra donde sembraría sandías. Como no estaba para ir a pedirles el favor a los dueños de la Hacienda de Hospital, me acerqué a una hacienda cercana cuyo dueño era un codiciado soltero perteneciente a una de las familias más ricas del país, un tal Ignacio de la Torre. Hombres cercanos a él me cedieron las tierras y seguí con mi plan.

Además, me enteré de que De la Torre se iba a construir otra hacienda en la región y necesitaba hombres y ayuda de todo tipo. Ofrecí mis mulas para que llevaran los ladrillos y aceptó. Largos trayectos recorrían con ellas, mientras arrastraban la vieja carretela llena de ladrillos, ora por los viejos caminos de la patria, ora por el pasto sin dueño que crecía por doquier.

Aunque se trataba de una hacienda que seguramente había robado las tierras a algún pueblo, yo todavía no empezaba bien la lucha por hacer valer los documentos que me había enseñado mi padre. Y, además, de algo tenía que comer. Es curioso, porque de alguna forma yo ayudé a construir aquel umbral, tan de sobra conocido por mí.

Somos nuestros verdugos sin saberlo, pues pasamos toda una vida construyendo el lecho sobre el cual habremos de ofrecer nuestro último aliento.

Se trataba de la Hacienda de Chinameca.

V

La lucha para que el gobierno de México le devolviera a Anenecuilco sus tierras no murió con mi abuelo, ni tampoco terminó con aquellas cartas que le envió a Porfirio Díaz. En cambio, los ancianos del pueblo, entre los que se contaban mis hermanos mayores, se reunieron una fría noche de noviembre y discutieron largamente el asunto.

Acordaron que sería importante votar para que alguien del pueblo los representara y luchara por las tierras. En un principio, mi padre (después de mi abuelo) ocupó ese lugar, pero como la muerte se lo llevó más pronto que tarde, tuvieron que volver a hacer una votación.

Después de gritos y sombrerazos, durante un congreso alimentado por el aguardiente y el resentimiento histórico, decidieron ya no escoger a un miembro de la familia Zapata, sino a un tal José Merino.

Tengo que reconocer que este señor fue bastante listo, porque quién sabe cómo mandó a averiguar si los documentos que guardábamos en la caja de latón eran de verdá. De ese modo pudo confirmar que las tierras le pertenecían a Anenecuilco. Luego consiguió a un abogadete que lo ayudó a seguir la lucha y hasta logró que el mismísimo Porfirio Díaz lo recibiera para que le expusieran el problema.

No fue aquella la ocasión en que conocí a Porfirio, pues yo me quedé trabajando en el pueblo mientras la comitiva de Anenecuilco iba a la capital. Un par de días después volvieron con historias maravillosas de palacios, avenidas, estatuas y un grandioso Palacio Nacional. Además, nos dijeron que Porfirio los había escuchado con muchísima atención, y hasta le habían enseñado los documentos, que se acordaba de mi abuelo, y que no había olvidado la promesa que había hecho de arreglar el problema de las tierras.

Y, por supuesto, a don Porfirio no se le escapaba una, porque a él no le convenía que los ricos hacendados perdieran tierras. Prefería mantener "el orden y el progreso" como su lema de gobierno.

A-cualquier-costo.

Así, de un día para el otro, soldados federales comenzaron a patrullar por el pueblo. Dabas vuelta a la esquina y de repente había dos o tres hombres que te observaban como si fueras un criminal, y aunque no hacían nada más que espiarte, sabías que era la forma como el gobierno te decía: "Aprende cuál es tu lugar".

Y es que la presencia del ejército comenzó a afectarnos. Parecía que su pólvora no se quedaba sólo en sus fusiles, sino que se extendía entre todos nosotros en forma de miedo. Me dolía la cabeza, me temblaban las manos y comencé a tener pesadillas sobre las estrofas del himno nacional... ¿Un soldado en cada hijo te dio? Sí, pero todos peleando por una causa diferente, todos por su propio México... Nadie en busca de la paz.

No fui el único; los niños lloraban, los habitantes de Anenecuilco peleábamos entre nosotros, Eufemio enfermó del estómago, y cada vez había menos días con sol. Parecía que la presencia de los soldados en el pueblo le robaba todo color a la vida, y nosotros sabíamos que eran órdenes de Porfirio Díaz, para mantenernos en nuestro lugar: el de los trabajadores sin voz ni voto que cada vez tenían menos tierra.

Ya cansados de esta situación, durante los primeros años del siglo xx, los ancianos del pueblo volvieron a reunirse muchas veces para tratar de entender qué estaba pasando. ¿Acaso nos encontrábamos bajo un embrujo que ni siquiera el Señor de Anenecuilco podía romper? Quizás ese hechizo terminaría si recuperábamos nuestras tierras legítimamente, pues sería la única forma en que los soldados se irían.

La comitiva no quiso volver a la Ciudad de México para hablar de nuevo con Porfirio Díaz, no fuera que al anciano general se le ocurriera mandar más soldados y pesadillas al pueblo.

Bajo el caliente influjo del aguardiente y las sombras de la noche, decidieron insistir a las autoridades locales y comenzaron a enviar cartas al gobernador de Morelos para intentar reunirse con él. Claro, siempre teniendo a José Merino como representante del pueblo.

Para nuestra desgracia, el gobernador era un político catrín que seguía la doctrina de Porfirio Díaz y que seguramente veía a la comitiva de Anenecuilco como un montón de indios zarrapastrosos, lo cual hizo que no prestara atención a sus demandas ni a los documentos que tenían bien guarecidos. Es más, en privado se ha de haber burlado de los huaraches que usaban, de sus sombreros de palma y de sus calzones de manta; como si todo el país vistiera de sombrero y levita. En México, el rico hace como que todos son de su condición para que no le cause lástima la pobreza.

Mientras tanto, los soldados seguían patrullando el pueblo, haciendo sombras largas al mediodía. Y aunque marchaban en silencio, sabíamos que en su interior gritaban en nuestra contra.

—¿Cómo nos libramos de éstos? —me preguntó Eufemio, en una de ésas que me agarró desprevenido cosechando maíz.

—Como siempre se ha hecho en México —le respondí y le conté mi plan de pintar los campos de rojo.

La reunión se llevó a cabo en Cuautla, adonde acudieron representantes de muchos pueblos de la zona junto con varios hombres. Eufemio y yo fuimos para apoyar a José Merino. Él se sentó en el comedor, mientras nosotros permanecimos en una esquina, con la espalda pegada a la pared.

Desde temprano nos encerramos en una casa. Pero no lo hicimos para planear cómo resolver el problema agrario.

Era muy tarde para esperar una limosna del gobierno, o para que se acordara de todas las familias a las que había quitado las tierras, obligándolas a vivir con hambre. Cuando llegó el turno de Anenecuilco, les expuse mi idea.

—¿Levantarnos en armas? Sólo un loco iría contra don Porfirio —exclamó uno de los presentes—. Él soluciona los problemas a balazos, el ejército está de su lado y tiene espías en cada rincón. Tal vez aquí, entre nosotros, haya un traidor.

Lo miré con asco:

—Pos qué otra… ¿Prefieren vivir con el miedo de que mañana llegue otro catrín a quitarles las tierras que les quedan? ¿Quieren que mañana desaparezcan los pueblos? ¿Quieren ser esclavos para matar el hambre de sus familias? ¿Dónde está su dignidad? No queremos ni la paz de los esclavos ni la paz de la tumba. ¡Exigiremos justicia!

Y tras un momento de silencio escuché que un hombre me secundaba:

—¡Justicia!

—¡Justicia! —exclamó otro.

Justicia, Justicia, Justicia… Al principio cada uno coreaba desde su asiento, pero el tiempo hizo que todas las voces se unieran y que se escuchara un solo grito desgarrador que parecía provenir desde el centro de la Tierra.

Salimos de aquella casa dispuestos a iniciar una lucha improvisada. Algunos teníamos armas; escaseaba el parque, pero creíamos que con el corazón de los hombres sería suficiente.

Vimos a los habitantes de Cuautla asustarse, esconderse en las cantinas y cerrar las ventanas de sus casas. Alguna que otra dama se asomó por la rendija de la puerta a ver qué carambas pedían aquellos locos sucios, que parecían no tener dinero, que tenían la piel morena y que, además, se atrevían a pedir justicia.

No faltó quien quisiera unirse inmediatamente a nuestro grupo armado. Y los hubiéramos aceptado a todos con gusto. Ahora que lo pienso, aquél fue uno de los primeros levantamientos en contra de Porfirio Díaz, mucho antes de que Francisco I. Madero convocara a las armas en 1910. Nosotros, los hijos de Morelos, queríamos decirle al presidente que llevaba más de veinte años en el poder: ¡ya basta! A chingar a otro lado, que el pueblo estaba muy cansado del abuso en nombre del progreso.

Pero más tardamos en levantarnos en armas, que los federales en aparecer para amedrentarnos. ¡Vaya muina les ha de haber causado saber que nosotros ya no éramos esas víctimas que podían golpear a su antojo! El grito de justicia lo llevábamos tatuado en el corazón y, aunque aquellos hombres nos dispararon, no pudieron sofocar la esperanza de que algún día lograríamos nuestro cometido.

Yo, como todos los demás, me asusté. Mi hermano y yo salimos corriendo para guarecernos de aquellas carabinas que deseaban destruirnos. Creo que fue ese primer chispazo de libertad lo que hizo arder mi alma, y entonces me di cuenta de que no estaba hecha de espíritu, como las demás, sino de pólvora... y más tarde, de un fuego que no se apagó hasta que Jesús Guajardo me invitó a entrar a Chinameca.

Eufemio y yo estábamos en peligro. Por eso huimos a la montaña; algunos hombres regresaron a sus respectivos pueblos, pero en toda la región se comenzó a escuchar del joven que había pedido justicia... Y en Morelos comenzó a hablarse de Emiliano Zapata. Y todos escucharon: tanto mis amigos como mis familiares.

Ahí comenzó mi fama y comenzó a cavarse mi tumba.

Después de algunos días de comer de las hierbas del monte, de cobijarnos con las estrellas, y de que se calmaran las aguas de la región, mi hermano comenzó a desesperarse. Estaba muy callado, comía poco y no quería verme a los ojos. Ya, cuando no pudo más con su mal humor, me recriminó la huelga:

—¿No te podías estar tranquilo, Miliano? Nomás nos buscas problemas, y el que empieza mal, mal termina.

—¿Por qué te irritas? Alguien tiene que decirle basta a los malditos hacendados —le respondí.

—Pos porque nadie se mete con Porfirio Díaz, cada uno tiene su lugar y así funciona el país. Siempre ha funcionado así.

—Todos los que piensan como esclavos han perdido la revolución —respondí, lo que Eufemio pareció haber tomado como un insulto, porque intentó golpearme con el puño, pero yo alcancé a moverme y logré sujetarlo del cuello hasta que se tranquilizó a medias.

Cuando volvimos a Anenecuilco hizo como si no nos hubiéramos peleado, y no quiso hablar del tema. Fue, de nuevo, mi hermano. Durante un tiempo la cosa estuvo tranquila. La policía me vigilaba, pero sólo como una amenaza. Sabían que yo era uno de los responsables de aquella pequeña revuelta, pero se mantenían al margen porque no habían recibido órdenes acerca de qué hacer conmigo.

Yo cosechaba el maíz y las sandías, y mantenía lo mejor posible a mi familia. Mi vida había cambiado: mi alma ardía.

VI

Llegaron las fiestas del pueblo en 1906.

Aunque estábamos en plena Cuaresma, aquello parecía un carnaval, pues no solamente habíamos realizado la debida procesión al Señor de Anenecuilco, en la cual cantamos rezos y alabanzas a nuestro santo patrón, sino que organizamos distintas actividades para todos.

La comparsa recorría las calles con sus delirios y sus estruendos que invitaban a los jóvenes a salir. Las mujeres casaderas usaban sus mejores faldas bordadas y sus blusas de algodón, con listones de colores mezclados en sus trenzas, aunque las más coquetas le daban forma a su peinado con broches de todos tamaños, como más tarde hicieron algunas señoras de la capital. Los niños corrían, las abuelas contaban viejas leyendas, había pulque, y yo, que era re bueno para eso de la charrería (¿para qué negarlo?), me aventaba una que otra suerte para que me aplaudieran.

Eran los días del año en que gastábamos lo que no teníamos para olvidarnos por un momento de las injusticias. Bebíamos aguardiente, jugábamos a los naipes, apostábamos en las peleas de gallos y bailábamos bajo las estrellas... Abrazaba a mi hermano y cantábamos bien alto para que nos escucharan las solteras y para enamorar a la luna.

Sucedía, a veces, que empezaba a beber y a ponerme en un estado interesante, cuando me encontraba con los ojos negros de alguna mozuela a la que le gustaba mi bigote. Y pues yo (uno que no es de piedra) aprovechaba la ocasión para morderme la lengua y responderle con otra mirada. Luego, aprovechando la algarabía, la tomaba del brazo y la llevaba detrás de alguna casa para quitarle la pena con caricias en el cuello, para rozar sus brazos desnudos y saciar su curiosidad sobre alguna cama de tierra.

Pues la misma curiosidad que llevó a Pandora a abrir la caja lo puede llevar a uno a rasgar el vestido de una joven desprevenida y desatar todos los males de la humanidad. ¿Pero qué iba a saber, entonces, que amar a Inés Alfaro iba a cambiar mi vida para siempre?

Después de las fiestas del pueblo, decidí llevar a cabo mi plan.

Me subí al caballo antes que la primera luz hiriera el día y fui hasta la casa de Inés, pues sabía que estaba por salir al mercado. Así, nada más, la trepé al caballo y me la llevé... Allá, donde tuviéramos esperanza y pudiéramos vivir nuestro amor en pleno goce.

¡Vaya! Hasta la misma Pandora tendría envidia de a dónde habría llegado mi curiosidad; aunque el castigo sería el mismo, desatar los males del mundo sobre mi persona...

Macuilli

1907

I

ALGUNOS PERIÓDICOS DICEN que soy un guerrillero ladrón y asesino; otros, que soy un héroe... ¿Qué versión tomarán los historiadores cuando escriban sobre mi revolución y acerca de la lucha de mi pueblo? No estaré más para leer cómo toman mi nombre y lo arrastran por el lodo hasta convertirlo en el de un resentido robavacas, un loco que sólo pide tierritas.

¡Yo quería las tierras que por derecho nos correspondían y nos fueron robadas!

El dueño de la Hacienda de Hospital se enteró de que luchábamos por esas tierras. Dicen que le dio un trago a su aguardiente y, después de reír cínicamente, exclamó: "Si los de Anenecuilco quieren sembrar, que siembren en maceta".

Desde aquel primer brote de insurrección en Cuautla, me convertí en una piedra en el zapato para las autoridades de toda la región. Querían castigarme, pero que no pareciera una venganza. Después de todo, no es un sentimiento que los ricos de este país quieran demostrar. Ellos también sienten resentimiento hacia aquellos que amenazan sus privilegios.

Para que la razón de mi arresto no fuera la insurrección, encontraron algo más banal... Y sí, la mera verdá es que yo les di causa.

Me robé a Inés Alfaro, ¿por qué lo voy a negar? La muchacha me gustaba. Y ella ya me había respondido al ofrecerme sus labios y al acariciar mi espalda. Su padre me denunció porque no aceptaba que un pelado como yo anduviera detrás de su hija. A mí se me hace que todavía la veía como a una escuincla incapaz de pensar algo impuro. Puedo imaginar la cara que puso cuando no solamente se enteró de que Inés estaba entre mis brazos, sino que además ya tenía un hijo conmigo. Y esperaba otro. Así, panzona, la abofeteó en público y juró vengarse de mí.

Yo me hubiera casado con ella si me hubieran dejado hacerlo, pero el señor nunca dio su permiso y luego ya andaba yo en otros asuntos porque había iniciado la Revolución.

Lo que sí puedo decir es que la denuncia que presentó el pelado ese me pasó a fregar... Y la cosa fue así:

Ya se me estaba haciendo costumbre esconderme en cualquier chico rato porque sabía que los federales me andaban buscando y a mí se me hacía fácil salirme de Anenecuilco por unos días y regresar como si nada hubiera pasado. Allá, en la sierra, podía estar sin peligro alguno, durmiendo al aire libre y alimentándome de hierbas pa' calmar el hambre. En una de esas que volví, Eufemio me dijo:

—Ten cuidado, Miliano, los federales andan preguntando por ti... Yo que tú me sosegaba.

Y yo, haciéndome el valiente, hice oídos sordos a aquella advertencia y volví a mis sembradíos. Haciéndome cargo de mis tierras, se me acercaron tres militares que no conocía; alguien en Anenecuilco les había dicho dónde estaba. No quise correr, me dio miedo que me fueran a dar un tiro en la espalda con la excusa de que me quise escapar, en lo que se ha conocido popularmente como "Ley fuga".

En cambio, me tomaron del brazo y, a empujones, me llevaron hasta Cuernavaca para hacerme saber que me habían arrestado por robarme a Inés. ¡Carajo! Lo primero que pensé fue que me tendrían algunos meses en prisión y que luego obtendría la libertad con alguna condición; pero las autoridades tenían otros planes para mí: la leva.

Así, a la mala, me metieron al ejército... Me reclutaron en el Noveno Regimiento de Caballería, bajo el mando del coronel Alfonso Pradillo. Y es que a Porfirio Díaz le gustaba que quienes patrullaran una zona fueran de la misma, pues suponía que conocían el territorio y a sus hombres. En pocas palabras, para que la cuña apretara tenía que ser del mismo palo, y eso derivó en muchos abusos.

En todo caso, era mejor formar parte del ejército a que me mandaran a Valle Nacional a realizar trabajos forzados.

Así que me tocó vestirme de verde y hacer como que estaba a favor del Ejército federal... Todo con tal de que me dejaran en paz a mí y a mi familia (y no me metieran un plomazo por la espalda). Me enseñaron a usar el fusil y a marchar. Dormí en los catres del cuartel. Patrullé bajo el ardiente sol de Morelos ... hasta que el mandamás del ejército supo que lo mío, lo mío, era la cabalgata, y que no había mejor jinete en la zona que yo. Mi reputación creció.

—Emiliano, ven para acá —me dijo un día mi capitán al volver al cuartel.

Obedecí.

—Me acaban de decir que te quieren mañana mismo en la hacienda de don Pablo Escandón... Ahorita te van a decir dónde es, te vas pa' allá y te presentas.

—¿Y ése quién es? —pregunté.

El capitán me vio con sus ojos negros como zopilotes furiosos.

—¿Cómo que quién es? ¿Allá en Anenecuilco viven abajo de una piedra? Pablo Escandón es jefe del Estado Mayor de don Porfirio Díaz. Y no preguntes más porque no te voy a responder. Te vas y no regresas. ¡Gracias a Dios!

—Lo que usted ordene —asentí, aunque aquella orden me parecía más una burla que otra cosa.

Esa noche soñé que me ponían contra un muro y que un pelotón me disparaba en el corazón y mi sangre verde alimentaba la tierra seca.

II

Dicen que la historia la escriben los vencedores, y que en algunos casos se les permite a los vencidos narrar su versión; pero ¿quién cuenta el lado humano de la historia? Porque se habla muy poco del miedo que se siente ante una batalla, del amor que moja las sábanas, de la sangre que empapa las campiñas o de los sueños con los que se deben enfrentar las noches.

Quien crea que no tuve temor es porque no ha visto más allá de los bigotes de mis fotografías.

Así, lleno de dudas fui hasta San Diego Atlihuayán, la hacienda de Pablo Escandón. Todavía era muy temprano cuando me presenté en el edificio principal y un criado me dijo que esperara ahí mientras iba a buscar a su patrón que, según él, estaba desayunando. Me dijo que fuera a las caballerizas y esperara ahí. Éstas estaban algo alejadas de la hacienda, pero obedecí. Además del hambre, tenía un sentimiento enredado en el estómago. Esperé casi una hora hasta que apareció un hombre tosco de hombros anchos, vestía de militar y usaba el bigote estilizado.

—¿Es usted el mentado Emiliano Zapata? —me preguntó.

—Sí, yo mero —respondí.

—Ah, pos muy bien. Me dicen que es de por aquí... ¿Eso es cierto?

—Tal como usté lo ha dicho, general, soy de Morelos —asentí.

En aquellos silencios entre una pregunta y otra, entendí que Pablo Escandón trataba de leer mi alma, de desnudar mis intenciones y la gravedad de mi crimen, o quizás mi arrepentimiento.

Después de dos preguntas más reveló sus verdaderas intenciones.

—Porque fíjese que ando buscando quien me ayude a cuidar a mis caballos y parece que usted le sabe a esto. Si acepta, podría arreglar las cosas para que usted ya no ande patrullando bajo el rayo del sol y hasta podría ganarse unos centavos. Ah, pero eso sí, tendría que quedarse a dormir en la hacienda, en unos cuartos que mandé construir atrás de esos árboles... Pero a la primera diablura que me haga, lo mando pa' su pueblo. ¿Entendió, Zapata?

—Entendí, mi general.

—¿Ya desayunó o ni eso?

—Ni eso, mi general. Vine temprano para entrevistarme con usté, así que ando con el estómago vacío; pero no se apure, en mi pueblo a veces no hay para hacer tres comidas al día.

Aquellas palabras parecieron divertirle, pues lograron dibujarle una sonrisa en el rostro. Se llevó las manos a la cintura y exclamó:

—Pues váyase a la cocina y dígale a la cocinera que digo yo que le prepare un taco de algo; cuando termine, regrese a las caballerizas. Ya le mandaré a uno de mis criados para que le explique bien cómo funcionan las cosas y le presente a cada uno de mis caballos. Cuídemelos mucho; es su único trabajo, así que no tiene excusa para no hacerlo bien.

Pablo Escandón se fue por otro lado, y yo corrí a la cocina, donde me recibieron con un café y un desayuno.

Los primeros días en San Diego Atlihuayán los pasé conociendo la hacienda, la capilla dedicada a san Diego, el ingenio azucarero y, por supuesto, los grandes terrenos llenos de caña. Así se lo describí a mi hermano Eufemio en una breve carta, para que él y mis hermanos estuvieran tranquilos.

Me gustaba la vida en la hacienda: las noches eran silenciosas, nunca faltaba una taza de café por las mañanas, ni las cabalgatas por las tardes. Era la primera vez que veía por mí, por mi bienestar y por mi felicidad. A veces, durante las noches, aparecía el rostro de mi padre con sus carnes secas. En su honor, decidí dejarme el bigote largo, pero ni así logré ahuyentar su fantasma: lo veía en el espejo.

Cuando mi patrón no estaba en la capital, se paseaba por sus terrenos. Desde muy temprano, me pedía que le ensillara su caballo favorito. Y si estaba de buenas, me pedía que lo acompañara a recorrer los sembradíos. Al alba, todavía la niebla serpenteaba bajo nuestros pies y el tufo ahumado del fogón de la cocina anunciaba el desayuno.

Mi relación con los caballos, las yeguas, los sementales y las potrancas levantó un rumor entre los demás criados: aseguraban que podía comunicarme de un modo místico y secreto con los animales. Que con sólo verlos a los ojos, compartíamos pensamientos, sensaciones y latidos... Pero no había tal cuento inexplicable, ni milagros del más allá. Simplemente era mi buena fortuna para tratar a todo tipo de animales, heredada de mi padre y de mi abuelo.

Sabía cuándo alguno de esos portentosos animales tenía hambre o sed, cuando estaba cansado y cuando estaba enfermo. Cuidaba de ellos como Porfirio Díaz no supo hacerlo con su propio pueblo, y los animales me correspondían en agradecimiento.

A principios de julio, Pablo Escandón planeó una comida para sus amigos. Se colocó una carpa en el jardín, se montó una larga mesa llena de sillas, se mandaron pedir fuegos artificiales para engalanar la noche y se prepararon pastelillos franceses y jaletinas de distintos sabores. Mi patrón esperaba que vinieran sus amigos de haciendas cercanas y de la capital.

Guirnaldas de papel blanco decoraban los árboles y las sillas.

Yo no estaba invitado, por supuesto. Para Pablo Escandón yo sólo era un pelado más a su servicio, aunque podría comer algo del menú francés que habían preparado para tan grata ocasión.

Los invitados comenzaron a llegar después de la una; ellos de levita bien planchada, y ellas con largos vestidos de blanco algodón, con grandes sombreros y sombrillas con encajes. Una banda amenizaba el ambiente con valses encantadores, y en el aire de toda la hacienda flotaban los aromas de las salsas de hongos que hervían en los cazos de cobre, las risas de los comensales, el choque de los cubiertos, y el chorro del vino al caer en las copas de cristal.

Terminado el banquete, digno de un rey bíblico, las mujeres se quedaron conversando en la mesa, mientras ahuyentaban el calor con el movimiento de sus abanicos, y degustaban las deliciosas jaletinas que habían preparado con tanto esmero. Los hombres, en cambio, pasearon en el jardín, en grupos de dos o cuatro personas, máximo.

Yo estaba en las caballerizas atendiendo mi trabajo, cepillando a un caballo enfermo al que se le había agusanado la pata, cuando escuché que un par de pisadas se acercaban y se detenían cerca de mí.

Volteé y encontré a Pablo Escandón con su chaqueta de veraneo, y a su lado un señor que yo no conocía. Era larguirucho, con poca musculatura, dedos largos, bigote de curvas francesas y una postura erguida que imponía respeto; pero lo que más llamó mi atención fue el brillo de sus ojos. Aquel hombre debía tener poco más de cuarenta años, pero su mirada era la de un niño travieso.

—Le estuve hablando de ti a mi compadre, Emiliano —me dijo—. No me vayas a quedar mal. Le dije que eras el mejor jinete de toda la región.

Y el otro hombre me miraba como si de verdá fuera un regalo que yo ensillara uno de los mejores caballos de la hacienda, montara en él y diera una demostración improvisada de charrería, y ambos aplaudían y se divertían cada vez que el caballo levantaba sus patas delanteras.

Cuando terminé, después de veinte minutos, me quité el sombrero y me llevé el pañuelo a la frente para secarme el sudor. Respiraba agitado; sólo entonces escuché el aplauso de los presentes y supe que todos los invitados se habían reunido en torno a nosotros para ver cómo saltaba yo de un caballo a otro y me paraba sobre la silla de montar.

Cuando desmonté, Pablo Escandón y su amigo se acercaron a mí.

—¡Bien hecho, Emiliano! —festejó aquél—. A mi amigo Ignacio de la Torre le gustó mucho lo que hiciste. ¿O no, Nachito?

Éste asintió con una sonrisa y me extendió su mano.

—Mucho gusto, señor Zapata. Yo correspondí el gesto.

III

Nacho de la Torre me cayó bien. Me pareció un señor agradable que se llevaba bien lo mismo con catrines que con peones y que amaba intensamente la vida.

Después de la comida que organizó Pablo Escandón, De la Torre comenzó a frecuentar la hacienda con cualquier excusa y en más de una ocasión se paseó por las caballerizas para saludarme… Y platicamos sobre cómo cuidar a los caballos, cómo usar el lazo y hasta cómo torear sin un caballo.

Nos caímos bien y nos hicimos amigos. Entre nosotros había una cierta complicidad que borraba toda diferencia social y económica. Por eso no me sorprendió que tomara como una historia cómica cuando le conté que le estaba rentando unas tierras suyas para sembrar mis sandías, ni cuando me dijo que había hablado con Pablo Escandón para que yo me fuera a la hacienda de él.

Ignacio de la Torre me quería como su caballerango y, en ese momento, hasta gusto me dio. Agarré todos mis tiliches y nos fuimos a su hacienda en su coche de motor. Fue un viaje breve.

¿Qué escribirán los historiadores sobre el encuentro de un revolucionario de nombre Emiliano Zapata y el yerno de un dictador llamado Porfirio Díaz?

Pues no fue hasta que llegué a mi nueva casa que supe de boca de otros criados que Ignacio de la Torre estaba casado con Amada, la primogénita de Díaz.

Una semana después, aquélla llegó de la capital y la conocí: regordeta, con el pelo negro, pero con un porte y un orgullo que pondría a sus pies a cualquier hombre o a cualquier reino. Siempre elegante y bien peinada, pasaba las horas leyendo un libro, escribiendo en su diario, o asegurándose de que la casa principal de la hacienda funcionara correctamente.

En las pocas ocasiones en que Nacho de la Torre me invitó a comer o a cenar con él, Amada se mantuvo callada, taciturna. Nos miraba de reojo y se excusaba de la mesa en cuando se terminaba la comida. Sentí sus celos; era como si yo tuviera algo de su esposo que ella no podía tener... Supuse, entonces, que era la amistad franca que sólo puede existir entre dos hombres, pues fue él quien me enseñó a beber coñac, a degustar la comida francesa y a usar gazné.

¡Qué tiempos aquellos!

El resto del verano lo pasé como caballerango del yerno de Porfirio Díaz, jugando a los naipes y montando a caballo en las tardes rojas.

Al llegar septiembre, Nacho anunció que tendría que volver a la capital, pues se aproximaban las fiestas por la Independencia de México, que curiosamente coincidían con el cumpleaños de Porfirio Díaz, y la familia debía estar presente. Sin embargo, De la Torre me aclaró:

—No me iré solo; esta vez tú me acompañarás...

IV

A principios del siglo xx la Ciudad de México era un Anenecuilco grandote, pero con calles anchas, casas grotescas, estatuas de color gris y una diferencia social enorme; porque al menos en mi pueblo, todos convivíamos aunque no tuviéramos el mismo dinero; pero en la ciudad, los ricos vivían en su barrio, y los pobres en el suyo. Dicen que Porfirio Díaz la planeó así para esconder a los menesterosos y que la capital se viera chula de bonita para los extranjeros. Digamos que era una máscara social para su aparente progreso.

Tengo que reconocer que hasta ese momento nunca había hecho un viaje largo en un coche de motor. Allá en Morelos nos movíamos en caballos y en carretelas. Jamás imaginé subirme en el asiento trasero de un vehículo de esos, con el ruido infernal de la máquina, el movimiento traca traca que hacía por las calles, mientras conducía Ignacio de la Torre acompañado por Amada, quien se quejaba porque "hubiera sido más fácil haber tomado un tren a la capital".

Salimos de la hacienda aquel día por la mañana y antes de anochecer llegamos a Paseo de la Reforma. Había inmensos caserones a los lados de una ancha avenida en la que uno encontraba varias glorietas (en una de las cuales construían una columna a los héroes de la Independencia de México). Aquellas mansiones eran propiedad de empresarios, ministros y amigos del gobierno de Porfirio Díaz. De cómo éstos hicieron su fortuna o consiguieron el dinero para construir sus propiedades, prefiero no hablar…

Los catrines paseaban por las banquetas con el periódico bajo el brazo, mientras que las damas se hacían acompañar de sus criadas para que les cargaran a los niños. Un maravilloso sol de los últimos días de verano se escondía bajo los montes, pero hacía tanto calor que no había parte de mi cuerpo que no sudara copiosamente. Además, los faroles de luz eléctrica comenzaron a encenderse, algo que nunca había visto, pero que llamó mi atención, pues aquello era casi mágico. Llegamos a una glorieta más, donde habían puesto la estatua de un hombre montado a caballo. Amada Díaz mencionó, sin mirarme, que se trataba del rey Carlos IV de España, y que la había hecho Manuel Tolsá hacía un siglo. Su esposo rio y agregó que le decían "El Caballito".

Y precisamente ahí, enfrente de esta estatua, estaba su casa. Brincos diera cualquiera de sus peones mal pagados por tener un lugar así de grande para vivir. El coche entró a la cochera de la casa y nos apeamos. Todavía se me movía el piso de andar tan rápido por el camino que llevaba a la capital.

Amada abrió su abanico y comenzó a refrescarse con él mientras se recuperaba del largo viaje; luego desapareció entre los complicados recovecos de aquella propiedad que más bien parecía un interminable laberinto. Desde luego, los criados se encargaron de bajar las maletas y de anunciar que el guiso de carne de puerco estaría listo a las ocho para cenar. Al menos aquella noche no habría invitados en el comedor.

Ignacio de la Torre volteó a verme y se burló. Seguramente traía yo una cara de espanto. Me enseñó la casa: tenía un salón lujosísimo para recibir a los invitados, un patio lleno de macetas y de plantas por donde se colaba el ruido de la calle, un comedor digno de un rey; pinturas, esculturas, muebles finos, cubiertos de plata, figuritas de porcelana, vitrinas, cortinas de terciopelo y recámaras de a montón.

Según él, yo dormiría con los criados y lo ayudaría en lo que se ofreciera: sería casi como su criado de confianza; pero lo que realmente le interesaba era que lo ayudara con los caballos de la hacienda, a la cual iríamos con frecuencia en su coche de motor.

—Nada más nosotros dos —exclamó y me guiñó un ojo.

Después de dejar en claro mis funciones en la casa, me llevó a la cocina para que me dieran un plato de frijoles y me fuera a mi cuarto a descansar.

Ignoraba por completo en qué podía ayudarlo en la ciudad si lo mío era el campo, las tierras y los caballos.

Me levanté antes de que el alba iluminara la ciudad, pues las explosiones ocasionadas por los coches de motor irrumpían la tranquilidad de la noche. Además, el catre que me asignaron como cama estaba tan duro que apenas pude dormir. Habían puesto un cuenco de agua cerca de mi cama, con un trapo, para que limpiara mi cuerpo antes de vestirme. Sólo las habitaciones de la casa principal contaban con ese nuevo invento que me pareció maravilloso: un artefacto que permitía que el agua fluyera para los retretes y las duchas.

Me puse unos pantalones grises y una camisa blanca. No sabía qué hacer, así que fui a la cocina, donde una cocinera regordeta me ordenó que me sentara a la mesita que estaba ahí dispuesta y me sirvió un plato de chilaquiles y un café. Los patrones, según me dijo, ya habían desayunado y seguramente me esperaban para que recibiera órdenes.

Ni la cocinera ni las criadas quisieron decirme más. Me miraban de reojo, pero no me dirigían la palabra… ¡Extrañaba tanto a mi hermano Eufemio! Es curioso el sentimiento de soledad cuando hay tantas personas a nuestro alrededor.

Ignacio de la Torre, según me contaron, había salido de la casa para atender algunos negocios, y Amada había ido a visitar a sus hermanos. Así que me entretuve recorriendo la casa, examinando los salones y descansando en el patio bajo un cielo nublado. Por la tarde, escuché que la puerta principal se cerraba. Me asomé: era Amada. Había una gran tristeza en sus ojos negros, que al mismo tiempo reflejaban una gran fortaleza. Horas después supe que los había heredado de su padre, pues el mismísimo Porfirio Díaz, acompañado de su esposa, Carmen Romero Rubio, llegó de visita para cenar. Ella se veía joven, aunque elegante, con un vestido de seda al que seguramente le daba forma una rígida faja. El viejo Díaz, por su parte, me pareció un hombre decrépito. Tenía el rostro lleno de arrugas, su bigote estaba blanco y bostezaba cada tanto. Estaba muy lejos de ser el héroe militar de la Guerra de Reforma o el presidente que había conocido mi abuelo.

Nada más de verlo, me entró una rabia tal que hasta me dolió el estómago. Yo observaba todo esto desde lejos.

Entonces tuve la loca idea de salir de mi escondite y presentarme como el nieto del Zapata que él había conocido, y aprovechar el momento para explicarle la situación que se vivía en Anenecuilco y, tal vez, esperar que el dictador se mostrara comprensivo. No sé si aquello hubiera funcionado, pues todos mis intentos fueron frustrados por mi propio miedo y me quedé muy quietecito mientras escuchaba que el general Díaz le preguntaba a su hija por Ignacio de la Torre.

—Está con sus amigos, papaíto —respondió ella, y pude notar una mueca de desaprobación.

—Siempre es lo mismo con tu marido. ¿Pues qué nunca viene a cenar contigo? No andará de briago por ahí, ¿verdá?

—Ay, papaíto… ¡cómo cree usted! Estará haciendo negocios, no por nada es uno de los empresarios más importantes del país.

—Y un dolor de cabeza para el gobierno desde que tiene aspiraciones políticas —aclaró Díaz—. Pero, dime, ¿es buen esposo? ¿No te ha levantado la mano?

—¡Porfirio! —exclamó Carmen Romero Rubio—. Ésos no son temas propios para una cena familiar. Recuerde los modales que le enseñé.

Y ahí terminó el asunto, pues los tres pasaron a cenar al comedor. Sólo estuvieron ahí un par de horas, mientras los criados llevaban un plato tras otro, y, al final, un pastel de fresas.

El reloj de la sala marcó las diez de la noche cuando el general Díaz y su esposa abandonaban la casa, y marcó las once cuando Nachito entró por la puerta principal cayéndose de borracho. Iba desfajado, arrastrando los zapatos y tatareando vaya usted a saber qué vals.

No quise ayudarlo. De verdá era lamentable verlo así.

La escena se repitió, al menos, dos veces esa semana. Pobre Amada, no pudo encontrar peor partido pa' casarse, pensé. Al fin comprendí el porqué de sus ojos tristes. Y me dio tanta pena que quise abrazarla. Claro, no lo hice.

Con razón, pensé, la pareja no tenía hijos. Y quizás eso era lo mejor.

Dios es sabio, concluí.

Las pocas veces que estuvo en la casa, Nacho me pedía una opinión sobre política o sobre lo que debía hacer con su hacienda. En una ocasión lo ayudé a ponerse el abrigo antes de salir o me pedía que le llevara un café caliente a su despacho, o le descalzaba las botas cuando llegaba de pasear por la Alameda.

Hubo una noche en que cambiaron los papeles.

Amada se arregló y se perfumó para ir a cenar a la casa de sus hermanos. Por su parte, Nacho planeó una fiesta para recibir a sus amigos. Me dijo que no me necesitaría, que lo mejor sería que cenara temprano y me encerrara en mi cuarto.

Quise hacerlo, pues lo último que quería era verlo borracho junto con otros hombres importantes en el país... Ni siquiera tenía tantita curiosidad por su fiesta, a pesar de que se escuchaba la música y de que me llegaba el aroma de algún guiso de carne que le habían preparado para la cena.

Me recosté en el catre en plena oscuridad y me quedé pensando en las calaveras con las que siempre soñaba. No era tarde, así que no estaba cansado. No sé cuánto tiempo pasé ahí, pero de pronto sentí una sed tremenda.

Contra las órdenes que me habían dado, fui hasta la cocina y me serví un vaso de limón con chía, dejándome seducir por la música que cada vez se oía más cerca... más fuerte...

Tal vez, me dije, podría asomarme un poco y ver qué ocurría en el salón. No se darían cuenta de que estaba ahí.

La puerta estaba entreabierta y por ahí eché un ojo. ¡Dios santísimo! Jamás olvidaré lo que vi: catrines de lujosos trajes y damas con vestidos de seda de tantos colores como los arcoíris que adornan la época de lluvias en Anenecuilco. Parecían divertidos, bailaban y cantaban... Pero cuando me acerqué un poco más, me percaté de algo sumamente extraño.

Las damas no eran tales. Todos eran hombres, aunque sólo la mitad se hacía pasar por mujeres. Y entre todos había algo carnal, pues se tocaban y se besaban cual burdel. Y sin embargo, no pude apartar la mirada de aquella sodomía, hasta que la puerta se abrió de improviso y me encontré con los ojos de niño de Ignacio de la Torre, vestido de hombre, pero con todo el rostro maquillado. Se reía, en su embriaguez.

—¡Ven, Emiliano, únete a la fiesta! —gritó.

Pero yo, sorprendido, me quedé callado, estático como una piedra.

—Disfruta, diviértete; tenemos muchos cuartos —añadió.

Lo vi acercarse hacia mí, y cuando levantó la mano, quizás con la intención de acariciar mi cara o de darme una palmada en el hombro, simplemente lo empujé y escupí sobre el piso.

—¡Me dan asco! —exclamé antes de volver a mi cuarto.

Pensé que Nacho iría a buscarme para ofrecerme una explicación, pero no lo hizo. En cuestión de minutos terminó la música y todo volvió al silencio. Yo todavía no sabía cómo sentirme acerca de lo que había visto y confieso que, de no haberme descubierto Nacho, hubiera seguido asomado por la puerta de la cocina.

Tal vez mi morbo era demasiado, o quizá nunca imaginé que podía existir el deseo sexual entre dos hombres.

V

Ignacio de la Torre no me dirigió la palabra durante tres días. Al final decidió regresarme a su hacienda. El viaje en tren fue un silencio largo e incómodo... Él se encontraba pensativo y yo miraba por la ventana: un campo tras otro pasaba ante mí, como sombras verdes que se desvanecían entre los árboles.

Al llegar a la estación, bajamos. Supe que había ensayado un discurso sobre lo que yo había visto, pero en lugar de eso, sólo bajó la mirada.

—Ya no tienes que participar en la leva. Puedes volver a tu pueblo.

—Gracias... Yo quería...

—Sólo vete —me interrumpió—. Espero que no volvamos a vernos, pero si necesitas ayuda, ya sabes dónde encontrarme.

Y, de verdá, confío en que no volvamos a vernos.

¿Cómo iba a saber, entonces, que nuestros caminos volverían a cruzarse, cuando la Revolución hiciera arder a México?

Pero aún hay otra pregunta que quiero hacerle al tiempo circular. Si los historiadores en México ya conocieron la curiosa naturaleza de Ignacio de la Torre y su predilección sexual por otros hombres, así como del hecho de que fui su caballerango, ¿escribirán que fuimos amantes, que retozábamos como niños o que dábamos rienda suelta a pasiones ocultas? ¿Inventarán que me besó y que por él me quité la chaqueta de charro, y él su levita empolvada?

¿Qué versión preferirán los historiadores cuando escriban sobre esa extraña relación de amistad y odio que siempre hubo entre Ignacio de la Torre y yo?

La historia de México, después de todo, es un cúmulo de chismes morbosos para entretenerse en cenas aburridas y con libros picarescos.

Ni hablar de cuestionar al altísimo dios bíblico acerca de por qué lo decidió de esa manera... O tal vez sí. ¿En qué estaría...

Chicoace

...*pensando el mismísimo dios de las sagradas escrituras, de Abraham, de Isaac y de Jacob, el de mis padres, el de Porfirio Díaz, el de Ignacio de la Torre y el de Francisco I. Madero, el de Venustiano Carranza, el de Victoriano Huerta o el de Jesús Guajardo cuando escribió con su propio dedo que daría un soldado en cada hijo de México, según lo escribió Francisco González Bocanegra en el pergamino maravilloso que habría de convertirse en la letra del himno nacional? ¿Cómo decidió que la única manera de curar una herida histórica, agusanada por el profundo rencor de un pueblo, era lavarla con la sangre de sus héroes caídos en el campo de batalla y esperar los siglos de los siglos hasta que no hubiera más infección? ¿Será, acaso, que mi alma me traiciona y lo que siento en realidad en todo mi pecho y en mis muslos no son las balas envenenadas de los hombres de Guajardo, sino las espinas de una rosa que creció en Chinameca y se enredó en mi cuerpo hasta que no hubo más color que el verde del tallo y el rojo de los pétalos sobre mis huesos blancos, sobre mi pelvis desnuda, sobre mis pantorrillas duras y sobre mis labios secos? ¿Por qué ahora, en mis últimos momentos, es que yo, Emiliano, me vuelvo muchos Emilianos? ¿Será que la historia que veo ante mí no es más que un desdoblamiento de mi espíritu de agua y tierra en tiempos anteriores? ¿Son sólo recuerdos? ¿No queda más pólvora dentro de mí? ¿Por qué yo, que siempre fui un hombre tan cuerdo, tan recto, tan propio, tan honroso, tan caliente bajo las sábanas, tan seductor con las coronelas, tan educado en la mesa, tan aguerrido en el campo de batalla, tan leal a mi ejército, tan fiel a mi causa, tan hombre entre los hombres; por qué es que ahora estas preguntas se parecen a las locuras de la emperatriz Carlota, cuyo Imperio mexicano cayó en 1867, pero que aún hoy, en 1919, vive encerrada en el Castillo de Bouchout, en Bélgica? ¿Soy Emiliano Zapata por las proezas que he hecho para defender la propiedad de la tierra, por cuestionar las estructuras de poder en México, por decir* que prefiero ser esclavo de los principios en lugar de esclavo de los hombres, por entrar a la Ciudad de México acompañado de Pancho Villa, por decir que la silla presidencial está embrujada, por no participar en las fiestas que se celebraban en casa de Ignacio de la Torre en la Ciudad de México ni dejarme engatusar por sus proposiciones, por cuestionar a Porfirio Díaz, por no rendirme al culto a Benito Juárez, por tomar el fusil y recorrer los caminos en busca de justicia o por creer que se puede construir un México con justicia para todos y sin desigualdad para los campesinos? ¿O soy Emiliano Zapata porque visto de charro, uso gazné, monto a caballo, me cuido el bigote, poso para las fotografías con camisa y sombrero, porque me inventan romances con las soldaderas que luchan en campaña, porque fumo habanos o porque aparezco en las primeras planas de los periódicos? ¿Cuál de todos los Emiliano Zapatas soy? ¿Cuál de todos los Emiliano Zapatas quieren que sea?

Chicome

1913

I

Estoy en 1913, aterrado por la noticia de que el señor Madero ha sido asesinado y que Victoriano Huerta ha tomado el poder.

La indignación por este hecho recorrió todo el país. Desde los que estaban de acuerdo con el señor Madero, hasta los que lo considerábamos un traidor a la Revolución.

Recuerdo aquella tarde en que Josefita me tomó del hombro, mientras yo le decía a Eufemio:

—¿Tú crees que me voy a quedar callado cuando subió al poder el hombre que nos estuvo jode y jode estos últimos años? Nunca esperé ver al traidor de Huerta en la presidencia.

Genovevo de la O, mi querido amigo, estaba ahí también, siempre bonachón, en silencio. Me miró como si quisiera decirme: "¿Quieres que te ayude con esto, Emiliano?", pero yo negué con la cabeza.

Eufemio se mojó los labios con la lengua y carraspeó:

—No vayas a cometer una tontería, Miliano. Ya no te vas a pelear con un general cualquiera, sino con el presidente de México. A Porfirio lo agarraste viejo y cansado, a León de la Barra, tibio, y a Francisco I. Madero, iluso. Ahí medio encontraste la forma de hacerle frente a sus presidencias, pero Victoriano Huerta es diferente. La trae contigo y va a querer vengarse.

—Ya somos dos. ¿Sabías que ayer me reuní a puerta cerrada con los intelectuales que nos apoyan? Pues estuvimos trabajando en un texto que es muy importante.

Eufemio abrió los ojos bien grandes. Josefita asintió, con una sonrisa tímida.

—¿Hiciste qué?

Tomé el papel que estaba sobre la mesa y leí un pedazo:

—El cuartelazo que acaba de llevar a cabo el Ejército para asesinar la ignominiosa dictadura de Madero no significa ni remotamente el triunfo de la Revolución, por estar desligado de ella y por haber roto sus relaciones con los elementos de orden.

Después de un silencio incómodo, Eufemio preguntó:

—¿Qué vas a hacer?

Yo leí otro pedazo del manifiesto:

—No se reconoce al gobierno provisional del general Victoriano Huerta y la Revolución rompe desde ahora el fuego contra él, hasta derrocarlo y obtener el triunfo radical de los principios y promesas cristalizadas en el Plan de San Luis. La Revolución no depondrá las armas hasta no ver realizadas sus promesas y luchará con esfuerzo viril y titánico para conseguir las libertades del pueblo, y así recobrar las usurpaciones de tierras, montes y aguas de éste y lograr por fin la solución del problema agrario que los enemigos del pueblo creen una utopía, porque son obstruccionistas de su progreso.

Un brillo en los ojos de mi hermano me animó a continuar con otra parte del documento:

—El pueblo mexicano nunca ha inclinado su frente altiva ante los tiranos, siempre ha sido un valiente y no un cobarde, delante de los tiranos, de todos los tiempos.

Y fue Genovevo quien exclamó la frase final del documento:

—¡A las armas mexicanos, a las armas!

Con una sonrisa cómplice y sin palabras, comprendí que mi hermano estaba de mi lado, apoyándome como siempre… La guerra tiene un efecto curioso en las familias: las une o las separa.

Para bien o para mal, el manifiesto se publicó.

Vaya problemas que trajo aquello. Si antes de la presidencia del señor Madero estábamos expuestos a ataques, traiciones y emboscadas, con el ascenso de Victoriano Huerta empeoraría la situación. Yo lo sabía, pero también mi querida esposa estaba consciente de eso.

¡Cómo ocultaba su sufrimiento durante aquellos días! La recuerdo haciéndose la fuerte, participando lo mismo en las labores de la cocina que sentada a mi lado cuando nos reuníamos por las noches para saber qué plaza nos había arrebatado el Ejército federal o qué ciudad debíamos tomar a continuación. Siempre digna para mostrar su valentía, pero yo sabía que no siempre era así.

Sí, era valiente; pero también tenía miedo. Porque dormía a su lado me daba cuenta de que daba vueltas entre las sábanas y con frecuencia despertaba de golpe bañada en sudor, y porque, cuando estaba sola, solía poner la espalda contra la pared y se secaba los ojos con un pañuelo que yo le regalé poco tiempo después de que nos casamos.

Mentiría si dijera que muchos hombres y mujeres valientes, hijos de Morelos, que tomaron las armas y se enfrentaron a la dictadura, no tuvieron dudas, pesadillas y miedos a la mitad de la noche.

¡Los revolucionarios de México somos seres humanos, no solladitos de plomo!

Entonces comencé a temer por la seguridad de mi esposa y de mis hermanas, porque Victoriano Huerta era tan cabrón que, para fregarme, se va a ir sobre los que más quiero.

Y Josefita me contagió sus pesadillas...

Las compartí con ella. Cada vez que cerraba los ojos por las noches, la veía recostada, con su vestido blanco y sus pies desnudos. Su rostro inerte era angelical. La música del órgano subía por los aires, lo mismo que los rezos y los sollozos. Mis hermanos me tomaban de los hombros, mientras yo me desgarraba por el dolor de su partida. Una fuerza invisible cerraba el ataúd... y mi Josefita se iba para siempre... Siempre despertaba, cubierto en sudor y con la respiración agitada. Ni siquiera el murmullo de los grillos me tranquilizaba.

Así que opté por sugerirles una solución, en la que, seguramente, Josefita y mis hermanas (María de la Luz, Jovita, Romana, Matilde, María de Jesús y Celsa) ya habían pensado, pero se negaban a asumirla.

Las reuní en una comida familiar. Cuando estuvimos todos los Zapata sentados a la mesa encendí un puro y les dije:

—Me van a disculpar, pero no podemos seguir así, arriesgando en la guerra a quienes no han decidido morir por sus ideales. Yo creo que sería irresponsable de mi parte si algo les pasara.

Josefita volteó a verme. Sentí sus dedos calientes en el dorso de mi mano y por un momento nuestras almas se unieron en silencio.

—Yo escogí este camino, Miliano —dijo ella.

—Pero tú no debes morir por mi causa —respondí—, ni puedo arriesgar la vida de quienes no han decidido pasar el umbral de la guerra. Cada uno cava su propia tumba y no debe ayudar a los demás en su camino hacia el umbral de la muerte. Bueno, a menos que las reglas de la guerra o del amor así lo indiquen.

Jovita se aclaró la garganta, le dio un buen sorbo a su vaso de agua de Jamaica y dijo:

—Miliano, yo estaba contigo cuando apenas eras un chamaco y había que cambiarte los pañales, cuando te encerró el gobernador de Morelos y hubo que hacer la colecta para sacarte de la cárcel y después de muchas de tus batallas para escucharte y exorcizar tus miedos. ¿Me quieres esconder porque soy mujer?

—Tú sabes que no. Hay mujeres en mis filas, les he dado cargos... De la capital han venido no solamente escritores, sino también escritoras y periodistas. Bueno, digamos... grandes pensadoras. Lo que quiero decir es que si ustedes no van a luchar conmigo, al menos salven su vida y la de sus hijos; para que ellos puedan disfrutar en la paz las conquistas que yo haya alcanzado con mi guerra en esta revolución para que Morelos recupere su dignidad.

Y sin más... accedieron a que lo mejor sería esconderse.

Después de la comida planeamos su traslado a lugares lejanos donde estuvieran a salvo, al menos en el corto plazo.

Pronto encontraría con quién calentar mis noches, hincharme los labios de tantos besos sobre la piel de una mujer, porque nunca me faltó con quien quitarme los pantalones y contar los orgasmos, como si se tratara de las victorias de una guerra.

Recuerdo a Inés Alfaro caminando frente a las cortinas traslúcidas, como si no fuera una mujer desnuda, sino un rayo más del sol, la cadencia de sus grandes senos, besar sus pezones morenos, acariciar su vientre, sentir sus manos tirar mi sombrero y quitarme la camisa. La recuerdo con los labios hinchados, la espalda arqueada, con el aire perfumado de sus gemidos; húmeda como el verano de Cuernavaca, ardiente por dentro como el sol de Anenecuilco. La recuerdo explotando como el inicio del universo; y sin embargo, no sé si lo soñé o de verdá viví ese orgasmo o lo inventé al cerrar los ojos.

Después de todo, ¿quién no ha fantaseado con hacer el amor en medio del peligro? Cada orgasmo, cada caricia y cada susurro, podrían ser los últimos. Y eso le añade placer a cualquier encuentro.

¿Qué preguntas se habrá hecho Victoriano Huerta para tomar el poder? ¿Habrá olvidado que su sangre era tan indígena como la de aquéllos que combatía en Valle Nacional y en las rancherías de Morelos? ¿En sus momentos de sobriedad se preguntó si valía la pena llegar a la presidencia por medio del derramamiento de sangre, sacrificando su paso a la historia como un villano más? Después de todo, en eso se había convertido: en un dictador despreciable.

El país todavía estaba patas p'arriba por los primeros levantamientos armados de noviembre de 1910. Me acuerdo que una de las primeras acciones de Victoriano Huerta fue tratar de reprimirlos a como diera lugar. A la mala. A punta de pistola. Con engaños. Haciéndose pasar por una fuerza revolucionaria y cometiendo crímenes. Y los mismos crímenes que sucedían en Morelos se replicaban en todo el país. ¡Con razón el gobierno de Estados Unidos no quiso reconocer a Huerta! Y por eso encontraron excusas para tener problemas con él. Nomás me imagino lo terrible que ha de ser tener como vecino a un loco que tiene más lealtad a una botella de coñac que a su propio país.

De acuerdo con el manifiesto que yo había escrito contra Huerta, Pascual Orozco debía ser uno de los líderes de la Revolución, pero éste vio viaje y se subió. Se le hizo fácil apoyar a Huerta a cambio de un poco de poder.

Se convirtió, así, en un traidor al pueblo y a la Revolución.

Ganas de meterle una bala entre los ojos, no me faltaron.

La situación de todo el país se volvió tensa.

Dicen que Huerta, quien no toleraba la crítica, le aplicó la ley fuga a un soldado de la Ciudad de México que se había pronunciado abiertamente contra él y mandó matar a Belisario Domínguez por haberlo cuestionado.

Bueno, hasta Villa de Ayala llegaron las noticias de que a Belisario Domínguez lo habían sacado del hotel en el que dormía, lo llevaron a Coyoacán y lo mataron de una forma cruel. Luego, para evitar más problemas, Victoriano Huerta mandó a sus soldados a la Cámara de Diputados y deshizo el congreso, acusando a los diputados de alta traición a la patria y obligándolos a trabajar en la construcción de la nueva plaza de toros. ¡Hágame usted el chingado favor!

Yo me acuerdo que Genovevo de la O me contaba todas estas cosas, y yo, dejando el puro a un lado, exclamaba: "¿Deshacer el congreso? ¡Ni siquiera don Porfirio se atrevió a tanto!".

Volvió la leva a Morelos. Los árboles fueron utilizados para colgar a hombres y mujeres que luchaban por sus tierras; los campos se mancharon de sangre, la pólvora tronó en favor de los soldados federales.

Para colmo de males, me di cuenta de que la Revolución se había quedado sin un líder. Estaba, algo así, como una gallina sin cabeza. Es cierto, pude haber tomado el control de Morelos y hacer justicia por mi propia mano con respecto a los hacendados, pero ¿y luego? ¿Y las tierras de todo el país? ¿Qué sería de la Revolución que el señor Madero había convocado si no había alguien que la siguiera y la guiara a buen puerto?

Ahora me acuerdo de una frase curiosa. Cuando Porfirio Díaz estaba en el puerto de Veracruz, en mayo de 1911, le dijo a Victoriano Huerta: "Madero ha soltado al tigre; ya veremos si puede domarlo". Estaba claro que el tigre lo había devorado, y si yo no prestaba atención, terminaría por devorarme a mí... O tal vez ya lo hizo, aquí, en Chinameca.

Lo que quiero decir es que en 1913 a la Revolución le hacía falta un líder. Un hombre cabal con tamaños que se aventara a decir: "¡Aquí mando yo y todos se callan!".

Bueno, resulta que un día estaba yo encargándome de algunos asuntos en el Cuartel General, revisando algunos mapas y asegurándome de que las haciendas y las rancherías no se hubieran perdido, cuando llegaron a decirme que el padre de Pascual Orozco me andaba buscando. "¿Y ahora qué quiere este pelado?", me pregunté.

—Revisen que no traiga ninguna pistola y me lo hacen pasar —les dije.

Minutos después entró aquel señor. Al igual que la otra vez que nos encontramos, quiso hacerse el fuerte, pero un ligero temblor en las manos lo delató.

—Mi hijo me mandó a buscar un arreglo. Sabe que usted, mi general Zapata, lo nombró líder de la Revolución, y cree que juntos aún pueden negociar la paz.

Lo miré de arriba abajo con desprecio.

—¿Y se siente usted muy optimista como para venir así, nada más, señor Orozco? Podría quebrarlo aquí mismo, y mandarle su cuerpo al traidor de su hijo. ¿Qué opina? Lo hice líder de la Revolución, pero él solito se puso la soga al cuello al darle la espalda a la Revolución.

Él, siguiendo un discurso, muy mal ensayado, continuó:

—Si todos cooperamos, podremos volver a tener un México para todos. ¿Qué necesita para entregar las armas y licenciar a sus tropas?

Me reí:

—Su hijo es un espectáculo lúgubre, un traidor a la causa.

—No lo hizo por buscar cargos públicos... Quiero decir, de verdad Pascual cree que hace lo mejor para México.

—Tal vez no haya buscado cargos públicos, pero sí los consiguió y los consintió. Pude haberme sentado a negociar el licenciamiento de las tropas con el señor Madero y pedirle que nos ayudara a resolver el asunto de las tierras. A su hijo... ¿Sí...? —tartamudeó.

—A su hijo se lo exijo, porque si no cumple y lo vuelvo a ver por aquí haciendo este tipo de proposiciones, lo voy a convertir en una presencia del más allá. ¿Me escuchó? México no está hecho para los tibios ni para los ambiciosos.

Consideró mi respuesta menos de dos minutos y asintió.

—General Zapata, yo le doy su recado a mi hijo.

Se retiró con miedo. Quizás pensó que lo arrestaría o que lo pasaría por las armas. Francamente, ganas no me faltaron para mandarlo directito al otro mundo, pero decidí ser clemente. Al menos en aquella ocasión.

La cuestión era que todavía faltaba un líder para la Revolución que se extendía por todo el país como la pólvora de la que estaba hecha mi alma. Y yo dije: "¿Por qué no voy a ser yo, Emiliano Zapata, el Atila del Sur?".

Lástima que no haya sido el único que lo pensara, porque allá en el Norte Pancho Villa llegó a la misma conclusión. Y en Coahuila, Venustiano Carranza se dijo: "De aquí soy".

Lo malo de los líderes de una Revolución tan grande como ésta fue que comenzamos a estorbarnos unos a otros. Especialmente lo hizo Venustiano Carranza. ¡Viejo barbas de chivo!

II

Aprendí que a veces las respuestas llegan en los momentos más extraños de la vida. Por ejemplo, si estoy tomando coñac con Eufemio, con Agustín o con alguno de mis cuñados, y el alcohol empieza a hacer estragos en mi conciencia (a pesar de que no soy un borracho), de repente el mundo se abre como una flor y entiendo muchas cosas.

La soledad también ayuda. No sé qué tiene el silencio, pues cuando estamos solos podemos hablar con nosotros mismos, y nos respondemos… Y en ese ir y venir de pensamientos descubrimos que todo el mundo tiene una lógica extraña. ¿Verdá?

Josefita una vez me contó que las respuestas a la vida se encuentran en la cotidianidad. Cuando calentaba una olla de barro en el fogón y le echaba un poco de manteca de cerdo, se le aclaraba la mente; luego echaba los frijoles, la cebolla picada y el epazote. Escuchaba cómo todo se freía lentamente y los aromas subían por las paredes y causaban hambre. Si tenía carne de puerco, que no era siempre, puesto que la Revolución nos dejaba sin provisiones o sin dinero, acompañaba el guiso de un nuevo sabor y así aderezaba sus preguntas.

Otros encuentran sus respuestas a la vida en libros o contemplando las pinturas, o incluso sirviendo a la patria. ¡Grandes hombres y mujeres han cruzado el umbral de la muerte por su patria!

Quién sabe qué mosca le picó a Victoriano Huerta, pues empezó a correr la voz por Morelos, y llegó hasta Villa de Ayala y Anenecuilco, de que el señor necesitaba más hombres para su ejército. Bueno, hasta Genovevo de la O vino preocupado a medianoche porque…

—Mire, compadre, ya andan ofreciendo plazas con los federales. No vaya a ser que nuestros hombres se vayan para allá con el dictador. Ya se sabe que cuando el hambre aprieta los hombres empiezan a pensar con el estómago. No se nos vaya a voltear alguno de nuestros hombres por un plato de frijoles.

—La dignidad de los hijos de Morelos vale más que un plato de frijoles —le respondí—. Si el usurpador quiere un ejército, que busque en otro lado. Y es más, me voy a pasar su leva por el arco del triunfo. ¡No nos vamos a dejar hasta que triunfe la lucha agraria y mi Plan de Ayala! Te voy a decir algo, tenemos que forzar a Huerta a que convoque a elecciones.

Un presidente que ha traicionado al pueblo merece el escarnio, el odio y el exilio. Lo hicimos con Porfirio Díaz; también lo haremos con éste...

III

Y dicen que Victoriano Huerta se sentaba en la silla presidencial, rodeado por una peste por el alcohol que tomaba (lo mismo tequila que coñac). Quería posar su mirada fría sobre el mundo, verlo a través de sus lentes gruesos y ser como Porfirio Díaz (por su historial militar y por los aplausos a los que era adicto). Vestía como general de división, porque se sentía muy orgulloso de su entrenamiento militar... Pero casi era como una estatua cubierta de moho, con una presencia rancia.

Desde la capital quería imponer la paz por medio de la fuerza. Deseaba "pacificar" la Revolución, pasar a la historia. Victoriano Huerta se sentía un rey, pero apenas llegaba a ser un peón, y por más poder que tuviera o quisiera, Morelos siempre sería un estorbo para él. Yo sería una piedra en su zapato, lo mismo que mi lucha armada.

Viendo que los combates de aquel año se llevaban a cabo de artillería contra artillería, y que a los soldados federales les resultaba sumamente tedioso ganarnos, se le ocurrió que podía negociar la paz conmigo. ¡Vaya disparate! Yo clarito le dije a mi hermano, a mis generales, y a todos los que me seguían: "El que me hable de rendición o de negociar la paz se muere".

A Genovevo de la O, que se encontraba luchando por ahí, le mandé una carta en la que le dije: "No se ha pensado en tratados de paz de ninguna especie; al contrario, se han dado órdenes de que todos los que se presenten celebrando tratados de paz sean capturados y remitidos a este Cuartel General para que se les forme proceso".

Y, pues sí, la meritita verdá es que lo decía en serio, porque todos los que vinieron dizque a negociar conmigo, o con alguno de mis generales, fueron enjuiciados por estar de parte del traidor, los llevamos hasta un paredón y los hicimos cruzar el umbral que termina con la vida. Claro, a punta de balazos.

Que conste que yo ya lo había advertido en mi manifiesto en contra de Huerta: el que lo apoyara iba a ser considerado traidor. Y no hay mayor mancha en la vida de un mexicano que ser traidor.

Y no hay algo que yo odie más que una traición...

Sucedió que tres hermanas de Josefita quisieron participar en nuestra lucha y formaron parte de una red espía de mujeres que se mantenía vendiendo fruta en las estaciones del tren con el único propósito de informar a mi Cuartel General sobre quién llegaba o quién se iba.

Los soldados se dieron cuenta de ello, las arrestaron y las llevaron a la Ciudad de México. Allá las tuvieron un rato, encerradas en el cuartel de San Ildefonso. Fue tan cruel este asunto que hasta El Imparcial, periódico que siempre me había atacado, publicó que se trataba de mantener a estas mujeres "como rehenes".

En cuanto fueron liberadas, se escondieron en Yautepec, donde estaba escondida mi Josefita y toda la familia Espejo.

El resto de aquel año, lo recuerdo muy bien, estuvo enfocado en mantener el control de todo el estado. Como solían atacarme en Villa de Ayala y Anenecuilco, puse mi cuartel general en Tlayuca, desde donde organicé ataques a Huautla, Tenancingo, Jonacatepec y, muy especialmente, a Tlaltizapán.

Ángel Barrios, que había pertenecido al Partido Liberal Mexicano y cercano a los hermanos Flores Magón, también salió de la cárcel de Santiago Tlatelolco y luego luego volvió a la lucha contra la dictadura. Por eso vino a buscarme, y después de comprobar que se trataba de un militar muy hábil, lo nombré general. Fue tan importante como Eufemio o como Genovevo.

Así avanzaba la lucha, la toma de haciendas y el reparto de tierras. A la mala, ¿por qué no? Que me critiquen los periódicos, pero que no se les olvide lo que siempre he dicho: "Si no hay justicia para el pueblo, que no haya paz para el gobierno".

IV

Yo, Emiliano Zapata, pronto comprendí que muchas respuestas a la vida tienen una sola: el respeto a la tierra es la justicia de los pueblos.

¿De dónde venimos y hacia dónde vamos?

De la tierra, hacia la tierra. Así somos los mexicanos.

Victoriano Huerta estaba tan ebrio, no de alcohol (que sí), sino de poder, que no se dio cuenta de que su enemistad con Estados Unidos crecía cada vez más. Primero, dejaron de importarse legalmente armas a México, lo cual influyó profundamente en el Ejército federal (y un poco en el nuestro, pues cuando moría un soldado en batalla, le arrebatábamos lo que le quedaba). Después comenzó el conflicto.

Estaba a punto de producirse un problema de proporciones bélicas. Al terminar 1913, la sombra de la guerra entre México y Estados Unidos era cada vez mayor.

Y si ésa era la respuesta a alguna pregunta. ¡Qué estúpida era ésta! De eso no había duda...

Chicoeyi

1914

I

MUY PRONTO APRENDÍ que en México las mujeres son de armas tomar.

Desde que era niño, en aquel Anenecuilco que se aleja de mí como si hubiera sido un sueño, vi a mamá levantarle la voz a papá por un asunto de faldas. En los juegos infantiles de cada tarde, cualquiera de mis hermanas me levantaba la mano, sin importarle que fueran mujeres y yo hombre. ¡Y vaya que podían dejarme un gran moretón sin esforzarse mucho! Ellas siempre han tenido voz de mando en el hogar; pero luego fuimos víctimas de la edad, y la balanza de los roles se inclinó a favor de los hombres.

Mientras yo comenzaba a trabajar en mis tierras y luchaba por aprender a leer y a escribir bien, mis hermanas tuvieron que aprender a bordar y a cocinar. Fueron nuestros padres los que decidieron cuál sería el destino de sus hijos, de acuerdo con el género con el que habían nacido: si hombres o si mujeres.

Claro, yo ahora sé que las revoluciones no tienen pene ni vagina, sino que las hacen los seres humanos que quieren cambiar el mundo.

Por eso comprendí que, primero las mujeres de Anenecuilco, luego las hijas de Morelos y después todas las mexicanas, eran la mejor arma que tenía la Revolución. Uy, ya llevaban años pidiéndole y pidiéndole a Porfirio Díaz (y a todos los presidentes que vinieron después de él) que las reconociera como ciudadanas de verdá y que les otorgara el derecho al voto. Lástima que en México siempre gobiernan hombres que ven con recelo a las mujeres. Y no se les hizo caso.

Aun así, no se rindieron. ¡Faltaba más! Empezaron a surgir las primeras médicas, las primeras periodistas y artistas. Había de todo, porque si una profesión podía desempeñarla un hombre, ¿por qué no podría hacerlo una mujer? Lo mismo sucedía en la Revolución.

Yo, en la guerra, no me arrepiento de haber tenido cerca a las mujeres. Sí, a veces me hacían compañía en la noche y me daban calor en el invierno, pero las soldaderas también estaban prestas a ayudarnos con la cocina o a curar a los enfermos. Es más, me pregunté: ¿por qué un pazguato puede obtener un grado militar y una mujer con capacidades para la guerra, no? Y comencé a concederles grados militares a las féminas que nos acompañaban.

No sé si fui el primero en México en hacerlo. Yo creo que sí.

En mi ejército tuve coronelas y generalas. Eran requeteinteligentes las condenadas, y además sabían muy bien por qué estaban luchando. Lo mismo podían agarrar una carabina y arriesgar la vida con falda larga, que sentarse a la mesa con un buen tequila y contar las historias más maravillosas.

Si la Revolución en México no terminó antes, fue porque los hombres no les dieron más libertad a las mujeres para ganar las batallas necesarias. También ellas se enfrentaron al general Cartón que mandó Victoriano Huerta a hacer diabluras en Morelos. Y es que no sólo intentaban recuperar las plazas que concedía el Ejército Libertador del Sur, sino que a veces se hacían pasar por nosotros. Se supone que por las noches escondían bien sus uniformes de soldados federales, se llenaban la cara de tierra y declaraban que luchaban a mi favor. Luego, con ese discurso, quemaban casas, ranchos y pueblos.

Los periodistas de la capital se daban vuelo con estas historias y publicaban anécdotas sobre los robavacas del Atila del Sur. Por si fuera poco, la leva impuesta por Huerta comenzó a representar un problema en toda la región.

Aquella situación no podía mantenerse así por mucho tiempo. Tenía que romperla de algún modo.

Me reuní con algunos de mis hombres más cercanos y les dije:

—Yo no sé quién de ustedes me puede ayudar, pero necesitamos averiguar dónde se esconde el mentado Cartón, pues me tiene hasta la coronilla y necesitamos darle un escarmiento. ¡Órale, que pa' luego es tarde!

Dos días después vinieron a decirme que se encontraba en Chilpancingo.

De inmediato ordené el ataque.

Por ser más numeroso mi ejército, decidí que lo correcto era atacar durante las primeras horas del día, cuando los federales estaban más distraídos. Rodeamos la ciudad para un asalto rápido. Mis soldados inundaron las calles con sus armas al hombro y comenzaron los disparos: hubo muchos cristales rotos y mucho miedo de la gente que buscaba refugiarse de la trifulca. En medio de aquella lluvia de balas vi a dos de mis hombres caer sobre el lodo: uno sin vida y con una bala en la frente. La plaza se convirtió en un campo de batalla durante un par de horas, hasta que finalmente las bajas del enemigo fueron demasiadas y dejaron de disparar.

Su derrota fue total. Cartón fue uno de mis prisioneros. Me dio un gusto enorme saber que lo someteríamos a un proceso cuya sentencia ya estaba escrita. No le dimos tiempo de cambiarse la ropa. Enlodado y ensangrentado, se presentó ante los intelectuales y los militares que yo había designado para que lo juzgaran. Él también entendió que no había mucho que pudiera hacer.

Creyó que su silencio había sido parte de su fortaleza, pero se equivocaba... Fue precisamente un signo de su cobardía.

Cuando escuchó su sentencia, tragó saliva y levantó la frente. No dejó de sudar frío desde ese momento hasta el día siguiente en que lo llevaron a uno de los pueblos que había quemado y lo pusieron contra una pared. Vi que su manzana de Adán temblaba, pero seguramente reprimía sus ganas de gritar uno y mil insultos contra nosotros, los "mugrosos" que lo habíamos vencido. Noté Su gran desdén por nuestra clase social, por nuestra piel y nuestra alma hecha de pólvora. Por eso, atestiguar su paso por el umbral que conducía al mundo de los muertos me produjo un gusto personal que disfruté con sumo placer.

Al dar la orden, la boca de cinco fusiles le apuntó al pecho.

¡Fuego!

Las balas lo atravesaron y dieron contra la pared provocando nubes de yeso. Cartón cayó muerto, sobre un costado, con los ojos cerrados y los cachetes hinchados. Un viento muerto vino desde muy lejos y le agitó el pelo.

Después de que los federales que quedaban en el estado se enteraron del destino de Cartón salieron despavoridos de regreso a la capital. No les quedaron ni tantitas ganas de pelear contra nosotros. Esa noche yo me emborraché con los gritos que clamaban: ¡Viva don Emiliano Zapata!

¿A poco aquellos cabrones se iban a seguir burlando del Atila del Sur?

Aunque, si he de decir la verdá, qué bueno que los federales regresaron a la Ciudad de México, porque Huerta iba a necesitar mucha ayuda, pues aseguraban que en Tampico unos soldados mexicanos sorprendieron a unos gringos desembarcando de un buque que había atracado en el puerto.

La cosa se puso color de hormiga entre los dos países, y aquello terminó en un incidente diplomático donde, por supuesto, los gringos tuvieron la oportunidad de presumir su armamento militar. ¿No fue Porfirio Díaz quien dijo esa famosa frase: "Pobre México, tan lejos de Dios y tan cerca de los Estados Unidos"?

En abril Victoriano Huerta esperaba que el *Ypiranga* (el mismo barco que llevó al Díaz al exilio en 1911) le trajera armas con las que apoyaría a su gobierno, las cuales provenían de Hamburgo.

Los gringos tomaron el puerto de Veracruz y no permitieron el desembarco de las armas.

Y los mexicanos, que somos retebuenos para los madrazos, pues no nos íbamos a dejar así como así. De modo que comenzaron los balazos y los cañonazos. Aquellas noticias llegaban a cuentagotas a Morelos, y no me acuerdo si fue Genovevo o Eufemio quien me dijo:

—Miliano, tenemos que defender al país.

—Si Victoriano Huerta metió el pie hasta la entrepierna, que salga él del atolladero —yo respondí.

Y no lo haría... el muy cobarde.

II

Pero valientes había en todos lados.

En el Norte, Venustiano Carranza formó el Ejército Constitucionalista, con el que derrotó a los soldados de Huerta.

El régimen iba en picada. Ya no tenía cómo sostenerse y yo aprovechaba aquello para imponer mi santa voluntad en Morelos, devolver las tierras a quienes tuvieran los títulos de propiedad. En algunos pueblos se prohibió la venta de alcohol para evitar que los hombres ocasionaran desmanes. La justicia se hacía entre nosotros, no con la ley de quién sabe quién. Comenzaron tiempos felices en Morelos.

Me contaron que desde el 15 de julio de 1914 Victoriano Huerta padecía graves dolencias en el estómago que le causaban acidez, día y noche, que soñaba que Porfirio Díaz volvía de París tan sólo para fusilarlo y que no soportaba leer los periódicos por la mañana porque sabía que todos criticaban su actuar en el asunto de los gringos en el puerto de Veracruz.

Se dio cuenta de que no era lo mismo ver los toros desde la barrera. El peso de la presidencia fue demasiado grande para él, así que mojó su pluma en la tinta y escribió una breve carta que expresaba sus deseos y terminaba así: "Para concluir, digo que dejo la Presidencia de la República llevándome la mayor de las riquezas humanas, pues declaro que he depositado en un banco que se llama la Conciencia Universal, la honra de un puritano, al que yo, como caballero, le exhorto a que me quite esa mi propiedad".

Luego firmó con mucho pesar y se exilió en Jamaica, España y Reino Unido, y finalmente en Estados Unidos.

Honestamente, no creo que hubiera alma alguna en todo México que extrañara su presidencia.

El que quedó de presidente fue un catrín llamado Francisco Carvajal, que no le quedó de otra más que sentarse a negociar con Venustiano Carranza sobre lo que iba a pasar en México.

En Teoloyucan, un pueblo del Estado de México, se firmaron unos mentados tratados, por medio de los cuales… a ver si me acuerdo bien: "las fuerzas federales dejarán la plaza de México distribuyéndose en las poblaciones a lo largo del ferrocarril de México a Puebla y ahí esperarán a los enviados del Ejército Constitucionalista, a los que entregarán las armas".

Y, curiosamente, pensaron en nuestra lucha, pues los tratados establecían: "Las tropas federales que han estado combatiendo contra el Ejército Libertador del Sur del general Emiliano Zapata se retirarán de sus posiciones cuando las fuerzas constitucionalistas ocupen sus lugares".

Así pues, en cuestión de días se licenció a todas las tropas federa-les y además se ordenó cerrar el Colegio Militar.

Poco a poco los federales comenzaron a entregar las armas y eso significó que los revolucionarios al fin habíamos triunfado, pero de lo que también nos dimos cuenta desde el principio es que Carranza quería toda la gloria para él: quería convertirse en el Jefe Máximo de la Revolución.

¿Y dónde quedaban aquellos hombres y aquellas mujeres valientes que en 1910 se levantaron en armas para seguir al señor Madero?

No me había dado cuenta hasta entonces, pero ahora caía en la cuenta de que no se había producido una sola revolución para hacerle justicia a México, sino que cada general (Pancho Villa, Venustiano Carranza, y yo mismo) había hecho la suya.

Carranza bien sabía que tendría que negociar conmigo; no le quedaba de otra si quería pacificar el Sur.

Y no le quedó de otra más que mandar a Luis Cabrera, a Juan Sarabia y a Juan Villarreal para negociar. ¿A poco creyó que nomás porque sí me le iba a hincar como si fueran santos de iglesia? Carranza estaba muy lejos de ser un héroe nacional. ¡Dios nos libre!

Allá en Ayala nos sentamos en una mesa redonda, para que ellos me preguntaran que qué necesitaba para negociar con Carranza. ¡Por favor! Como si no lo supieran. Éstos creían que había nacido ayer. Les dije que, primero, Carranza tenía que apegarse, letra por letra, al Plan de Ayala.

¡Ah, sí! Cualquier revolución que se haga en México y no contemple la parte agraria y el trabajo del pueblo estaría condenada a convertirse en otra más del montón. Luego, por fregar, les dije a sus achichintles:

—Si Carranza se siente más cabrón que bonito y dice que armó este argüende militar por el bien de México, que demuestre que verdaderamente lo hizo por México y no para su gloria personal. A ver, que se sacrifique y que diga que no quiere ser presidente. Así de fácil.

Y quién sabe cuál de ellos, porque nunca logré distinguirlos, dijo:

—Nosotros le comunicaremos su mensaje a don Venustiano...

Y ahí murió la cosa... porque yo sabía que don Venus no tenía los pantalones para aceptar mis tratos, por mi bien y por los hijos de

Morelos. ¿Acaso creía que no sabía que me veía hacia abajo por ser de otra clase social, de otro color de piel, de otro estado y de otra profesión? Parecía que él y yo éramos de otra raza o nacionalidad.

Al final, por eso no nos llevamos bien... su causa no era la mía, y yo sabía que jamás entendería la lucha agraria porque nunca le habían arrebatado un terreno, o bien no conocía a nadie que, por el robo de una tierra, se las hubiera visto negras. Era demasiado catrín para entender al campesino mexicano.

Las diferencias entre nosotros no hicieron más que crecer durante los próximos meses.

¿Él quería ser el Jefe Máximo de la Revolución? ¡Su tiznada madre!

III

Todos mis generales y todos mis soldados estaban distribuidos a lo largo y ancho de Morelos, porque sabía que Venustiano Carranza me quería fregar con tal de sentirse el jefe... Yo sabía que estaba tramando algo contra mí.

Por aquel entonces Agustín ya era mi mano derecha, y solía acompañarme a todos lados, excepto cuando intimaba con Josefita, Inés Alfaro o... Bueno, soy hombre, ¿no? A lo que iba: Agustín vino a decirme que se había enterado de algo muy cabrón.

—Déjeme le digo, general Zapata, que don Venus insiste en que todos los jefes de la Revolución jalen parejo y anda proponiendo que se reúnan con él para decidir qué va a pasar con el país.

Gruñí molesto.

—¿Qué parte de "no voy a negociar con él hasta que no renuncie al poder" no está entendiendo ese señor? Si quiere demostrar que no hizo la lucha para conseguir un puesto, entonces que lo haga. México no se construye con conveniencias personales.

Agustín siguió:

—Pues está proponiendo que usté y el general Villa, junto con otros militares importantes platiquen las cosas, dice que es mejor que se reúnan en el Teatro de Aguascalientes. Y, pues, allá afuera unos hombres de Carranza están esperando su respuesta.

No necesité pensarlo mucho.

—Si Carranza no va a aceptar el Plan de Ayala punto por punto, no tengo nada que ir a hacer allá. Ya le dije muy bien lo que pienso de todo esto y no voy a negociar las tierras de Anenecuilco, sólo para que Carranza se lleve la gloria. No voy a ir y ésa es mi decisión final sobre el tema.

—Oiga —insistió Agustín, quien entonces ya tenía la extraña habilidad de sacarme de mis casillas—, ya sé que usté no se va a parar por allá, y qué bueno, déjeme que se lo diga, pero, ¿no ha pensado en mandar, no sé, un representante? Digo, para que los hombres de Carranza sepan quién manda en el Sur.

—Yo puedo hablar solito por mí mismo, tengo voz propia. Si yo no voy a participar en este circo, mucho menos lo hará alguien en mi nombre. ¡Faltaba más!

—Pues ya usté sabrá cómo hace las cosas, general —dijo Agustín resignado y se despidió.

Y lo hizo pronto, gracias a Dios, porque Josefita me esperaba en una habitación. Con todo este borlote que había levantado Carranza, yo tenía que esconder a mi esposa otra vez. Ella siempre fue mi principal razón para llevar a puerto seguro la Revolución.

Creo que al final, honestamente, no pude hacerlo. Espero que sepa perdonarme.

Venustiano Carranza era un hombre al que le gustaba reflexionar mucho, pasear de un lado al otro de la habitación y murmurar en voz baja sus pensamientos. Dedicaba horas enteras a estudiar la historia de México, como si el pasado fuera el espejo en el cual podía verse reflejado el porvenir. Admiraba a Benito Juárez y estaba preocupado por el legado que él mismo dejaría al morir.

A pesar de sus deseos egoístas de participar en una guerra para obtener un poco de poder, y de que yo no estaba de acuerdo con muchas de sus ideas, genuinamente creo que quería lo mejor para México. Quizás ésa fue la razón que lo llevó a decir: "Yo tampoco asistiré a la Convención de Aguascalientes". Tal vez tenía miedo de enfrentarse a tantos hombres que no comulgaban con sus opiniones. Puede ser que tuviera miedo de pasar a la historia como el hombre que no pudo poner en orden su propia reunión de hombres.

De todas maneras, con él o sin él, la convención se llevó a cabo. ¡Claro que hubo constitucionalistas! También villistas y zapatistas que no hablaban en nuestro nombre, pero sí de nuestros movimientos. Algunos intelectuales hablaron del Plan de Ayala y de su importancia para la lucha agraria.

Del 10 de octubre al 9 de noviembre aquellos hombres se reunieron y analizaron la Revolución. ¡Vaya! Según lo que me contaban los zapatistas en las cartas que me dirigían, los villistas tomaron el control de la convención e impusieron los temas que debían debatirse.

Quien controlara la Revolución mexicana sería el dueño del país. Así que, en esas circunstancias, la convención decidió que el nuevo presidente fuera el general Eulalio Gutiérrez Ortiz y que Pancho Villa se hiciera cargo del ejército. Y se habló de crear una Comisión Agraria para resolver el asunto de las tierras.

No puedo dar más detalles sobre aquel acontecimiento porque no estuve ahí, ni quise hacerlo. Sólo sé que el gran perdedor de todo este asunto fue Venustiano Carranza.

IV

Las mujeres me acompañaron en el corto pero intenso peregrinar a la Ciudad de México. El plan era que Pancho Villa y yo nos reuniríamos en Xochimilco durante los primeros días de diciembre. Cosa que hicimos cuando firmamos un pacto y tomamos la Ciudad de México.

Venustiano Carranza, con la cola entre las patas, no tuvo más remedio que refugiarse en Veracruz.

¡Ja! Ya no tenía ejército. Y no había sido elegido presidente. Así que, como quien dice, le salió el tiro por la culata, y yo estaba preparado para aprovecharlo.

Chicnahui

1914

I

¿Cuántos lados tiene la historia de México?

Algunos hablan solamente de una dualidad: el lado de los buenos y el lado de los malos; o el lado de los triunfadores y el lado de los vencidos; o del lado de los que sobreviven y del lado de los que dejan su vida en el campo de batalla.

Uno u otro… ¿Cómo sé de qué lado estoy?

Hay hombres que piensan largamente cómo quieren ser tratados por la posteridad, que sacrifican su vida presente por su aspecto histórico. Pero yo, ¿para qué quiero saber cómo hablará la gente de mí a cien años de mi muerte?

Lo más importante es buscar la justicia, sin perder el sentido de la moral. Estamos aquí, ¿no? ¡Pues, carajo, luchemos por los que están con nosotros, por los niños que en nuestro tiempo buscan educación, por los campesinos que trabajan bajo el sol, por los hombres que han sido despojados de sus propiedades, por las mujeres que son violentadas sólo por ser mujeres!

¡La Revolución se hace hoy! Luchar es verbo.

Allá en 1914 nunca pensé que tendría algún problema con el barbas de chivo. Para mí, él era un militar más que luchaba a favor de la patria, pero se le empezó a subir la espuma a su chocolate cuando ayudó a derrotar a Victoriano Huerta, y se sintió el líder de la lucha armada. Se sintió como si fuera un Francisco I. Madero en pos de un nuevo ideal…

El gobierno de Venustiano Carranza fue tan débil, que después de nuestro triunfo no le quedó de otra más que huir de la capital, en compañía de Álvaro Obregón.

La primera impresión que tuve de Pancho Villa fue que se trataba de un hombre agradable, sincerote, risueño. Me llamó la atención su gordura, su gran bigote y su sonrisa franca. A pesar de lo anterior, los primeros segundos de nuestro encuentro estuvieron marcados por un silencio incómodo. Ahí estábamos, dos grandes generales de la Revolución (a mi lado estaba Eufemio, y junto a Villa, un tal Palafox) sin nada qué decir, pero pronto encontramos un tema en común del cual podíamos partir: el odio que sentíamos por el barbas de chivo.

—Como Carranza es un hombre tan, tan descarado, comprendí que estaba tomando el control de la República. Qué bueno que usted aceptó la propuesta de hacer un frente común contra él —dijo Villa.

—Si yo se lo decía a mis compañeros de armas: ese Carranza es un canalla —respondí.

Y entonces Palafox intervino:

—Es un hombre que ha dormido en almohada blandita. ¿Dónde va a ser amigo del pueblo que toda la vida se la ha pasado de puro sufrimiento?

—Al contrario —añadí—, está acostumbrado a ser el azote del pueblo.

Aquel comentario ocasionó que Villa soltara una risotada. Era un hombre lleno de vida:

—Con estos hombres no hubiéramos tenido progreso ni bienestar ni reparto de tierras, sino una tiranía en México. Porque, usted sabe, cuando hay inteligencia, y se establece una tiranía, y si esta tiranía es inteligente, pues tiene que dominar. Pero la tiranía de estos hombres era una tiranía taruga y eso sería la muerte para el país. Carranza es una figura que yo no sé de dónde salió para colocar a la República en la anarquía.

Yo, manteniendo mi tono serio, quise apoyarlo:

—Estos soldados del Ejército Constitucionalista son como los federales de antes: en cada pueblo que pasan... Villa me interrumpió:

—Sí, hacen destrozo y medio. No había otro modo para que se desprestigiaran, para que se dieran a conocer. Antes tenían algo de prestigio, pero ahora... Estos hombres no tienen sentimientos de patria.

Eufemio negó con la cabeza.

—¡N'ombre! Esos canallas no tienen ninguna clase de sentimientos.

Hablamos acerca de algunas batallas en las que participamos en los últimos meses, haciendo especial énfasis en los muertos que atestaban el campo de batalla.

Finalmente, Villa exclamó:

—Vamos a ver si quedan arreglados los destinos de aquí de la Ciudad de México, para luego ir a luchar donde nos necesiten.

Palafox dijo:

—Pues en manos de ustedes dos, general Villa y general Zapata, está el destino de la patria.

—Yo nomás les digo —se apresuró a contestar Villa—que no quiero ni necesito cargos públicos, porque la verdá no sé lidiar con ellos.

—Por eso yo les advierto a todos mis amigos que tengan mucho cuidado de aceptar un cargo público —respondí—, porque si lo hacen, les caerá el machete.

Me reí. Todos lo hicieron conmigo. Eso sirvió para romper el hielo entre nosotros. Así que busqué entre mis bolsillos un puro nuevo, me lo llevé a la boca y lo encendí. Y añadí:

—Yo creo que no seremos engañados por aquellos hombres que aspiran a tener cargos públicos. Nosotros nos hemos limitado a arriarlos y a cuidarlos, por un lado, y por otro, a pastorearlos. Así son los hombres.

—Entiendo que la Revolución la hacemos nosotros, los hombres ignorantes —respondió Villa—, y la tienen que aprovechar los gobernantes y los políticos. ¡Pero que ya no nos den quehacer!

No podía más que estar de acuerdo con él:

—Los hombres que han trabajado más son los que menos disfrutan de aquellas banquetas. Nomás puras banquetas. Y yo lo digo por mí: de que ando en una banqueta hasta me quiero caer.

Villa se acomodó en la silla y se relamió los labios. Tuve la impresión de que le hacía falta un trago de licor en las manos. Yo mismo hubiera sido feliz con una buena copa de coñac. Él continuó:

—La Ciudad de México es un rancho muy grande para usted y para mí, Emiliano. Estamos mejor allá afuera. Nada más que se arregle esto me voy a regresar al Norte. Allá hay mucho que hacer, y usted también debe volver al Sur. Yo no veo ningún sentimiento de patria en Carranza. Yo me estuve "ensuichado" cuando la convención. Empezaron: "Que se retire el general Villa", y yo dije: "Sí, yo creo que

"Respecto de los grandes terratenientes, estoy decidido a secundar el Plan de Ayala, para que se recojan esas tierras y el pueblo quede posesionado de ellas. El pueblo que por tanto tiempo ha estado dando su trabajo, sin más preocupaciones de esos terratenientes que tenernos en la esclavitud. Yo, como hombre del pueblo, prometo de una manera sincera que jamás traicionaré la voluntad del pueblo, para que no sufra.

Yo estuve de acuerdo con él, y juramos apoyarnos y protegernos y aliarnos en contra de la revolución carrancista que buscaba deshacerse de nosotros. A esta reunión, y a los acuerdos a los que llegamos aquel día la llamamos Pacto de Xochimilco".

Bebí el último trago de coñac mientras pensaba: "El destino de la patria está en nuestras manos".

Ese día comimos un mole negro sobre unas piezas de guajolote, tamales típicos y unas tortillitas recién hechas.

Otro acordado momento entre Francisco Villa y yo, que estoy seguro será descrito en los libros de historia durante muchos años, sucedió dos días después. Nuestros respectivos ejércitos se reunieron a la entrada de la capital. Fue un momento electrizante que había esperado con ansias, y que había repasado en mi cabeza una y mil veces en las últimas horas. Vivir la historia es como cumplir una fantasía sexual.

Entonces yo iba elegante, vestido de charro a la usanza de Morelos; Villa se puso un uniforme caqui y un sombrero de fieltro. A nuestro alrededor iba, en primer lugar, nuestra escolta (porque uno debe ser siempre precavido en momentos como ése).

En total éramos cerca de cincuenta mil hombres, listos para celebrar la Revolución, para conmemorar la caída del gobierno de Porfirio Díaz, para mentarle la madre a Venustiano Carranza, para olvidarnos de Victoriano Huerta y para acordarnos que todo empezó con el plan aquel que redactó el señor Madero a finales de 1910.

A eso de las once de la mañana, más de cincuenta mil almas hechas de pólvora, entre hombres, mujeres y niños comenzaron a marchar por Paseo de la Reforma. Aquélla era una fiesta demasiado grande, pero que me daba suma alegría. Algunos íbamos a caballo, otros a pie. Los riquillos se escondían en sus casas porque pensaban que íbamos a asaltar la ciudad (cual ejército de Victoriano Huerta), pero el pueblo de verdá estaba ahí para recibirnos y unirse a la celebración, para gritar vivas a Villa, al señor Madero, y también a mí. Yo iba en la calle, porque me consta que cualquiera que se suba a las banquetas de la capital se marea.

Qué cambio de circunstancias de esos años en que recorrí el mismo Paseo de la Reforma en el asiento trasero del coche de motor de Ignacio de la Torre (a quien, por cierto, habían metí do a la cárcel por ser cómplice del asesinato del señor Madero). Tal como la recordaba, la avenida estaba llena de casas imponentes y frondosos árboles, monumentos a los héroes de la Reforma, incluido el Cuauhtémoc de un tal Noreña. Pronto nos fuimos acercando a la Alameda Central, donde pude ver las obras de lo que sería el nuevo Teatro Nacional.

Sin duda, la Ciudad de México ofrecía un espectáculo maravilloso, un laberinto en el que todos estaban condenados a perder la cordura.

Seguimos caminando por la calle de Plateros (el nombre que entonces llevaba, porque unos días después el propio Villa se subió en una escalera y quitó el letrero de "Calle Plateros" para poner otro más terrible, "Calle de Madero"). Fui testigo de la Casa de los Azulejos, de los caserones levantados durante la Conquista española, palacetes grises, muertos, antiguos, pero al mismo tiempo vívidos.

Pronto arribamos a la plaza principal. Jamás imaginé contemplar aquella catedral enorme, tan diferente a la iglesia del Señor de Anenecuilco, y el Palacio Nacional: hogar de los virreyes que habían oprimido al pueblo, de los presidentes que permitieron el robo de tierras, de Lerdo, de Juárez, de Díaz, de Madero, de Huerta y de Carranza. Todos ellos habían trabajado en Palacio Nacional, y sin embargo, estaba hecho de piedra muerta.

Cuando visité a Madero, en junio de 1911, durante una comida en su honor en ese palacio, no tuve tanto tiempo, como en diciembre de 1914, de contemplarlo todo, de entenderlo. Yo dominaba todo, la sensación de poder que experimentaba en esos momentos era embriagante, parecía sobrenatural. Miré de reojo a Villa, seguramente él sentía lo mismo.

Bajamos de nuestros caballos ante el grito triunfal de los hombres. Parecía que habíamos ganado la guerra, y sin embargo la Revolución seguía su proceso. El poder que me invadía calentaba todo mi cuerpo y amenazaba con encenderme el alma. "Ven, Emiliano, tómame",

II

No supe entonces, y no sé ahora, en qué lado de la historia marché aquel diciembre de 1914, si cada una de mis batallas lograría hacer las olas necesarias para que México cambiara, si la Revolución que hicimos los mexicanos que queríamos algo mejor llegaría a puerto seguro.

¿Qué le deparará al México del siglo xx?

Me despedí de Francisco Villa con la promesa que habíamos hecho de apoyarnos mutuamente; con la consigna de apoyar la misma Revolución, de triunfar sobre Carranza, de honrar las palabras que habíamos intercambiado en Xochimilco.

Nos apoyaríamos, y yo de verdá pensaba honrar mi palabra... Pero mi voz, que no era mi voz, poco sabía de las circunstancias que vendrían, puesto que ni Villa ni yo traicionamos el Pacto de Xochimilco, pero el tiempo circular no nos permitió llevarlo a cabo.

Ni él me apoyó con tropas y armas cuando las necesité en 1919 —por lo que tuve que confiar en Guajardo—, ni yo pude hacer lo mismo cuando él necesitó mi ayuda. Simplemente no se pudo. ¿Eso nos pone en el lado equivocado de la historia?

Él también está condenado a morir asesinado, y probablemente Carranza correrá la misma suerte.

Parece que todos los lados de la historia, la de los vencidos y la de los vencedores, están manchados de sangre, tienen sus muertitos en el clóset, están hechos por seres humanos que, sí, nos equivocamos, ¿para qué lo voy a negar?, pero que tenemos el valor de tomar decisiones, y sólo la tumba es capaz de decirnos si lo hicimos bien.

Si la historia tiene muchos lados, ¿será un triángulo, un cuadrado o quizás una forma más compleja? A mí, tengo que aceptarlo, no me gustaría estar en el mismo lado que Madero o que Carranza. Ojalá nuestros huesos y nuestras figuras nunca se junten.

Una tarde, mientras reflexionaba sobre esto, me acomodé el gazné, me serví una copa de coñac y contemplé el atardecer colorido y mágico de Anenecuilco. Cerré los...

Matlactli

...puños, los pulmones y los ojos; y encontré dentro de mí un eco que sí era mi voz y no era mi voz; que era de los hombres y las mujeres que pertenecían al Ejército Libertador del Sur, y a los pueblos de Morelos que clamaban justicia, y a las altas casas de alcurnia de la Ciudad de México que no querían perder sus privilegios, a los pútridos infiernos de la gloria nacional, y a los altares de oro que coronan cada iglesia de México con santos vanos, como otros lo hacen al endiosar a Miguel Hidalgo o a Benito Juárez, ídolos que reemplazaron a otros ídolos, ídolos que algún día han de caer, ídolos de barro... Era mi voz, y no era mi voz, pero decía con fuerza: "¡Viva el general Emiliano Zapata!" Y todos los pilares del mundo se sacudieron, los cimientos del cielo, la Columna de la Independencia, los extensos campos de Morelos, las costas de Oaxaca y los altos de Jalisco, el puerto de Veracruz y las casonas de Mérida, la aduana de Ciudad Juárez y la selva de Chiapas... "¡Viva el general Emiliano Zapata! ¡El caudillo! ¡El héroe!" Lo escuché como si fuera una trompeta que soplaran los mismos ángeles del Apocalipsis, que no era otra que mi voz interior, la misma que elevé para denunciar los abusos de los hacendados, para reprender a Porfirio Díaz por abusar del poder, con la que di la orden de atacar, con la que pedí tierra y libertad; por más que hayan tomado mis dichos y mis frases, aunque las repitan y las impriman en libros, que "El que quiera ser águila que vuele, el que quiera ser gusano que se arrastre, pero que no grite cuando lo pisen", no es su voz, sino la mía... la de Emiliano, el caudillo, Atila, ¿el héroe? No parecía mi voz, pero yo la conocía bien, y era mía... Y respondía que no se necesitaba de una brillante armadura de plata ni de una filosa espada para ser héroe; ni una calva coronada por canas al grito de "¡Viva la Independencia de México! ¡Muera el mal gobierno!". Si acaso la de "¡Sufragio efectivo, no reelección!". Pues yo no era un héroe, usaba botas para montar, vestía camisa de algodón, un gazné que me protegía del

Si Madero no hubiera sido tan tibio para gobernar, no habría salido tan frío del poder...

A principios de enero, Genovevo de la O atacó y tomó Ayotzingo con un ejército de dos mil hombres. Una vez ganada la plaza avanzó sobre Chalco; después de un combate que duró treinta y seis horas hizo suya la ciudad. Ahí se quedaron unos cuantos días nomás para recuperar balas, fusiles y víveres.

Así, Genovevo logró mandar en toda la región, y eso lo aprovechó para seguir con sus planes...

Me acuerdo que por Chalco pasaba un tren de pasajeros que usualmente iba custodiado por decenas de militares. Genovevo revisó cuidadosamente a qué hora pasaba por ahí, y les ordenó a sus hombres que pusieran dinamita sobre las vías del tren. Luego esperó y esperó... Aunque eso de la paciencia no era lo suyo.

Ya después me contó que, aunque sabía que su plan iba a funcionar, le latía el corazón muy rápido, sobre todo cuando escuchó que se acercaba la máquina del tren. Dejó a un lado la baraja con la que había estado departiendo con sus hombres y miró su reloj. Apenas eran las once de la mañana.

Cuando el tren estuvo a una distancia en la cual ya no podía frenar a tiempo, Genovevo dio la orden y... ¡bum! Saltaron fierros, tierras y piedras. De ese modo logró descarrilar el tren, pero no sufrió grandes daños.

Tras un breve silencio comenzaron los balazos.

El jefe de la escolta militar bajó del tren, sacó su revólver automático e intentó repeler a mis soldados, pero su valentía le sirvió para ganarse un boleto al panteón, pues quedó muerto con el uniforme militar ensangrentado y el pecho lleno de balazos.

Los de la escolta que quedaban vivos levantaron las pistolas en señal de rendición y se hicieron a un lado. Así, los hombres de Genovevo procedieron al saqueo.

Vale la pena decir que los pasajeros no sufrieron daño alguno. Y mucho menos hubo muertos. Eso sí, se fueron llenos de miedo; pero qué esperaban si estaban en medio de la Revolución, ¿qué no? También la guerra estaba a su favor, aunque no pudieran verlo por su aburguesamiento.

Era de esperarse que al día siguiente los periódicos hicieran el asunto más grande y que se refirieran a Genovevo y a sus hombres con una cantidad inimaginable de peladeces. Claro, lo que querían esos periodistas era hacer ver a los integrantes del movimiento agrario como un puñado de resentidos, ladrones, pelados sin educación, y no se preocuparon por informar a sus lectores que luchábamos por las tierras que los ricos nos habían arrebatado.

Los periodistas siempre son amigos del poder en turno hasta que dejan de recibir su hueso o se atenta contra su libertad de decir lo que se les pegue su regalada gana.

A principios de febrero hubo más batallas en todo Morelos. Los hombres de Felipe Ángeles intentaban controlarlas, pero mis hombres eran como mosquitos. A veces atacaban con ejércitos pequeños y otras veces llegaban en grandes números y tomaban las ciudades. Cuando se podía, le quitaban las tierras a alguna hacienda para devolvérselas al pueblo al que se las habían arrebatado.

Pero el 9 de febrero los generales Manuel Mondragón y Gregorio Ruiz levantaron en armas a un grupo de cadetes de la Escuela Militar de Aspirantes de Tlalpan. De ahí se fueron a la cárcel de Santiago Tlatelolco a sacar a Bernardo Reyes (quien había sido ministro de Guerra de Porfirio Díaz durante un tiempo), y luego a la cárcel de Lecumberri a sacar a Félix Díaz (sobrino de Porfirio Díaz). Se siguieron a Palacio Nacional, donde se agarraron a balazos con los federales, quienes los derrotaron. Los muertos quedaron tirados frente a Palacio Nacional, entre ellos, el mismísimo Bernardo Reyes.

Madero estaba en el Castillo de Chapultepec. Le avisaron por teléfono que la cosa se había puesto color de hormiga. Y en lugar de huir decidió montarse en su caballo e ir directamente a Palacio Nacional. La gente y los militares salieron a las calles a demostrarle su lealtad.

Ya en Palacio Nacional, viendo que los rebeldes se habían refugiado en la Ciudadela, Madero nombró jefe de la plaza a Victoriano Huerta y le ordenó que se encargara del levantamiento. Luego tomó una decisión peligrosa: en un automóvil con unos cuantos hombres, sin escolta militar, Madero se trasladó a Cuernavaca, donde estaba Felipe Ángeles.

Madero bien pudo quedarse en Morelos o en cualquier otro lado mientras eran "pacificados" los que se habían levantado en armas,

Y se fue por otro camino. No regresó hasta la hora de cenar y, aún ahí, se sentó del otro lado de la mesa. Mi querida Josefa trajo el guiso de frijoles hervidos con chile serrano y menudencias de pollo y se sentó a mi lado. No tuvo que levantar la vista para darse cuenta de que andaba peleado con mi hermano.

—¿Y éste qué se trae? —me preguntó, mientras me preparaba un taco.

—Cree que tiene la razón.

—Lo de siempre con ustedes... El día que no se peleen, dejarán de ser hermanos —se burló. Yo no pude evitar reír con ella.

Otros líderes revolucionarios hicieron lo mismo. Detuvieron sus ataques hasta que se resolviera el mentado borlote que se traían en la Ciudad de México. Y yo, tengo que aceptarlo, pensé que aquello iba para largo.

¡N'ombre! Me acuerdo que nos llegaban pocas noticias y estaban de miedo. Nos contaban de los muertos que llenaban las calles y del pánico que se sentía entre la población. Se me vino a la cabeza lo poco que había conocido de la capital aquella vez que fui caballerango de Ignacio de la Torre, con las ventanas de las casas rotas y las esquinas cuarteadas.

Recuerdo que en aquella ocasión pensé que era sumamente curioso que Francisco I. Madero, un hombre que consultaba frecuentemente a los espíritus sobre el porvenir de su persona y el de su patria, no hubiera sido avisado de la Decena Trágica, o de no confiar en el mismísimo diablo, el general Victoriano Huerta.

La violencia entre los dos grupos comenzó a crecer...

Dicen que no sé cuántas personas le dijeron a Madero que no fuera tarugo y que se deshiciera de Victoriano Huerta porque lo iba a traicionar, pero Madero estuvo de terco con que sus decisiones eran las buenas.

Y le salió el tiro por la culata...

Huerta citó a Gustavo Madero, hermano de Francisco, en un restaurante, y con engaños lo hizo su prisionero. Esa noche Victoriano ordenó que lo martirizaran con golpes e insultos. Dicen que el cadáver de Gustavo quedó tan mal que ya no tenía forma: era sólo una masa de carne, sangre y huesos. Y un ojo de vidrio... Ni siquiera a Jesucristo lo trataron tan mal antes de crucificarlo.

La revolución que habían levantado los Madero los estaba consumiendo.

Lo mismo me ocurriría a mí... Toda revuelta devora a sus héroes, pues sólo inmolados logran su paso a la historia.

Por eso Victoriano Huerta continuó con su plan: arrestó a Francisco I. Madero y a su vicepresidente, el impopular José María Pino Suárez; los encerró en Palacio Nacional y les dijo que la única forma de sobrevivir era si renunciaban a sus cargos. Ellos, tontos, le hicieron caso.

¿Cómo iba a saber que la noche en que Josefa se me metió entre las sábanas para compartirme sus besos, y calentarme con sus caricias a la mitad del invierno, sacaron a Madero y a Pino Suárez de Palacio Nacional y los subieron a un coche de motor rentado por Ignacio de la Torre? ¿Acaso debería sentirme culpable por los suspiros de amor que mezclaba con los de mi esposa, mientras yo acariciaba sus pechos y ella se ocupaba de arrebatarme la camisa, porque en ese preciso instante Francisco I. Madero temblaba de miedo y coraje por no saber qué sería de él, y seguramente se llevaba las manos a los bolsillos de su saco para protegerse del frío, aguantándose las ganas de llorar? Porque la agonía y el éxtasis de enfrentarse a la muerte no son muy diferentes a los de confrontar el amor...

Así, mientras Madero era llevado a la parte trasera del Palacio de Lecumberri y lo obligaban a salir del coche, yo entraba en el cuerpo de mi esposa y sentía su calor rompiendo la noche fría; mientras Madero se daba cuenta del error que había cometido al confiar en Victoriano Huerta y gritaba: "Socorro, me asesinan", yo gemía de placer repitiendo: "Josefita, Josefita..."

Minutos después, cuando me dejé caer junto a ella y abracé su cuerpo caliente para descansar, Madero ya había caído sobre la tierra, muerto por su estupidez.

A la mañana siguiente, uno de mis hombres tocó a la puerta con insistencia. Me cubrí con unos pantalones y salí a recibirlo.

—Mi general Zapata, de la Ciudad de México nos informan que Francisco I. Madero renunció a la Presidencia, que Pedro Lascuráin tomó el poder como corresponde por ley y luego éste renunció también. Ahora el presidente de México es el tal Victoriano Huerta, quien nos estuvo haciendo la vida de cuadritos hace unos meses.

—Pues si eso es cierto, ya nos fregamos, porque no nos va a dejar en paz ni un momento. Los suyo es la venganza.

El hombre aquel se quedó callado mientras observaba mis reacciones. Tragó saliva y reprimió algunas palabras que no quería decir.

—¿Qué? ¡Habla! —le ordené—. ¿O acaso los federales te cortaron la lengua o los tamaños?

—También llegó otra noticia, mi general. Anoche mataron al señor Madero. A la mala y por la espalda. Todo el país está de luto.

Y se me quedó viendo, como si esperara que dijera que el Ejército Libertador del Sur también lo estaría, pero si yo aceptaba que mis hombres mostraran su luto por la muerte de Francisco I. Madero, ¿dónde quedaban las exigencias puestas en el Plan de Ayala? ¿Dónde las acusaciones en contra de Madero por traidor a su Revolución?

Aquel hombre, que parecía respetar al señor Madero, aún esperaba mi respuesta, así que se la di: escupí en el suelo.

—Por mí, que se pudra en los apretados infiernos.

Ante la atónita expresión de aquel hombre, azoté la puerta y volví a la cama.

II

Una Revolución no la hacen los que tienen esperanza en un México mejor, sino los que están desesperados por el México de ayer; los que viven con hambre, a los que se les ha negado toda justicia, los que han padecido los caprichos del gobierno, los que ya no tienen formas de consolarse en la noches frías, los desposeídos, los huérfanos, las viudas, las voces que han amenazado con ser silenciadas en pos de un progreso nacional inexistente, los mexicanos que ya no tienen para dónde hacerse si no es cambiando el mundo. Y para mí el señor Madero no fue uno de ésos, sino uno más del montón.

III

El ascenso de Victoriano Huerta al poder cambió las reglas del juego y la forma como hacíamos la Revolución. Y es que el nuevo gobierno comenzó a ofrecer garantías a todos los sublevados para que dejaran la guerra. Entre las bondades que ofrecía estaba la de unirse al Ejército federal. Claro que la cosa no iba a ser tan fácil como parecía, pues al unirse al ejército se les prometió respetar los cargos militares que habían alcanzado como revolucionarios.

De los diferentes ejércitos que se habían levantado en armas en Morelos, algunos comenzaron a discutir entre ellos sobre si debían o no tomar la propuesta que les ofrecía Huerta. Quizás si me hubieran preguntado a mí, o a Eufemio o a Genovevo, o a cualquiera de mis hombres cercanos, se habrían enterado de lo ridículo que era hacerle caso a un loco en el poder.

Así comenzaron a caer como moscas: el general Antonio Limón fue el primero en rendirse y fue a dar a una cárcel de Toluca. También Alfonso Miranda dejó de atacar a los soldados federales. Jesús Morales se rindió y tuve que mandar a mi hermano a desarmar a sus tropas, antes de que entregaran los fusiles y el parque al ejército… y así, por nombrar algunos de los que pensaron que Victoriano Huerta era su mejor opción.

A mí se me hace que Huerta estaba esperando el momento en que yo seguiría el mismo camino de los otros líderes. Cuestionado al respecto por mi hermano, no porque quisiera rendirse, sino porque esperaba escuchar mi opinión. Mi esposa, las soldaderas y mis hombres más cercanos aguzaron el oído, yo sólo le contesté:

—No te preocupes, Eufemio, todavía hay Emiliano Zapata para mucho rato. Que no se te olvide que fue el mismo Victoriano Huerta quien organizó los saqueos y las masacres cuando andaba por aquí haciéndose el macho porque creía que tenía el mejor ejército. Y le enseñamos que estaba equivocado. Éste lo que quiere es fregarnos, pero lo que no sabe es que ya se chingó él, porque le va a pasar lo mismo que a Porfirio Díaz. Todo aquel que llega al poder a través de la pólvora se va de la misma forma. A ver cuánto tarda el Huerta ese en volver a las andadas. Las revoluciones no se acaban a balazos porque la pólvora no puede matar las ideas de los hombres. Y cierto es que no tardó mucho.

Cierto es también que las balas sí pueden matar a los hombres de las ideas. Y como prueba está que Victoriano Huerta mandó al general Juvencio Robles a poner orden en Morelos.

Me acuerdo clarito que tuve pesadillas nomás de cómo llegaban mis hombres a describirme que las huestes de Robles llegaban a cualquier pueblo que nos apoyaba y así, al azar, arrestaba a todo el que se le pusiera enfrente; pero no nada más a hombres, sino también a mujeres, niños y ancianos. Y no los fusilaba en algún paredón improvisado o les metía un plomazo en la cabeza; eso hubiera sido misericordioso... Más bien los amenazaba con que los iba matar y los dejaba uno o dos días encerrados en una celda para que sufrieran por la cercanía de la muerte. Llegado el día de la ejecución, los condenados eran colgados de lo primero que encontraran los federales, ya fuera un poste de teléfono o de un árbol lo suficientemente alto. Ahora que si de verdá Robles tenía atravesado a alguien, lo mandaba a quemar vivo.

Así, después de la muerte de Madero, todo el estado se convirtió en un polvorín: violencia por la violencia. Y a mis hombres les costaba contener esa sangre. ¿Todo para qué? Pues pa' que Huerta pudiera andar diciendo que éramos nosotros, los del Ejército Libertador del Sur, los que causábamos esas muertes.

La violencia era sólo el camino. El verdadero objetivo era derrotarnos moralmente y que el resto de los mexicanos viera a Emiliano Zapata como un campesino violento y resentido.

Por lo tanto, siguiendo esa estrategia, Pascual Orozco, por órdenes de Victoriano Huerta, declaró a los periodistas que la situación no estaba tan mal como ellos andaban publicando, que ya estaba en tratos conmigo y que pronto se iba a lograr la paz. O sea, como quien dice, le dio atole con el dedo a la prensa, con la idea de que yo iba a pactar con él.

Pero Pascual Orozco no quiso echarse la rifa del tigre. En lugar de eso mandó a su padre a Morelos para entrevistarse conmigo. Hasta le dijo que iba a hacer fácil que yo depusiera las armas con que se me diera cualquier cosa. Claro, andaba muy confiado... Ese Orozco nunca se enteró de que si yo hice la Revolución no fue por una necesidad personal: yo tenía mis tierras y mis centavos; pero a la gente de Anenecuilco le hacía falta alguien que luchara por ellos. A mí ningún catrín me iba a dar oro por espejitos; cuantimenos me iba a amenazar con enlodar mi nombre en los periódicos. Para deponer las armas era necesario que se hiciera el reparto de las tierras a los pueblos a los que se los habían quitado esos pestilentes hacendados.

Así que le escribí a mi gente de Cuernavaca y les dije que si se pasaba por ahí el padre de Pascual Orozco preguntando por mí, que lo arrestaran y lo mandaran a Huautla para tenerlo bien seguro. Además, mandé decir que si llegaba más gente del gobierno a negociar la paz, que me la llevaran para allá.

Pronto se supo en todo el país que tenía preso al señor ese...

Escuché mis pisadas sobre el pasto y la respiración entrecortada en mi pecho. Mi hermano iba detrás de mí, como si fuera mi sombra. El gazné que llevaba al cuello me protegía del aire frío que daba vueltas en torno a mí.

Llegué muy de mañana a Huautla y todavía el rocío resbalaba por las ventanas del cuarto en el que habíamos encerrado al padre de Pascual Orozco. Me asomé por la ventana y, en lugar de encontrarlo dormido, lo vi sentado en una silla de madera, con los ojos bien abiertos y las manos sobre las rodillas. Estaba tan pálido que comprendí que había pasado la noche en vela.

—Mi general Zapata, encontramos este sobre entre las cosas del prisionero. Está dirigido a usted —dijo uno de los jóvenes que lo custodiaba y me entregó el susodicho sobre.

Abrí el pliego y comencé a leer. Mi hermano hizo lo mismo detrás de mi hombro.

Muy estimado señor y amigo:

Mi padre, el señor don Pascual Orozco, a quien tengo el gusto de presentar a usted con el objeto de entregarle esta carta y hacerle presentes mis sentimientos de compañerismo y afecto por usted, por su hermano don Eufemio y por todos sus compañeros.

De acuerdo con lo manifestado por usted a los señores comisionados, estoy a su disposición para tratar todos los asuntos que deseen, relativos a la pacificación de los estados en que ejercen mando, y, plenamente confiado en su patriotismo, en su rectitud y en la firmeza de sus convicciones encaminadas únicamente al bien de la nación, espero tener la satisfacción de conferenciar con usted y el señor don Eufemio, para llegar cuanto antes al fin que me he referido y que es urgentísimo para la salud de la patria.

Desde luego, ruego a ustedes se sirvan tener presente que el actual go-
bierno ha emanado de la Revolución y está identificado con nosotros por
su espíritu y por sus deseos de llevar a cabo las reformas exigidas por nues-
tro estado social: además, personalmente y en las varias conferencias que
he tenido con sus miembros y con los representantes del movimiento re-
volucionario efectuado en la Ciudad de México, he podido ratificar esta
opinión y la de que están lealmente unidos y ligados con nuestros propios
intereses.

No se trata, pues, de una misión, sino de un acuerdo entre amigos, y
con este propósito ruego a usted se sirva pasar a esta Ciudad de México,
sin cuidado de ninguna especie, pues la garantía de su seguridad la da la
presencia de mi padre, o bien se sirvan indicarme el lugar en que pueda yo
tener el gusto de ver a ustedes, lo que haré con beneplácito; pero creo mu-
cho mejor, más rápido y conveniente, que usted se sirva venir a esta ciudad
como he indicado antes, trayendo la escolta personal que estimen necesaria.

Reitero a mi profunda estimación por la constancia de sus esfuerzos,
por su abnegación y su valor, y me es grato repetirme de ustedes su afectísi-
mo y atento servidor y amigo.

Pascual Orozco

La volví a leer, no podía creer el cinismo de lo que ahí leía. ¿Que el gobierno de Victoriano Huerta, de un traidor, usurpador, asesino, pendenciero y borracho emanaba de la Revolución?

—¿Qué vas a hacer, Miliano? ¿Fusilamos al prisionero?

Pero en lugar de responderle, voltié a ver a mis hombres, me acaricié el bigote y exclamé:

—Vayan al campamento y búsquenme a cualquiera de los intelectuales, que tengo que darle a este cabrón una lección de dignidad.

Luego encendí un puro y comencé a pensar en la respuesta que le daría a Pascual Orozco.

Horas después, dejé caer un poco de ceniza en el marco de la ventana y volví a chupar el tabaco. Una nube de humo espeso rodeó mi rostro, dándole el aspecto de un fantasma atravesado por la luz, pues sólo nos iluminaban algunas velas sobre el escritorio.

—¿Ya está? Sus letras tardan mucho —los apuré.

Tres hombres de levita tachaban palabras y reescribían otras a su lado sobre una hoja de papel y hacían anotaciones en los márgenes y manchas de tinta por toda la hoja.

—Sólo tenemos que pasarlo en limpio, general Zapata —dijo uno de ellos.

—Traigan para acá —respondí al tomar uno de los papeles de la mesa.

Solté una bocanada de humo, me acerqué a una de las velas y leí:

Señor de mi respeto y estimación:

He tenido el honor de leer la grata de usted, y refiriéndome a los conceptos en ella emitidos, con la franqueza y sinceridad que caracterizan todos mis actos, me veo en la imperiosa necesidad de manifestarle: que ha causado decepción en los círculos revolucionarios de más significación en el país la extraña actitud de usted al colocar en manos de nuestros enemigos la obra revolucionaria que se le confirió.

Yo siempre admiré en usted al obrero de nuestras libertades, al redentor de los pueblos de Chihuahua y de la región fronteriza, y cuando lo he visto tornarse en Centurión del Poder de Pretorio de Huerta, marchitando sus lauros conquistados a la sombra de nuestros pendones libertarios, no he podido menos que sorprenderme delante de la Revolución caída de sus manos, como César al golpe del puñal de Bruto.

Quizás usted, cansado de una lucha sin tregua y de un esfuerzo constante y viril en pro de nuestra redención política y social, abdicó de un credo que en el orbe revolucionario de toda la República recibió, en medio de nubes, relámpagos y truenos, de glorias y libertades, pero usted, en vez de laborar por la paz ha laborado por la guerra, provocando el suicidio de la Revolución, en sus hombres y en sus principios.

Yo pertenezco, señor, a una raza tradicional que jamás ha degenerado ni ha podido traicionar las convicciones de una colectividad y las de su propia conciencia; prefiero la muerte de Espartaco acribillado a heridas en medio de su libertad, antes que la vida de Pausanias encerrado vivo en una

tumba por su madre en representación de la Patria. Quiero morir siendo
esclavo de los principios, no de los hombres.

Me dice usted que el gobierno de Huerta ha sido emanado de la Revo-
lución, como si la defección o deslealtad del Ejército que originó ese poder
mereciera ese nombre que usted inmerecidamente le aplica. Al ver la acti-
tud de usted y de otros iconoclastas de nuestros ideales, nos preguntamos:
¿ha triunfado la Revolución o los enemigos de ella? Y nuestra contesta-
ción es obvia: la Revolución no ha triunfado; usted la ha conducido a la
catástrofe más espantosa.

En sus manos está todavía el querer y el poder salvarla; pero si desgra-
ciadamente no fuese así, la sombra de Cuauhtémoc, Hidalgo y Juárez, y el
heroísmo de todos los siglos, se removerán en sus tumbas para preguntar:
¿qué ha hecho de la sangre de sus hermanos?

Si el pacto Madero-Díaz en Ciudad Juárez fue vergonzoso y nos trajo
una derrota de sangre y desventuras, el convenio Orozco-Huerta que se me
ha propuesto nos precipitaría a un suicidio nacional. Si Madero traicionó
a la Revolución, usted y los que se han sometido al Cuartelazo acaban de
hacer lo mismo.

Si la República y Madero fueron al asesinato vil por haberse entregado
a los enemigos de la Revolución, la Revolución entregada por usted a los
mismos enemigos seguirá por segunda vez ese camino si no tuviéramos su-
ficientes energías para seguir enarbolando el estandarte de sus salvadores
principios.

El convenio Orozco-Huerta podrá ser gloriosísimo y tiene buena opor-
tunidad para realizarlo, siempre que haga triunfar los principios donde
radica la reforma y la evolución política que proclamamos.

Cuando me llegaron noticias relativas a que usted había entrado en
ajustes de paz con el gobierno del general Huerta, me llamó la atención
que no consultó usted para realizar este acto trascendental.

Ahora se dirige usted a esos elementos, cuando la Revolución por parte
de usted todo lo ha perdido, hasta el honor. Al pueblo ya no le ofrece usted
libertades sino cadenas.

No pretendo encasillarme en la barrera infranqueable de un plan político, pero cuando los representantes, como usted, de una colectividad revolucionaria o de cualquiera otra clase, se salen de los límites de la ley que les da poder y fuerza sin la sanción de las unidades principales de aquella colectividad, claro es que provocan el desconcierto por una y otra parte, pierden su valor y suscitan la ruptura de los compromisos contraídos.

Usted ha tratado la paz con el gobierno de Huerta de una manera aislada y sin programa, como si se tratase de una transacción mercantil particular y de una forma de tal significación, como si hubiese encabezado un movimiento revolucionario local.

Pero si en vez de ponerse al lado de los principios, se pone al lado de los hombres, mareado por el incensario de la tiranía, entonces haga de cuenta que ha empuñado la vara de Moisés, no para desecar las aguas del Mar Rojo de la Revolución, sino para agitarlas y engendrar la tempestad que debe ahogarnos en un mar de sangre y de ignominia. Usted, como Josué, quiso parar el sol de la Revolución a la mitad de su carrera, no para darnos la tierra prometida, sino para que nos despedacemos los unos a los otros: ha laborado con Madero por el exterminio revolucionario.

Por último, si Huerta, que representa la defección del Ejército, y usted, que representa la defección de la Revolución, procuran hacer la paz nacional, les propongo lo siguiente:

Que se establezca el gobierno provisional por medio de una convención formada por delegados del elemento revolucionario de cada estado, y la Revolución así representada discutirá lo mejor que convenga a sus principios e intereses que ha proclamado; este procedimiento es el culto al respeto del derecho ajeno, es decir: el respeto al derecho de todos.

En la carta que contesto me habla de comisionados que le han hecho manifestaciones a nombre mío y de mi hermano Eufemio, y desde luego le participo que a nadie hemos autorizado sobre este respecto; los que tal cosa le han dicho tomando mi nombre son verdaderos intrigantes.

Emiliano Zapata

IV

Las revoluciones mueren en manos de aquellos que desean hacerse ricos a través de la guerra, de los que buscan el poder por medio de la pólvora, de los que usan el campo de batalla para saciar venganzas personales, de los han puesto un precio a sus ideales, de quienes no recuerden la desesperanza de los pobres por la que decidieron tomar las armas, de la hipocresía, del engaño y de la traición; hombres como Pascual Orozco.

Y es que a Pascualito no le quedó de otra más que doblar las manitas, fajarse los pantalones y venir a Huautla como perro con la cola entre las patas dizque a negociar la paz en nombre de Victoriano Huerta, aunque la mera verdá todos sabíamos que más bien quería salvar la vida de su padre.

Llegó con su escolta a eso del mediodía, bien uniformadito el catrín. Se secó la frente con un pañuelo y pidió hablar conmigo. Ya empezaban los sopores del verano y en Morelos siempre vivíamos ensopados por el sudor. Mis hombres lo hicieron pasar a un cuarto para que descansara y se descalzara, le dieron un vaso de agua, y ahí esperó un par de horas hasta que me digné a recibirlo. Lo encontré en el comedor, que no tenía más que una vieja mesa y unas cuantas sillas.

Ya el aire estaba lleno de mariposas, el verde de los árboles y el sonido de los pájaros que cantaban a todas horas.

Estreché su mano con frialdad y vi que iba acompañado por un hombre que se presentó como el general Otilio Montaño.

—General Zapata, un gusto encontrarnos —atinó a decir Pascual con una voz fingida.

—Nada más déjeme decirle, antes de que empecemos con las hipocresías, que yo no reconozco a ningún gobierno que asesina sin formación de causa. ¿Ya vio cómo está Morelos por culpa de sus compadres? Pues nada más para que le quede claro con quién se va a sentar a negociar y lo enojado que estoy por cómo tienen todo regado.

—Precisamente a eso venimos, general, a negociar la paz —respondió Otilio.

—Ándele pues —dijo Eufemio, con sarcasmo.

Los cuatro nos sentamos a discutir un sinfín de tonterías sobre el estado de Morelos, nuestra insistencia en el reparto de las tierras y en la salida del Ejército federal del estado. Añadimos que no reconocíamos al gobierno de Huerta por considerarlo traidor y asesino. Otilio escribió todo en un documento que al final firmamos todos.

Habiendo terminado la discusión, cuando ya había caído la noche, me levanté de la mesa.

—Llévele esas letras al presidente, a ver si se digna a cumplir. Ustedes devuelven las tierras a todos los pueblos de Morelos a los que despojaron y nosotros dejaremos de luchar con las armas.

—Como usted diga, mi general Zapata. Ahora, si me permite, iré por mi padre y volveremos a la capital.

Franca risotada solté con ese comentario.

—¿A poco creyó que iba a ceder tan fácil? No, señor. Usted cumpla con lo que acordamos, y si alguno de sus soldados intenta matarme, voy a pasar por las armas a su ilustre padre Pascual Orozco. ¿Cómo la ve?

Pascual tragó saliva. En su rostro pude adivinar las mentadas de madre que quería gritarme, pero que calló. Estaba pálido, pero no le quedaba de otra, más que hacer mi santa voluntad.

A la mañana siguiente, él y Otilio volvieron a la Ciudad de México, para contarle a Huerta lo que habían pactado conmigo. Y, como era de esperarse, el presidente no cumplió.

Pascual Orozco, a cargo de un numeroso ejército, se acercó a Morelos, un tanto para "pacificar" el estado y otro tanto para rescatar a su padre. No le iba a salir la cosa tan fácilmente, pero hizo su luchita.

En esos días me mandó otra carta para pedir por la vida de su padre. Yo le respondí en papel que no me iba a rendir hasta que el gobierno no cumpliera con el asunto agrario. ¿Cuántas veces se lo tenía que repetir? Le entregué el mensaje al hombre de Orozco y lo mandé de regreso.

Pero, de repente, sentí extraña aquella situación. ¿Por qué Orozco mandaría pedir por la vida de su padre si ya sabía que yo no cedería tan fácilmente?

Así que envié a uno de mis soldados para que interceptara al hombre que había traído el mensaje de Pascual y me lo trajera. Así lo hicieron. ¿Y cuál fue mi sorpresa? En la carpeta de aquel hombre no sólo estaba mi carta, sino también la del propio Pascual Orozco, en la que pedía a su correo avisar si había suficientes hombres en Huautla para ver si podían atacarme.

"Así que el muy cabrón intenta traicionarme, a pesar de todo —pensé—. ¿Acaso no le dije que fusilaría a su padre si lo intentaba?".

Sí, se lo había dicho fuerte y claro.

Sólo faltaba una orden mía para colocar al padre de Orozco frente a la barda y llenarle el pecho de balas, o bien, ponerle una soga al cuello y colgarlo del árbol más grande de toda la región, para ver su cuerpo balancearse sin vida, como el péndulo de un reloj. El culpable de su muerte sería su hijo, Pascual, por cumplir una amenaza que le había hecho en persona.

Sin embargo, fui clemente. A pesar de las constantes incitativas de Eufemio no lo fusilé. Sólo mandé una carta en la que le preguntaba a Pascual Orozco qué se traía entre manos. Él respondió que no sabía de la existencia de la carta que tenía su correo y se justificó asegurando que ni siquiera era su letra.

"Éste cree que nací ayer", pensé.

Le advertí que no tendría miramientos para fusilar a su padre si volvía a enterarme de un ardid en mi contra. Y esta vez pensaba cumplirlo…

Es extraño, pero el ascenso de Victoriano Huerta al poder renovó mi espíritu de lucha por hacerle la vida de cuadritos, así que personalmente ataqué la Hacienda de Chinameca el 5 de mayo; el 7 tomé Villa de Ayala, y el 10 combatí en Jonacatepec. Estos nuevos bríos que corrían por mis venas eran como la electricidad que iluminaba la Ciudad de México: un cambio de ánimo, una luz interna, un gran deseo de tomar Morelos entero y hacer justicia.

Al final fue el propio Victoriano Huerta el que no aguantó a Pascual Orozco, le quitó el mando y lo excluyó de sus planes… Así que ya no tuve necesidad de mantener prisionero a su padre y lo envié de vuelta.

Desde luego, aquello no ayudó a mi reputación, pues los periódicos insistían en asegurar que el salvaje Emiliano Zapata se empeñaba en mantener prisionero al padre de Pascual Orozco… Imagino que el tiempo me dará la razón y no a esos tinterillos, para los que no está hecha esta Revolución, que nunca pudo sostenerse con promesas y mentiras contadas mil veces, sino de los "villanos" que tomamos las armas sin saber si algún día lograríamos alcanzar nuestros ideales.

A veces los villanos hacemos más patria que los héroes.

Faltaban todavía muchas batallas durante esta Revolución atascada de traidores e hipócritas...

Matlactli huan ome

1912

I

ME IMAGINO AL SEÑOR MADERO, disfrazado de presidente de México, con su banda presidencial al pecho, caminando sin rumbo sobre los pisos de mármol del Castillo de Chapultepec y asomándose a un espejo con complicados vericuetos en su marco de oro. ¿Habrá visto en su reflejo al hombre que se atrevió a enfrentar a Porfirio Díaz? ¿O al revolucionario que escapó a Texas para escribir su Plan de San Luis? ¿Quizás al traidor que no supo reaccionar al Plan de Ayala? ¿O al cobarde que no supo imponerse a los porfiristas que habían quedado en el poder?

Para mí que todo ese discurso de la legalidad que se inventó el señor Madero para no devolvernos las tierras no es más que un cuento para que dejemos de molestarlo; porque siendo él presidente, podría hacerlo y así honrar lo que prometió en su camino a la presidencia. Lo cierto es que a principios de 1912 la figura del señor Madero estaba muy desgastada (y eso que apenas empezaba su presidencia). Ya no era el iluminado que tenía el poder de cambiar el rumbo de México, sino un lastre. Y no era de extrañar que otro de los que no estaban conformes con la manera de actuar del nuevo gobierno fuera el mismísimo Pascual Orozco, quien se levantó en armas en el norte del país y se unió, así, a la Revolución.

Los diferentes grupos del Ejército Libertador del Sur ganaban batallas en todo el estado, pero a los periodistas de la capital no se les hizo relevante mencionarnos en sus periódicos. Para ellos, si no se hablaba de cómo la lucha de Morelos afectaba al presidente, ésta no existía, pues usaban su nueva libertad de prensa para atacar al mismo hombre que se las había otorgado: el mismo Madero.

Entre algunas de aquellas batallas a principios del año, mi hermano decidió que atacaría a las tropas de Arnoldo Casso López, jefe de las fuerzas armadas de Morelos, que se encontraban en el Cerro del Pericón.

Eufemio me contó que ya llevaban un par de días espiándolos y se habían dado cuenta que los federales eran medio pazguatos, que no montaban guardias, ni se mantenían alertas ante posibles ataques... Así que aprovechó el velo de la noche para rodear el campamento de los federales con todos sus hombres, muy despacito. Apenas si se escuchaban pisadas entre la maleza. Y cuando mi hermano levantó la mano, comenzaron los disparos. Los soldados federales despertaron pero no tuvieron tiempo de reaccionar, ni de repeler el ataque. Al contrario, corrieron como payasos en un circo, dejando atrás armas y víveres. Y tratando de ponerse bien el uniforme, se dieron a la fuga hacia Ticumán. Por más que Arnoldo Casso se quedó ahí, gritando que no fueran cobardes y regresaran a luchar, su tropa no pudo contra las huestes de mi hermano.

Por batallas como ésa los periódicos no pudieron seguir callando más lo que estaba ocurriendo en Morelos y publicaron la humillante historia.

Y era lógico que el gobierno de Madero no se quedara con los brazos cruzados. Sabrá Dios qué mosca les picó cuando decidieron que la solución sería la suspensión de garantías individuales en Morelos, Guerrero y Tlaxcala. ¿Pensaron que nos iban a amedrentar con la ley? ¡Pobres ilusos!

Para entonces, yo había vuelto a abrir la caja de latón, y había estudiado cuidadosamente los mapas y los títulos de propiedad que contenía. Corría el riesgo de desencadenar muchos males, es cierto, pero ahí estaba la esperanza, todavía latente. Con el control de la región podía hacer valer la ley como el gobierno no había sabido hacerlo. A veces la justicia se hace valer por medio de la sangre, porque no le dejan de otra.

Así que llamé uno a uno a los campesinos de Anenecuilco, de Ayala, y de los demás pueblos, y les dije en privado:

—De acuerdo con los papeles, éstas son las tierras que te tocan. Ya son tuyas, para que las trabajes y nadie te las quite. Las respuestas fueron muy variadas.

Hubo a quien se le llenaron los ojos de lágrimas y, después de permanecer mudo durante un largo rato de estupefacción, decía:

—Nunca esperé que llegara este día. Gracias, mi general Zapata.

Otros sólo murmuraban:

—¿Y ahora qué voy a hacer con todo esto? ¿Qué les voy a decir a mis hijos?

A lo que yo contestaba:

—Diles que los hijos de Morelos hemos triunfado. Diles que al fin podrán mancharse las manos con satisfacción, pues ahora sí la tierra es de quien la trabaja. Diles que la Revolución sí cumple.

Por supuesto, hubo quien, pesimista, se atrevió a exclamar:

—A ver cuánto nos dura el gusto de que esto sea nuestro, porque luego va a llegar cualquier hacendado y todo volverá a ser como antes.

Pero eran los menos.

Aquel reparto de tierras se repitió cada vez que mis hombres tomaban una hacienda y los pobladores podían comprobar la propiedad de sus tierras a través de sus títulos. Entonces, les fueron entregadas.

Era lo justo en un México injusto.

Me levanté muy temprano por la mañana, tomé la mano de Josefita y la llevé a que viera cómo las tierras que habían sido negadas a los pobladores de Anenecuilco volvían a ser suyas. Vi hombres, mujeres y niños trabajando bajo un sol rosa que los protegía; vi las semillas transformarse en vida y experimenté un sentimiento de felicidad que me llenó el corazón.

Si tan sólo hubiera escuchado la voz de mi padre diciéndome:

—Lo hiciste, Miliano, cumpliste la promesa que me hiciste años atrás...

Y, sin embargo, tenía la sensación de que en la brisa que se movía entre los árboles y hacía remolinos de hojas, estaban todos los antepasados Zapata que me habían precedido, de los cuáles había heredado la fuerza para seguir adelante. Quería que allá, donde estuvieran, sintieran orgullo. Uno nunca se siente tan grande como su padre o su abuelo, pero eso no significa que no luche por crecer y mantener ese legado.

Por la patria se lucha, por la tierra se gana, por México uno debe hacer la guerra. La vida es una revolución que se pierde si no se enfrenta día a día.

Voltié hacia Josefita y vi el orgullo en sus ojos. Estaba embarazada. Le acaricié el vientre y la amé; en el silencio del triunfo, la atraje hacia mí, me quité el sombrero y la besé largamente.

II

Al tiempo que yo me uní a la lucha armada, también se unieron muchos otros caciques de Morelos. Se hicieron de un grupo de hombres y atacaron las haciendas que por tanto tiempo los habían oprimido. Luego, esos grupos se unieron para formar ejércitos cada vez más grandes. Algunos vinieron a constituir parte de mi Ejército Libertador del Sur, o bien, para apoyarlo sin perder su inteligencia; otros, me apena decirlo, terminaron por convertirse en bandoleros.

Uno de los hombres más valientes que comenzaron a apoyarme desde los primeros meses de la Revolución fue Genovevo de la O. ¡Ah, cuántas noches pasé con él, jugando a la baraja, fumando puros y riéndonos de Venustiano Carranza! Lo recuerdo ocurrente, carcajeándose fuerte entre el humo del tabaco que llenaba la habitación, con su cara redonda que se enrojecía cada vez que mi hermano se burlaba de él. Genovevo de la O, como yo, apoyó la lucha de Madero, pero pronto terminó desilusionado de ella. Por eso me buscó cuando publiqué el Plan de Ayala. Dijo: "Este Zapata sí es buen hombre", y me fue a buscar; y yo también dije: "Este Genovevo es buen militar", y le asigné un grupo de hombres para que saliera a luchar. Hasta eso, salió muy bueno para los madrazos.

En 1912 Genovevo tomó el pueblo de Huitzilac y me escribió una carta desde allá para decirme que lo había hecho, más o menos sin problemas. En una guerra siempre habrá bajas, inocentes que terminan en el panteón y algún soldado que aprovecha el momento para robar. Uno es general de la Revolución, no papá de unos niños malcriados. De ahí, lo instruí para que reforzara la frontera entre Morelos y el Estado de México, pues allá se nos estaban metiendo algunos federales y era necesario contenerlos en lo posible.

Victoriano Huerta era el artífice de todo aquello. Quería, por sus tanates, acabar con todos nosotros, traicionando las órdenes que recibía del propio Francisco I. Madero. Ya, años antes, durante el gobierno de Porfirio Díaz, hizo lo propio para someter al pueblo yaqui. Y ahora seguía la misma estrategia para acabar con nuestros levantamientos.

¡Cómo me acuerdo de un hombre flacucho llamado José Valdez, que jugueteaba nervioso con su sombrero cuando fue a verme! No era de mi pueblo, pero hasta allá me fue a buscar, porque se enteró de que mis hombres habían tomado una hacienda, cuyo dueño le había quitado sus tierras. Después de enseñarme los papeles, gimoteó:

—Se lo ruego, señor Zapata, ayúdeme. Mis tres hijos ya no tienen qué comer y mi esposa se está muriendo de cólera. Acudo a usté por puritita desesperación, porque yo sé que no tengo cara para venir a verlo, pues nunca tomé un fusil para apoyarlo. La mera verdá es que me dio miedo dejar huérfanos a mis hijos. Se lo pido de todo corazón. Ayúdeme.

Me levanté de la mesa y le puse la mano en el hombro.

—Esas tierras son suyas. Yo me encargaré de que se las entreguen y de que nadie se las vuelva a quitar; cuantimenos un hacendado fifí. ¿Me oyó? Y si alguien se atreve a pedírselas, sólo viene conmigo y zanjamos el asunto por las buenas o por las malas. ¿Me oyó?

Asintió, tenía los ojos abiertos como si fueran platos; de verdá estaba incrédulo de que aquel asunto se arreglara de una forma tan repentina.

Y este campesino, tan parecido a otros por su tono de piel, su bigote de aguacero y sus esperanzas perdidas, me viene a la mente porque justamente en aquellas intensas batallas con Victoriano Huerta por tomar control de Morelos me tocó visitar uno de los pueblos quemados... La vista era deplorable: gruesas columnas de humo se elevaban del pasto chamuscado, las casas sin techo y las ramas negras se habían quedado sin hojas.

En el viento frío saludé a mi vieja amiga, la muerte, pues más adelante, colgado de un árbol quemado, vi primero unos pies descalzos llenos de tierra, unos pantalones de vestir, una camisa blanca manchada de sangre, un cuello largo y... los ojos cerrados de aquel peón, José Valdez, que había sido colgado solamente para satisfacer la sed de sangre de Victoriano Huerta.

El monstruo aquel parecía alimentarse de los peores sentimientos del género humano.

Para qué voy a mentir, además de esperanza, después de que promulgué el Plan de Ayala comenzó una batalla sin tregua por todo el estado. Recuerdo que 1912 fue terrible: una guerra tras otra que terminó, como ya dije, con la decisión del gobierno de Francisco I. Madero de suprimir las garantías del estado.

Realmente, aquello fue más o menos como la amenaza de un padre a su hijo: si te sigues portando mal, vas a ver la que te va a tocar más al rato; pero el carácter de los hijos de Morelos permanecía inmutable: su alma de pólvora aún estaba encendida y el deseo de recuperar sus tierras estaba más vivo que nunca, así que las amenazas de un presidente chiquito valieron pa' pura madre. Los hombres y las mujeres siguieron tomando las armas y lucharon, ora para hacer valer los papeles en los cuales se establecía qué tierras eran suyas, ora para vengar precisamente el robo de dichas tierras. ¿Por qué no se los iba a permitir? Los hombres agraviados merecían calmar su desesperanza de algún modo.

Yo tampoco era un santo. Si hay algo que no soportaba era que alguno de mis hombres quisiera cambiar de bando, que un día los viera peleando del lado de los contras, porque entonces sí me ponía verdaderamente mal. Lo mandaba arrestar y pedía que me lo trajeran nada más para tener el placer de decirle que lo iba a fusilar *in continenti*.

Perdono al que roba y al que mata; pero al que traiciona, nunca.

Quien le da la espalda a su propia tierra y a sus tradiciones debe aceptar las consecuencias.

Por las campiñas de Morelos bajaron ríos de sangre, ejércitos de fantasmas, gritos silenciosos. Se escuchó una explosión tras otra, y en aquella, ¡bum!, se descarrilló un tren que venía de Tres Marías y no pudo entrar un destacamento de soldados federales. ¡bum! Y por allá, a lo lejos, un pequeño grupo de zapatistas se defendía mientras cortaba una línea de telégrafos y, ¡bum! más cerca, otros volaban unos postes por los cuales pasaban unas líneas de teléfono.

Vivíamos una Revolución que no sólo se alimentaba de sangre, sino de pólvora, que exigía sacrificios y muerte, que se alimentaba de odio y deseo de justicia; pero que prometía: México debía ser destruido para volver a nacer. De otro modo, la Revolución sería en vano. ¿Tenía razón?

III

Cuando uno no se reconoce a sí mismo, después de haber pasado por la adversidad de la guerra, ¿podría decirse que uno se ha traicionado a sí mismo? ¿Soy el mismo Zapata que se lanzó a luchar en 1910, el que hizo una promesa a su padre? ¿Soy el mismo Emiliano que estuvo en Los Hornos, a mediados de 1912, cuando el general Juvencio Robles me sorprendió?

Llegó corriendo Agustín a decirme que Robles tenía una columna de hombres dispuesta a atacarme, que todos sabían que era un plan para derrotarme y meterme una bala a la mitad de la frente. Éstos creían que yo no conocía el terreno y que no le iba a dar la vuelta a la jugada, pero cuando ellos iban, yo ya venía. Decidí adelantarme a ese borlote, armar un pequeño ejército y moverlo, durante la noche, a un territorio que se llamaba Los Elotes. Era, quizás, uno de los terrenos más rocosos de todo Morelos: seco, árido, ideal para que la muerte descansara. Por ahí había un río que tapaba la entrada a una cañada. Muy quietecitos, todos, nos metimos ahí.

Me latía el corazón más rápido que el motor de un tren. Me coloqué detrás de unas rocas muy grandes que me cubrían por completo. Algunos de mis hombres hicieron lo mismo; otros hallaron refugio detrás de unos troncos grandes. Los últimos se escondieron del otro lado del río.

Durante un largo rato nos quedamos ahí, en un silencio tan sepulcral que sólo se oía el ir y venir del viento. Esperamos tanto que hasta creí que los contras nos habían descubierto y que no se iban a acercar, ni tantito.

¡Cuál sería mi sorpresa que, después de un rato, escuchamos voces a lo lejos!

—¿Atacamos? —preguntó Agustín.

Me acomodé el sombrero de fieltro sobre la cabeza.

—Espera un momento —le susurré para que no nos oyeran.

A lo lejos vi aparecer a un grupo de soldados federales que se movían torpemente sobre el terreno. Parecían niños que esquivaban piedras. Conforme se acercaron a nosotros, dejaron de ser sombras y se convirtieron en hombres. Claramente aquél no era su territorio, no sabían caminarlo ni protegerse, a sabiendas de que podríamos atacarlos.

Los revólveres y los cañones de mis hombres les apuntaron desde los distintos flancos, pero ellos sólo me miraban, esperando de mí una palabra.

Yo tragué saliva.

Los federales cada vez estaban más cerca. Escuchaba cada palabra que decían: me llamaban campesino mugroso, ladrón, robavacas, resentido, y quién sabe cuántas cosas más.

Y que de repente se escucha mi voz:

—¡Fuego!

Lo que hizo que empezara una balacera en la que aquellos hombres comenzaron a correr, pues apenas si pudieron responder a nuestro ataque. Los que se quedaron fueron hechos prisioneros; los que alcanzaron a huir, lo hicieron por el otro lado del río, donde ya los esperaba parte de mi ejército y los liquidaron.

Dejé que escaparan tres hombres para que contaran la noticia sobre cómo los había vencido.

Aquel triunfo derivó en un grato festejo de todos mis hombres: risas incontenibles, palmadas en los hombros. Y, aunque yo participé en aquella celebración, no podía dejar de mirar los cuerpos que habían quedado junto al río de aquellos jóvenes que creían que luchaban en el Ejército federal por el bien de su país y ahora manchaban de sangre las rocas o se diluía en el río en finos hilillos.

¿Soy yo el mismo Zapata que se horrorizó por la muerte y se preguntó si vería a aquellos difuntos en el más allá? Traicionaría mi ser si dijera que no. Y, sin embargo, he cambiado desde entonces.

Mi lucha ha cambiado.

Cuando empezó la Revolución y los hijos de Morelos tomaron las armas, respetábamos el paso de los trenes, pero muy pronto comprendimos que aquél era el medio de transporte más usado por nuestros enemigos. De modo que era fácil detenerlos si dinamitábamos las vías o bien poniendo montañas de piedras para detener su paso.

En 1912 los federales tenían la costumbre de viajar en el vagón contiguo al de los pasajeros, con la excusa de protegerlos, pero en realidad querían escudarse en ellos.

En un principio funcionó, porque yo no quise que se atacara a esos trenes para que no hubiera muertes de inocentes, pero hice correr la voz para que la gente no viajara en trenes escoltados, pues no me haría responsable de sus muertes o sus heridas.

Y los hijos de Morelos, que estaban de nuestro lado, nos hicieron caso y salvaron sus vidas. Los que nos ignoraron, ganaron un boleto directito al camposanto.

El Ejército Libertador del Sur respondió a la crueldad y a la violencia de la misma forma, lo que ocasionó que todo ese infame derramamiento de sangre llegara a los oídos del presidente Francisco I. Madero, quien se encontraba en su despacho de Palacio Nacional.

Con sus rápidos movimientos de ardilla, sacó un pañuelo del bolsillo de su chaqueta y se secó el sudor de la frente. Siempre lo hacía cuando se ponía nervioso. Era un hombre de pocas palabras, porque a veces no sabía qué decir cuando no tenía un discurso que leer. Seguramente pensó en mí y en la Revolución; en cómo no podía mantener en paz al país y se masajeó las sienes, pensando en por qué los jefes revolucionarios no le dábamos tiempo de arreglar todo a través de la aplicación de la ley.

¿Qué le quedaba? Descubrió muy pronto que la imagen de los héroes se desgasta, que más le habría valido haberse retirado después de la renuncia de Porfirio Díaz, que los aplausos que recibía todos los días eran hipócritas y que el corazón de los mexicanos no cambia sólo porque se estrena un nuevo presidente.

Quería creer en la bondad de la gente, en la idealización del pueblo, en que una nueva era traería el renacimiento en la patria, donde sólo hubiera paz y prosperidad. ¿Por qué habría de creerlo de otra manera si los espíritus que contactaba a través de la escritura automática, que movían las patas de las mesas y se hacían presentes en vapores de colores bajo la luz de la luna, le habían asegurado que así sería? ¿Cómo podía el pueblo confiar en su juicio si tenía espíritus a los cuales consultaba para gobernar?

Madero se reclinó en su escritorio y soltó un suspiro largo. Ordenó que Juvencio Robles y Victoriano Huerta se fueran de Morelos, y en su lugar puso a Felipe Ángeles para que se encargara del asunto, de encontrar la paz entre todos los involucrados.

Y, claro, ¿cómo íbamos a llegar a un acuerdo si los hacendados y nosotros reclamábamos las mismas tierras?

La situación no estaba muy cerca de encontrar una salida fácil.

"¡Qué fácil es disfrutar la patria cuando son otros los que luchan por ella!" Eso me hubiera gustado decirle a Madero, pero ya no hubo oportunidad de volver a verlo cara a cara. Seguramente él tenía muchas cosas que recriminarme. Y cuando hayamos muerto los dos, y nuestros espíritus se encuentren, habrá ocasión de platicar como adversarios, como viejos amigos, como costales de huesos que hicieron época...

Mahtlactli huan eyi

1911

I

Dicen que en México la tierra late porque tiene vida y resguarda los secretos de la muerte; que es espejo de lo que vive el pueblo. Cuando no se le respeta, se seca y no produce maíz, y cuando se le honra como debe ser produce tal prosperidad que es capaz de terminar con el hambre. Del suelo brotan plantas capaces de curar dolencias físicas y espirituales, porque también es fuente de magia natural y antigua. Por eso no me sorprendió que el 7 de junio de 1911, a eso de las cuatro de mañana, me despertara de golpe a causa de la tierra.

Me encontraba en un hotel de la Ciudad de México y estaba tan asustado que no podía controlar mi respiración. En el primer segundo imaginé que se trataba de una de mis usuales pesadillas, pero al escuchar que se caía un vaso, comprendí que no era así. Me envolví con la manta de la cama y puse un pie en el piso, pero me sentí mareado. Todo se movía con tanta violencia que no sabía qué esperar de ese temblor de tierra.

Lo más rápido que respondieron mis piernas, salí corriendo a la calle, donde me reuní con otras personas que también estaban asustadas, como mi hermano Eufemio, y Abraham Martínez, que entonces era mi secretario particular. Una niña se aferraba a su muñeca mientras lloraba, un viejo rezaba un padrenuestro, mientras a lo lejos se escuchaba el estruendo de una pared que se vino abajo. Y, de inmediato, todos corrimos hacia el ruido con la esperanza de que no hubiera nadie herido... Y, gracias a Dios, no lo hubo.

Cuando la tierra tiembla, un segundo parecen tres. Así que no puedo decir cuál fue la duración de aquel terremoto; mas cuando terminó, se hizo un silencio terrible. No pudimos regresar a dormir, estábamos asustados por que nos fuera a sorprender un nuevo temblor con más violencia.

En la Ciudad de México la cosa había sido verdaderamente terrible: se levantaron los rieles de los tranvías, se rompieron las cañerías, y en algunas partes de la capital se había cortado por completo la luz eléctrica. Sin mencionar que se habían caído casas, bardas y que se habían reportado incendios. El Cuartel General de Artillería se vino abajo, sepultando a la tropa que ahí dormía en ese momento.

¿Qué estaría pasando? Recordé que ese día, a las diez de la mañana, Francisco I. Madero entraría a la Ciudad de México, triunfante, tras haber logrado la renuncia del dictador Porfirio Díaz.

La puntualidad no es virtud de los mexicanos, así que Madero llegó a la estación del tren hasta después de mediodía. Entonces lo recibieron cien mil personas que le aplaudieron y lo vitorearon como si fuera uno de los grandes héroes de la historia mexicana. De los comercios colgaban artes y pendones en honor del señor Madero, y las bocas que meses antes habían gritado "¡Viva Porfirio Díaz!" ahora gritaban "¡Viva Francisco I. Madero!". Es más, escuché que alguien lo llamó con el motecito ridículo de "Apóstol de la Democracia".

Había tantas personas acompañándolo que tardó tres horas en llegar desde la estación del tren hasta Palacio Nacional, porque prácticamente no se podía caminar por las calles.

Yo quería ver en qué mentado momento cumplía su parte y nos devolvía las tierras, o bien se asumía como el jefe victorioso de la Revolución y asumía la presidencia; pero con el señor Madero las cosas no eran así de simples. Le gustaba mucho hablar de la legalidad para acá, y de la legalidad para allá. Todo tenía que hacerse de acuerdo con la ley... ¡Carajo, Madero! ¿Cómo pretendías seguir la ley que tanto había jodido al pueblo para hacer una restitución moral y real por el robo de las tierras?

Yo estaba en la capital precisamente porque había recibido una invitación para comer con él ese día, y pensaba hablarle muy seriamente sobre el apuro que teníamos porque nos devolvieran las tierras. Esperé pacientemente en la recepción del hotel hasta que, a eso de las tres de la tarde, llegó un hombre en coche de motor a buscarme. Me dijo que lo había mandado el señor Madero, y subí. La comida pactada habría de realizarse precisamente en Palacio Nacional.

De camino, me impresionó el ánimo de la gente, pues en realidad esperaba que México fuera a cambiar de la noche a la mañana con el nuevo gobierno.

Si un país no es su gobernante, ¿cómo puede transformarse sólo por cambiar al hombre que porta su banda presidencial?

En este caso, puesto que Francisco I. Madero no asumió la presidencia con la renuncia de Porfirio Díaz, sí lo hizo Francisco León de la Barra...

Al apearme en Palacio Nacional noté que estaba lleno de personas que le gritaban ¡vivas! a Madero y lo trataban como si fuera un regalo de Dios venido del cielo. Era tal la adulación de la que fui testigo, que comencé a sentirme incómodo. ¿Cómo se atrevían a compararlo con Miguel Hidalgo o con Benito Juárez? En verdá no podía comprender las conversaciones que escuchaba mientras me abría paso hasta el salón en el que habían dispuesto la comida.

Mi decepción fue mayúscula cuando uno de los hombres encargados me ofreció un lugar en aquella mesa larga, que no estaba ni siquiera cerca del señor Madero, quien parecía muy feliz celebrando con todos los hombres que lo rodeaban: sus hermanos, sus consejeros, su círculo cercano, que también lo adulaban y lo aplaudían. Comían en platos ricos para celebrar una Revolución en la que se suponía que debía haber ganado el pueblo pobre.

Estaba asqueado de toda aquella pretensión sin sentido. Siempre he creído que ninguna revolución debería hacerse para conseguir una gloria personal.

No estuve sentado en esa mesa mucho tiempo. Aparte de que ni siquiera me habían llevado algo de comer o de beber, aunque bien me habría caído una buena copa de coñac. En lugar de eso, me levanté de mi asiento con la frente en alto. Me aclaré la garganta y, sin decir una palabra, salí de Palacio Nacional. A nadie pareció importarle, pues no hicieron el menor intento por detenerme.

Al parecer, le importé tan poco al señor Madero, que tardó días en enviarme un mensaje al hotel para saber si todavía me encontraba ahí y me pidió que fuera a su casa en la calle de Berlín. Hasta allá me llevó el mismo coche de motor de la última ocasión. No se me olvida que era una casa larga de dos pisos con un tejado rojo. Toqué a la puerta y me abrió la esposa del señor Madero, doña Sara.

La recuerdo como una mujer pequeña de cara redonda y cabello recogido detrás de la nuca. Llevaba un vestido color tierra de una sola pieza.

—Pase usted, señor Zapata —exclamó y me hizo pasar a la estancia, donde esperé sentado a que me recibiera Madero, quien no tardó mucho tiempo en aparecer: cosa de cinco o diez minutos.

Luego crucé un pequeño pasillo y llegué a un despacho en el que el señor Madero me esperaba sentado en su gran sillón. Se levantó para estrechar mi mano. En verdá era un hombre chaparrito, que se movía rápidamente y hablaba con una voz terriblemente chillona.

—Señor Zapata, qué gusto, qué gusto… No sabe las ganas que tenía de reunirme con usted desde que triunfó la lucha. La victoria es nuestra y de todos los mexicanos —exclamó mientras volvía a sentarse.

—Pos será nuestra victoria cuando nos regresen las tierras, pero de momento no veo claro, señor Madero. Dígame si me equivoco.

Él comenzó a ponerse nervioso, buscó en el bolsillo de su chaleco un pañuelo que luego usó para secarse el rostro con delicadeza.

—Usted sabe que la cuestión de las tierras no es tan sencilla; pero tenga en cuenta que se resolverá con estricto apego a la legalidad. Lo que necesito de usted es que entregue todas las armas y licencie a sus tropas. Necesitamos un México en paz para restablecer el orden y comenzar a trabajar.

Después de un breve silencio, respondí:

—No lo voy a hacer, señor Madero.

Así que él insistió:

—Señor Zapata, todos debemos cooperar con el nuevo gobierno para que la Revolución empiece a funcionar. Tengo que insistir en este punto: entregue las armas y licencie a las tropas.

Yo me llevé la mano al cinto y saqué la pistola que ahí guardaba. La empuñé con decisión hacia el pecho de Francisco I. Madero, mientras mi dedo acariciaba el gatillo. Él, sorprendido por mi actuar, se levantó de la silla y comenzó a temblar.

—Zapata… ¿qué está usted haciendo?

—¡Deme su reloj! —ordené.

No se lo tuve que repetir. Madero temblaba como un niño que ha sido regañado. Con torpeza se quitó la cadena y el reloj de oro y extendió su mano hacia mí. Después de unos segundos, durante los cuales disfruté su miedo, se lo arrebaté con un movimiento brusco.

—Le pido, Zapata, por favor, que no me mate. Ya los periódicos lo llaman ladrón y asesino; no le beneficiará en nada si esto se llega a saber.

Guardé la pistola y comencé a jugar con el reloj.

—Mire, señor Madero; si yo, aprovechándome que estoy armado, le quito su reloj y me lo guardo, y después de mucho tiempo nos volvemos a encontrar estando los dos armados, ¿me exigiría su devolución? ¿Tendría ese derecho?

Asintió torpemente.

—Sin duda —respondió.

Yo continué.

—Incluso me pediría una indemnización por la tropelía de la que fue víctima, ¿no es cierto?

—Así es… como usted ha dicho —afirmó.

Aún jugué un poco más con el reloj de oro, lo abrí y comprobé la hora y el nombre que tenía grabado adentro. Lo cerré y se lo arrojé. Él lo atrapó en el vuelo y lo volvió a guardar en su chaleco, mientras yo le explicaba:

—Pues eso, justamente, es lo que ha pasado en Morelos, donde unos cuantos hacendados se han apoderado por la fuerza de las tierras de los pueblos. Mis soldados, los campesinos armados y los pueblos, me exigen que le diga, con todo respeto, que proceda ya a la restitución de las tierras. No sea tibio. Cumpla con lo que prometió y lo mismo haremos nosotros.

—Le juro que no les fallaré cuando sea presidente —concluyó, aún asustado.

—Más le vale, catrincito —respondí.

Se dejó caer en la silla. Intentaba controlar su respiración, pero no lo lograba. Estaba dominado por un miedo terrible. Yo asentí a modo de despedida y me aseguré de que mi pistola estuviera bien guardada y escondida. Me arreglé el chaleco y salí a la estancia. Cuando me encontré a Sara Madero le dije:

—Yo creo que su esposo va a necesitar un buen aguardiente pa' bajarse el susto, porque parece que vio un muerto.

Doña Sara se llevó las manos a la boca y exclamó con tristeza:

—Oh, pero mi marido no toma una gota de alcohol.

—Tanto peor para él —me burlé mientras volvía a la calle.

Como era de esperarse, los periodistas de la capital se enteraron de que me había reunido con el señor Madero y quisieron saber qué tanto nos habíamos dicho. Así que, antes de subir al coche de motor, les respondí:

—Si me afilié a la Revolución fue guiado por un espíritu de patriotismo, nunca de lucro. El odio que me tienen los hacendados de Morelos me lo explico, únicamente, porque les arrebaté las tierras con la cuales se enriquecían y explotaban a los obreros con sudor y sangre. Miren, señores periodistas, si fueran ciertas las acusaciones de bandolero, ladrón y asesino, ¿ustedes creen que me recibiría el señor Madero? Por supuesto que no. Ahora, en lo que a mí respecta, volveré a Morelos y ya trabajaré con el señor Madero para ese penoso asunto de la entrega de armas y el licenciamiento de tropas. Tengan ustedes una muy buena tarde…

Subí al coche y me alejé. Al día siguiente vi mis declaraciones en *El País*, periódico católico, y supe que los medios no me iban a dejar en paz. Les gustaba mucho el nombre que me habían puesto: el Atila del Sur para burlarse de mi campaña, de mi lucha y de mis hombres.

Estaría por verse a quién le daría la razón el fallo de la historia.

¡Fifís cobardes!

El regreso a Aneneculco me sorprendió con una tormenta, típica de la primavera de Morelos, el viento furioso, el agua que caía torrencialmente e inundaba los caminos. Cerca de Cuernavaca me tocó ver cómo un rayo azulado partía el tronco de un árbol.

Por si fuera poco, Eufemio me llevó aparte y me susurró:

—Anoche murió el papá de Josefita; todavía está en su lecho, mientras su familia ora sobre el cuerpo.

Aquello me llenó de una gran tristeza, a pesar de que el muerto se había empeñado en que yo no me acercara a su hija. La pregunta era si los hermanos de Josefita seguirían en mi contra.

Mi primer instinto fue correr a los brazos de Josefita para darle el pésame. Nada me hubiera gustado más en aquel momento que estrecharla y borrarle las lágrimas con mis besos. Quererla, amarla y ofrecerle mi hombro pa' consuelo… Y aun así me contuve. Me quedé en mi casa y sufrí en silencio por ella.

Tras los nueve días propios durante los cuales se le debe rezar a un difunto, para que su alma desencarnada pueda entrar a otros planos, fui a buscarla, acompañado de varios hombres de Anenecuilco que habían luchado en los primeros días de la Revolución. Allá, en Villa de Ayala, fui hasta su casa y me abrió una criada que de mala gana me cedió el paso pa' que pudiera entrar. Encontré a mi amada Josefita, vestida de negro, en el patio principal. En una mano llevaba un pañuelo, y en la otra una Biblia. Al verme, se quedó fría, como una estatua de sal. Yo aproveché el momento para correr hacia ella y abrazarla. Ni siquiera sus hermanos se pudieron interponer; les dio miedo tener que enfrentarse a alguno de los hombres que me acompañaban.

—Lo siento mucho, Josefita, hubiera querido venir pero...

—Eso ya no importa —respondió ella entre sollozos—, deja que los muertos se consuelen entre ellos por lo que no pudieron hacer en vida, porque los vivos sólo nos encontraremos con los muertos en espejo.

Le sonreí, y en ese momento me atreví a lo impensable.

Mirarla a los ojos con toda la alegría en mis ojos y preguntarle:

—Josefita, ¿te casarías conmigo?

No tuve que voltiar a ver a sus hermanos para saber que sus caras se enrojecían de enojo, pero no podían hacer nada. En aquella ocasión, y quizás por primera vez en su vida, Josefa Espejo tomaría una decisión importante en su vida.

—Sí, sí quiero...

A partir de ese día cesaron las lluvias y comenzó un calor bochornoso que ayudó a que crecieran las flores en los caminos y a que los edificios de las haciendas se llenaran de musgo. La planeación de la boda se llevó a cabo entre batallas, pues el país entero seguía en plena Revolución; pero yo me daba mis tiempos para visitar a Josefita para ponernos de acuerdo en cómo se realizaría la ceremonia. En una de ésas me enseñó un vestido blanco lindísimo, bordado en hilo blanco y con unos adornos que la hacían parecer una princesa de cuento, pero Josefita se extrañó cuando fruncí el ceño.

—¿Qué pasa? ¿No te gusta, Miliano? —preguntó ella.

Ya empezaba a llamarme Miliano como mis hermanos y aquello me gustaba mucho.

—No se te hace que está muy fino pa' las costumbres de mi pueblo? —respondí.

Se puso roja y comenzó a arreglarse las mangas del vestido.

—Me lo hizo Olaya Naranjo, vecina de San Pedro Apatlaco. A mí me parece muy bonito, y yo creo que si a ti y a mí nos gusta, ¿qué les importa a los demás?

Sabía que no le iba gustar lo que le iba a decir, pero pues ni modo.

—Mira, no te me amuines, pero traigo a los periodistas encima con esto y lo otro, y pues como que no les va a gustar que uses un vestido tan lujoso el día de la boda. De por sí andan diciendo que hice la Revolución pa' hacerme rico. No podemos darles razón para pensar que sí...

—Pero, Miliano... —intentó protestar, pero yo seguí.

—Y yo sé que no es lo mismo que lo mesmo, pero así están las cosas, y me gustaría que usaras un vestido como los que usan las mujeres en mi pueblo. Así matamos dos pájaros de un tiro. Anda, hazme ese favor; ponte algo más sencillo para la iglesia, ya en el banquete, que será a puerta cerrada, te puedes cambiar y ponerte este vestido. ¿Sí?

Bajó la cabeza y asintió.

—Nomás porque tú me lo pides, pero que conste que prefiero este vestido —concluyó.

Finalmente se llevó a cabo la boda, en agosto de 1911. Después de platicarlo largamente, decidimos que la misa sería en la parroquia de San José, del poblado de Villa de Ayala, en lugar de Anenecuilco, y el banquete se llevaría a cabo en su casa, sin periodistas. Yo, la mera verdá, no sé qué locura me entró, pero se me ocurrió que sería buena idea que nuestros padrinos fueran Francisco I. Madero y su esposa doña Sara. A ver si conociendo los pueblos de Morelos, y teniendo algo que los ligara a ellos, podrían interesarse en el asunto de las tierras.

El señor Madero aceptó y fue parte de la celebración.

Creo que esa boda fue uno de los días más felices de mi vida, porque al fin pude cumplir dos anhelos que tenía: uno era besar a Josefita por primera vez, y el otro, conocer las constelaciones de lunares que le cubrían la espalda y hacerla mía. Cuando bajó el velo de la noche, llevé mis labios a las lunas de sus pezones, la hice pronunciar mi nombre entre susurros de sueños, y mi bigote recorrió los rincones más escondidos de su cuerpo. Entendí que un alma de pólvora, como la mía, también puede encenderse con el fuego de la pasión. Y yo anhelaba consumirme en él toda mi vida.

II

En México, la madre naturaleza está tan viva y ávida de participar en la vida de todos sus habitantes, que lo mismo causa inundaciones, erupciones volcánicas y huracanes violentos que destruyen las casas de la costa. Por eso, aunque aprendemos desde muy pequeños cuál es la mejor temporada para sembrar o cosechar, la reglas cambian cuando la tierra cambia... Y aquel 1911 el clima estaba más convulso que de costumbre. Y no lo digo solamente en cuestión del cielo y la tierra, sino en el ámbito político... Porque eso de que Francisco I. Madero no tomara de inmediato la Presidencia nos pasó a perjudicar a todos, además de que fue una tontería.

La cosa estaba así. Tras la renuncia de Porfirio Díaz había quedado de presidente un señor llamado Francisco León de la Barra que, por más educado y refinado que fuera, representaba una continuación de la dictadura. Tenerlo en el poder era, en palabras de muchos, un Porfiriato sin Porfirio, y por eso se le ocurrió la grandiosa idea de "pacificar" Morelos a la de a fuerzas y mandó nada más y nada menos que al general Victoriano Huerta, ese villano que pasará a la historia de México como uno de los hombres más crueles que ha producido el seno de una mujer mexicana.

Huerta no solamente nos combatía con extrema violencia, sino que además mandaba atacar algún pueblo y hacía correr el rumor de que el culpable había sido mi ejército. Una vez más, los periódicos hicieron uso de mi nombre para arrastrarlo por el lodo; me acusaban de la violencia sin sentido que imperaba en todo el estado y la exageraban en sus publicaciones como para decir: "Ya ven lo que está haciendo Emiliano Zapata en Morelos; si lo detenemos se acabarán los problemas de ese estado".

Los miembros de la clase alta y media en México siempre han creído que paz es sinónimo de bienestar, porque no son capaces de ver más allá de sus palacetes y de sus colonias de alcurnia; así que estuvieron de acuerdo con la idea de que yo era un salvaje asesino... un Atila del Sur, como ya dije.

Al principio me molesté con el apodo, pero ya luego comencé a acostumbrarme y hasta lo presumía en privado.

En aquel entonces mis hombres tenían el control de varias poblaciones, producto de unirnos a la revolución maderista de 1910, pero a Huerta le pesaba mucho que Cuautla estuviera en mis manos y yo sabía que iba a atacar ahí en cualquier momento, pero con el paso de los días creí que había cambiado de opinión, pues no noté intentos de su parte. Por eso acepté la invitación que me hizo el jefe de la plaza de ir a comer con él.

Le dije a Josefita que no pasaría nada, que sería tranquilo ir a Chinameca y regresar; pero ella me vio con cara de: "Que te vaya a creer quién sabe quién", pero yo en verdá me sentía confiado. Así que le dije a algunos de los hombres que me acompañaran a modo de escolta y cabalgamos hasta Chinameca.

Entonces, como ahora, recuerdo el edificio surgir como la bruma, un espejismo a mediodía, iluminado por el ardiente sol veraniego. Antes de cruzar el infame umbral me apeé del caballo y respiré profundamente. Aunque iba vestido de charro, a la usanza de Morelos, sentía el sudor que me caía por la espalda y me empapaba la camisa. Me ajusté el gazné que llevaba al cuello y consideré fumarme un puro antes de entrar, pues el cuerpo ya me pedía un poco de tabaco; pero tenía los labios tan secos que precisamente lo último que necesitaba era llenarme la boca de humo. Me aclaré la garganta. Estaba por darme un catarro y había olvidado pedir una infusión de hierbas para calmarlo un poco.

Entonces entré y fui hasta el edificio principal de la hacienda. Se nota que ya preparaban la comida, pues el aire estaba lleno del olor de un buen caldo de gallina, y de la salsa que seguramente preparaban en un molcajete. Hasta se me antojó con una tortillita con sal. Levanté la vista. ¿Quién hubiera dicho que yo había ayudado a que se construyera semejante edificio? Y ahí estaba (y estaría de nuevo) arrastrado por el infame tiempo circular, cuando de pronto escuché a lo lejos un disparo aislado.

Recuerdo que levanté la cabeza y me pregunté si había alguna batalla cerca de la cual no me había enterado. De pronto me sentí intranquilo, como si el estómago se me apretara como un trapo, y tuve una sensación premonitoria de que algo no estaba bien. No tardé en descubrirlo, pues una bala entró por el umbral y me atravesó el sombrero (y por cosa de nada casi me hace un hoyo en la frente)...

¡Carajo! Me habían seguido o me habían tendido una trampa.

Como ayudé a la construcción de Chinameca, pues más o menos sabía por dónde escapar. Medio me agaché y así corrí, al tiempo que otro balazo rompía un vidrio a mi derecha, y salté de improviso. No sé por qué empecé a rezar bien bajito un avemaría mientras corría, a ver si de puritita suerte la Virgencita me podía salvar.

Y sí, salí por una de las puertas laterales y, como Dios me dio a entender, corrí hasta el monte, mientras los balazos seguían escuchándose a lo lejos.

Desde entonces le tuve ojeriza a la hacienda de Chinameca, e intenté evitarla. Ese día había burlado a la muerte, sin saber que volvería a encontrarme en el mismo lugar.

Contrariamente a lo que se comentó en aquel entonces, no corrí a esconderme a Puebla, sino a la sierra de Morelos, y muy pronto estuve de vuelta en Anenecuilco, donde Eufemio me informó que había estado llegando correspondencia. Campesinos de todo México querían sumarse a la lucha o que los ayudara a recuperar sus tierras. Así, yo, sin saberlo, me había convertido en un símbolo de la lucha agraria.

La afrenta en Chinameca no se iba a quedar así nada más...

Francisco I. Madero continuó presionándome para que licenciara a mis tropas y entregara las armas. Y me hubiera encantado darle gusto, pero no podía hacerlo así nada más porque sí, menos cuando me encontraba bajo ataque en todo momento por las tropas de Victoriano Huerta.

Esta vez no tenía al maestro Torres Burgos para que me ayudara a negociar con él; pero no resultó muy difícil, porque el señor Madero era cobarde.

Tomó un tren para llegar a Morelos y en el camino fue atacado por tropas de Victoriano Huerta que se hicieron pasar por hombres míos. Eso mismo le dije al señor Madero cuando nos reunimos, pero vi la incredulidad en su cara. Ya no sabía qué pensar; se notaba que el gobierno no era lo suyo. No es lo mismo criticar a un régimen que encabezar uno.

—¡Nos están matando! —le reclamé.

Y él se secó la frente con su pañuelo.

—Entienda al presidente León de la Barra, señor Zapata; está tratando de que haya paz en Morelos. Usted prométame que va a entregar las armas y que le va a decir a sus hombres que dejen el ejército y yo hablaré con el presidente, como ya lo he hecho antes.

El señor Madero se veía preocupado; le temblaban las manos, pero quería ocultarlo. Nunca antes me pareció tan pequeño, no sólo de tamaño, sino de su figura y de su presencia. ¿Éste era el David que había iniciado una revolución contra el Goliat Porfirio Díaz? ¿Por él habíamos luchado tantos hombres y tantas mujeres?

—No se confunda, señor Madero —le dije con mucha seriedad—. Así como están las cosas en México sólo hay dos caminos: el que llevaba Porfirio Díaz y el que quiere cambiar el pueblo. ¿De qué lado de la historia quiere estar? Su lucha no ha terminado y, ¿sabe qué?, tampoco la mía. ¡Mucho cuidado con las decisiones que tome! No le vaya a salir el tiro por la culata.

No quiso responder; eso de confrontar a la gente en privado no se le daba, lo ponía mal. Lo suyo eran los discursos y el espiritismo. Siempre me pareció que un hombre pacífico no está hecho para encabezar una revolución, porque no entiende la naturaleza de la guerra justa.

Nos despedimos como caballeros y supe que estaba muy decepcionado de mí; pero yo estaba aún más decepcionado de él, y de haberlo hecho padrino de mi boda.

El otoño estaba a la vuelta de la esquina.

III

Fuertes vientos recorrieron todo México el 1 de octubre de 1911, cuando se celebraron las elecciones en las que todos los varones mayores de edad pudieron votar por su presidente... Con la notoria excepción de que no estaría Porfirio Díaz como candidato, pues se hallaba en un exilio en Francia del que, como ya dije, nunca habría de volver.

Los candidatos para esa ocasión eran Francisco I. Madero, el nefasto Francisco León de la Barra y un abogado de nombre Emilio

Vázquez; aunque, la verdá sea dicha, pudo haber mil candidatos, pero la elección ya estaba cantada.

Francisco Ignacio Madero ganó la elección con una mayoría aplastante; logró casi veinte mil votos, mientras León de la Barra obtuvo sólo ochenta y siete y Emilio Vázquez dieciséis. ¡Era un momento histórico! Por primera vez en treinta años el ganador de unas elecciones no era Porfirio Díaz y eso me dio un gusto enorme.

Creo que yo, y muchos campesinos de todo el país, pensamos que era lo que necesitábamos, que el señor Madero tomara el poder para hacer cumplir lo que había escrito en el Plan de San Luis. Yo estaba seguro de que una de sus primeras acciones sería arreglar el maldito problema agrario; pero Madero no pensaba así. Quería darme atole con el dedo, argumentar otra vez que todo se podía resolver a través de la legalidad, y yo no estaba para aguantarlo.

A finales de noviembre, a un mes de que él tomara la Presidencia, lo desconocí públicamente.

Mi lucha por las tierras no solamente llamó la atención de los campesinos de todo el país, sino de escritores e intelectuales (tanto hombres como mujeres) que querían ser parte de esta noble causa. Uno de ellos fue un maestro y general de nombre Otilio Montaño, con quien me reuní en noviembre de 1911...

—Madero no nos va a cumplir; es igual de catrín que Díaz —le dije.

—¿Y qué hacemos? —me preguntó.

—Lo mismo que él ya hizo: un plan para desconocer su gobierno. Tú que le sabes bien a eso de las letras para que suenen elegantes, ayúdame a escribirlo.

Y aceptó.

Durante dos días me reuní con él a puerta cerrada y hablamos largamente sobre lo que debía decir ese plan. Lo firmamos el 28 de noviembre y lo publicamos el 15 de diciembre en un periódico muy importante llamado *El Diario del Hogar*. Al señor Madero, al que ahora tratábamos de traidor, le ha de haber dado gastritis nada más de leer lo que le puse.

Recuerdo algunos pasajes del Plan de Ayala:

"Se desconoce como jefe de la Revolución a Francisco I. Madero y como presidente de la República...

"La Junta Revolucionaria del estado de Morelos no admitirá transacciones ni componendas políticas hasta no conseguir el derrumbamiento de los elementos dictatoriales de Porfirio Díaz y Francisco I.
Madero, pues la nación está cansada de hombres falaces y traidores
que hacen promesas de libertadores, sólo que llegando al poder se
olvidan de ellas y se constituyen en tiranos...

"Que los terrenos, montes y aguas que hayan usurpado los hacendados, científicos o caciques a la sombra de la tiranía y de la justicia
entrarán en posesión de los pueblos o ciudadanos que tengan sus
títulos correspondientes de esas propiedades, de las cuales han sido
despojados por la mala fe de nuestros opresores...

"En virtud de que la inmensa mayoría de los pueblos y ciudadanos
mexicanos no son dueños del terreno que pisan, sufriendo los horrores de la miseria sin poder mejorar su condición social ni poder dedicarse a la agricultura por estar monopolizados en unas cuantas manos
las tierras, montes y aguas, se expropiará, previa indemnización, la
tercera parte de esos monopolios a los poderosos propietarios de ellos,
a fin de que los pueblos y ciudadanos de México obtengan ejidos, colonias, fundos legales para pueblos o campos de sembradura...

"Si el presidente Madero y demás elementos dictatoriales, del actual y antiguo régimen, desean evitar inmensas desgracias que afligen a la patria, que hagan inmediata renuncia de los puestos que
ocupan...

"Pueblo mexicano, apoyad con las armas en la mano este plan, y
haréis la prosperidad y bienestar de la patria..."

Ese Plan de Ayala se convirtió en mi bandera de lucha. Yo sabía que
las revoluciones iban y vendrían, pero que la mía se mantendría al
pie del cañón.

Por mí... por mi Anenecuilco... por mi patria... y por mi adorada
Josefita.

Sí, también por ella he luchado mil batallas.

Josefita, de...

Matlactli huan nahui

...la revolución armada, la de la falda llena de espinas que cae por los montes nevados de Puebla, que cubre las mariposas de Cuernavaca, que da forma a las grutas de Cacahuamilpa, que llora pétalos sangrientos por todas las muertes ocurridas en Cuautla; tú, que fuiste sombra cada vez que el peligro te alimentaba de latidos, y escuchabas en mi voz tus peores miedos: he hecho planes para que te escondas, querida. Ay, Josefita, mis palabras envenenaban tus propias penas, y te consolaban bajo los cielos estrellados, porque el tiempo circular era tu peor enemigo, y cada vez que abrías los ojos en el mundo de los sueños veías mi cuerpo desnudo, con sus muslos firmes, con su bigote largo, con su sexo firme, con la espalda contra el pelotón de fusilamiento, y con el pecho atravesado por las letras del Plan de Ayala, de los manifiestos que daba a la patria, por mis palabras que salían de mi boca y volvían a mi cuerpo para arrebatarle la piel, para quemar mis huesos, para consumir mi alma, para ser víctima de mi propia lucha. ¿Acaso en tus sueños premonitorios me viste montado en el As de Oros, a punto de ser traicionado por la desesperación de la guerra, y caer como un rayo sobre la tierra, alimentando a los gusanos con mis propias heridas? ¡Vengan todos aquellos que tengan sed, porque de mis heridas brota un líquido rojo que alimenta a la patria! Traicionado yo, te traicioné a ti, Josefita... Me arrebaté del mundo carnal. Te hice esposa de la muerte, novia de la desgracia, amante del luto, generala de la pesadumbre; te robé de los suspiros y el amor que te profesaba en la lejanía. Yo, Emiliano, custodio de mi propia causa perdida; tú, Josefita, mi guerrera bíblica que no pudo echar raíces porque anda lo mismo en el cerro que en la ciudad, que en los remolinos de las nubes, en el laberinto del Minotauro; cruzando entidades de México como Cristo iba de una ciudad a otra haciendo milagros; tú, que por obligación dormías cada día en una ciudad distinta para protegerte de los enemigos que intentaban hacerte daño y que diste a luz a Felipe en el

Cerro del Jilguero, entre dolores que abrieron el mundo y el cuerpo cubierto de polvo, entre la vida, y la muerte... Y le diste de beber a la criatura con tus pechos secos, e intentaste protegerla del demonio, y el mundo, y la carne, y las balas, y los enemigos de México, y del mismísimo don Porfirio que murió hace años en París. Y del fantasma de Francisco I. Madero que espanta en Palacio Nacional, y no te diste cuenta que en la tierra zigzagueaba una serpiente de cascabel que se había escapado del Edén y lo mordió en el talón para llenarle todo el cuerpo de un veneno que no pudiste curar. No estuve ahí, Josefita, para abrazarte, mientras estabas acostada junto a tu hijo y veías cómo cada partícula de alma se le iba escapando en cada respiro, hasta que no quedó nada... Sólo un cuerpo frágil que era incapaz de llorar, de moverse, de mamar de tus pechos secos y de soñar con calaveras de jade. Y yo, Emiliano, no pude abrazarte, no te presté mi hombro para que lloraras; revivías los horrores de lo que había sucedido un año atrás, cuando tu cuerpo se había abierto como lo hacen los volcanes de la patria, para transformar tu cuerpo en otro... Engendramos a una niña que llevó por nombre el tuyo, y la cuidaste, y la llevaste en brazos como si se tratara de una muñeca de porcelana, ignorante de un alacrán que estaba en vilo. También, entonces, bastó un segundo para que el veneno llenara el cuerpecito de la niña y tus ojos de las lágrimas. Todas las historias de amor felices terminan en el panteón, pero tú no lo sabías. Ellas, todas, mis amantes, sí tuvieron hijos y sí vivirán por muchos tiempos; pero tú y yo quizás tengamos una última oportunidad. Vuela a Chinameca con tus alas de águila mexica y bebe de la sangre caliente que aún gotea en este polvo gris... Aliméntate de mis últimos momentos de vida y tal vez, Josefita, rosal de la revolución armada, se nos haga el milagro de que vuelvas a concebir pétalos, en lugar de espinas...

Caxtolli

1914-1915

I

¿SON ESPINAS Y ROSAS lo que uno siente en el estómago cuando está por adivinar el futuro? Algunos le llaman presentimientos o premoniciones; otros creen que es un don que ha pasado de generación en generación y que sólo los más viejos de los pueblos de Morelos saben interpretar sus signos. En las ciudades se han atrevido a exclamar que todo intento por adivinar el porvenir es, claramente, una superchería.

Algunos signos de lo que habrá de venir son vistos por cientos de personas en Morelos; por ejemplo, que la luna cambie de blanco a rojo por unos segundos, y entonces sepamos que se acerca una batalla sangrienta, o que una enfermedad se extenderá por toda la región. Pero en otros casos estas visiones de lo que habrá de venir aparecen mientras soñamos.

¿Por qué? ¿Quién manda estas visiones del tiempo circular? ¿Acaso están hechas para que cambiemos el futuro o para prepararnos?

México es mágico; el tiempo va y viene como las aguas de un río ensangrentado y, a principios de 1915, yo comencé a sentir una premonición en la boca del estómago. No de espinas, sino de rosas; luego sabría que su nombre era Tlaltizapán.

Mientras Villa y yo nos encontrábamos en la Ciudad de México, Venustiano Carranza andaba allá, por Veracruz, dizque creyéndose Benito Juárez perseguido por sus enemigos. Allá se quedó unos días, sintiéndose el gran mártir de la Revolución, pero para ser héroe se necesita hacer algunos sacrificios, que él no quería realizar por su posición política y social.

En Veracruz el aire está ensopado, la brisa arrastra sal, las nubes en el cielo olean como el mar, y los políticos tienen la mala costumbre de irse a puerto y añorar la vida más allá de la patria. Le pasó a Benito Juárez, a Porfirio Díaz y también a Venustiano Carranza cuando dijo que instalaría ahí su gobierno, lejos de Villa y de mí. Cuentan que su mirada estaba puesta en las olas que se levantaban furiosas contra los barcos y luego caían haciendo espuma.

Respiraba profundamente, tenía las manos detrás de la espalda y apenas le molestaban algunas gotas sobre los lentes, cuando llegó uno de sus asistentes a entregarle un telegrama. Era de uno de sus espías en la capital. Le informaban que había terminado la reunión entre Villa y yo y que el nuevo presidente ya trabajaba en Palacio Nacional.

Cerró el puño sobre el telegrama.

—Ya sé lo que quieren estos mugrosos —susurró para sí—. Les va a dar mucho placer que renuncie al poder, pero yo lo gané. Sólo dejaré la Presidencia cuando Villa y Zapata estén derrotados y en el exilio. México ya no los necesita.

Y desde ese día comenzó a planear su regreso a la capital del país, y lo que terminaría en Chinameca.

Histórica fue la reunión entre Villa y yo en la Ciudad de México, no solamente por el miedo que habíamos sembrado entre los capitalinos, sino porque habíamos demostrado que dos "mugrosos" con los "tamaños bien puestos" podíamos meterle miedo a los ricos y a los poderosos. Como que a veces hay que recordarle a los que tienen el poder que los del pueblo somos más.

Estando en la capital me pasaron a decir que Venustiano Carranza había asignado a Salvador Alvarado para que custodiara Puebla con más de diez mil hombres. ¿Aquel se creyó que nosotros éramos tan tarugos? Seguramente no quería resguardar Puebla, sino hacer un intento por recuperar la Ciudad de México.

Nunca pensé que tendría el poder de movilizar a diez mil o veinte mil hombres sólo con dar la orden, o que mi palabra nunca sería puesta en duda en varios kilómetros a la redonda, pero así era. De modo que ordené que un contingente de hombres se moviera desde el sur para atacar Puebla. El 9 de diciembre tomaron Atlixco y Metepec. Y viendo esto, los contras desalojaron Texmelucan el 12 de diciembre, el mero día de la Virgencita de Guadalupe.

Ya sólo faltaba, como dicen los ricos, la cereza sobre el pastel. Ordené que me acompañaran cosa de nueve mil hombres más y preparé un plan cuidadosamente. Dicen que le doy valentía a los hombres cuando me ven montado sobre el caballo, con el sombrero negro y mi traje de charro. Hay quien se ha atrevido a llamarme símbolo de la lucha agraria. ¡Por Dios!

En total, todos los que íbamos a asediar a Puebla éramos cerca de veinte mil hombres. Nada mal para un montón de campesinos robavacas.

De acuerdo con la estrategia que yo había planteado, mis hombres atacaron por el norte, el sur y el poniente de la ciudad, y estuvo sabrosa la batalla, cabalgué por las calles dando tiros, gritando órdenes, sintiéndome lleno de vida cada vez que daba una orden de ataque o que una bala perdida pasaba cerca de mí, pues mis enemigos trataron muchas veces de dispararme en el pecho para terminar conmigo, pero no pudieron acertar. No me venció el frío de diciembre, ni el fragor de la batalla que me aceleraba el corazón.

Lo primero que cayó fue Cholula, y después de aquella baja, el resto se rindió incondicionalmente antes mis tropas. Como tantos otros brillantes generales de México, yo había conseguido tomar Puebla. Así que el 15 de diciembre yo y todas mis tropas logramos entrar a la ciudad, entre aplausos de quienes nos apoyaban y el miedo de quienes aún no entendían nuestra lucha.

Le escribí a Pancho Villa para contarle: "Podemos felicitarnos por haber alcanzado una nueva victoria, pues el estado de Puebla ha quedado libre de los carrancistas en condiciones estratégicas. Cuando nos volvamos a ver le contaré con detalle todas y cada una de las operaciones llevadas a cabo".

Esa reunión, me temo, nunca sucedió.

Pronto pude informar de los resultados de aquel enfrentamiento militar. Logré capturar a más de dos mil soldados federales, a los que les quitamos fusiles y ametralladoras y harto parque. Luego, como acto de buena voluntad, los liberamos para que se fueran a sus casas. Bastante mal tenían la moral como para volver a enfrentarse a nosotros y yo quería aprovecharme de eso.

¿Cuál sería mi siguiente paso?

—¡Agustín! ¡Vente p'acá! —le grité, mientras mis hombres comenzaban a recoger los escombros y los cuerpos que habían quedado regados por toda la ciudad.

—Dígame, mi general —dijo sin aliento, pues había corrido desde muy lejos.

—Prepara un grupo de diez mil hombres para que me acompañen a Veracruz. Ahora sí vamos a enseñarle a Venustiano Carranza quién manda aquí. Me imagino que sus hombres ya van para allá, dizque a protegerlo. Veremos si le dura el gusto.

—Como usted ordene, general —concluyó Agustín y se fue a cumplir mis órdenes.

Lo curioso de todo este asunto es que, a pesar de la toma de Puebla, y de la amenaza que representaba Venustiano Carranza, no tuve ningún presentimiento. Al contrario, me sentía lleno de confianza. Creí que todo mejoraría a partir de ahí y que Carranza no se atrevería a molestarme. Al menos por un tiempo.

A mí no me podía engañar con su imagen de abuelito dulce. Él era un empresario del Norte, al igual que Madero, y no le había tocado ver la lucha agraria o el robo de tierras. Para Carranza, la mejor manera de conseguir la estabilidad económica era apoyándose en los empresarios. En eso era más porfirista de lo que a él le hubiera gustado reconocer. Y por eso yo sabía que tarde o temprano se iba a poner del lado de los hacendados de Morelos.

Por eso debía detener a Carranza; acabar con él para que nunca gobernara. Recuerdo que tenía todo planeado para el ataque: la estrategia para movernos de Puebla a Veracruz, el parque que utilizaríamos, las metralletas, las ansias de derrotar a un enemigo de la patria.

Todo estaba listo para iniciar el ataque.

Dos días antes me encontraba en una casa que me habían prestado para que pasara la noche, sin especificar que eso significaría acostarse a soñar. Después de todo, la mejor forma de festejar el triunfo de una batalla es celebrando la vida, deshaciendo unas trenzas negras que caen hasta la cintura, besando un cuello moreno con una cascada de lunares que le caía por la espalda a esa mujer. ¿Su nombre? Ahora no lo recuerdo. Fue hace tantos años que la abracé por la espalda y le levanté la blusa de algodón blanco. Su piel tenía ese dulzor amargo del sudor mezclado con el perfume. Aquella chica, con boca de niña, me miró con sus pequeños ojos negros y me vio como lo que era: no un general, sino como un hombre cualquiera que se desabotonaba la camisa para dejarla caer.

No soy una fotografía, no soy una estatua de bronce o una frase. Me excita sentir otras manos en mis hombros, en mi pecho y dando vueltas en mi ombligo. También anhelo ese baile curioso del corazón cuando me abro el cinturón y el cierre del pantalón y dejo libres mis muslos firmes.

Es en la desnudez como un hombre se descubre humano, ¿qué no?

El problema es que en aquella ocasión no pude continuar más allá de mis deseos más profundos, pues aquella joven, entre besos, me dijo que mi piel se sentía demasiado caliente, e incluso puso la mano sobre mi frente para comprobarlo y exclamó:

—Mi general, está ardiendo en fiebre.

Mas yo no quise escucharla, porque quería adentrarme en mis profundos deseos de quitarle la falda y hacerla revivir el fragor de la batalla. La tomé de las caderas y la acerqué a las mías; las gotas de sudor bajaban por mis brazos, por mi espalda y rodeaban mis nalgas.

Debí escucharla, pues cuando la recosté y empujé mi pelvis hacia ella, comencé a sentirme mareado. Un curioso martilleo comenzó a golpearme la cabeza, y en los dedos de las manos sentí un hormigueo. La lengua de aquella belleza me recorría el cuello, también me mordisqueaba las orejas, y yo pasé del gozo al estremecimiento. No sabía por qué me sentía tan mal, cuando la búsqueda de un orgasmo siempre es placentera.

Al llegar al éxtasis, me recosté sobre la almohada y medio me cubrí con una manta. El martilleo que sentía en mi cabeza cada vez era más intenso. Pensé que si dormía un rato me sentiría mejor, pero no fue así. La fiebre aumentó; sentía que mi piel a veces estaba fría y al mismo tiempo caliente, en carne viva y dolorosa.

Por un momento creí morir.

Mi mente se llenó de los delirios propios de un demente y no pude explicar por qué sucedía aquello.

Tal parecía que los laberintos de mi mente se habían perdido por completo. Dicen que me encontraron con los pantalones puestos y los pies descalzos, hablándole a un espejo de cuerpo completo, como si le relatara mis batallas a Josefita.

De inmediato, Agustín le avisó a Eufemio y éste convino en que lo mejor sería que me viera un médico y que volviera a Villa de Ayala para descansar. La revolución agraria no podía quedarse sin su jefe. Todo el camino de regreso en tren me estuvieron alimentando con sopa caliente y tés de hierbas, y un medicamento amargo que me habían recetado.

Durante varios días me cuidaron hasta que recuperé la cordura y la fiebre cedió. Poco después supe que había perdido peso y musculatura.

—¿Cómo nos fue con el ataque a Veracruz? —pregunté—. Díganme que le dimos en la torre al viejo barbas de chivo.

Pero Eufemio se sentó en el borde la cama y me miró con lástima.

—Nadie se quiso aventar el ataque de Veracruz sin tus órdenes, Miliano. Además, no llegó el parque que pediste y pues no iban a arriesgar así a los hombres.

—Por momentos de indecisión se pierden las guerras y las naciones —le respondí y volví a acomodarme en la cama.

Por algún tiempo descansé mientras me recuperaba. Y hasta me vinieron a visitar los hijos que tuve con mis diferentes mujeres y mi queridísima Josefita, quien se había enterado de la fantástica toma de Puebla.

Luego decidí que debía organizarme para hacer realidad mi sueño agrario y me propuse enfocar mi triunfo en un pueblo de Morelos al que siempre tuve muchísimo afecto. El nombre de aquel pueblo era Tlaltizapán.

II

Si en 1914 o 1915 hubiera tenido conocimientos premonitorios de lo que iba a suceder en los próximos años, desde las derrotas hasta las muertes, creo que no cambiaría una coma de mi vida porque sé que todas las veces que he arriesgado el pellejo en el campo de batalla, que los hombres que han caído muertos sobre la tierra árida han dado su vida por algo, y que el bienestar futuro de los hijos de Morelos no podría ser posible sin un sacrificio, en algunos casos la libertad, y en otros la vida.

Ese ideal que comienza toda revolución se va haciendo cada vez más grande, o corre el riesgo de ser irrelevante. Así pues, yo tenía un sueño de cómo debía ser Morelos, su gente y su política. Mi idea era que en todo el estado la gente viviera de lo que cosechaba en sus tierras, que no estuviera oprimida por impuestos altos, y no durmiera con miedo de que sus propiedades le serían arrebatadas por cualquier hijo de vecino.

Mientras Francisco Villa filmaba películas sobre cómo luchaba su revolución, y Venustiano Carranza organizaba una entrada triunfal en la Ciudad de México, como para recuperar la confianza en su persona y hacerse pasar como el amo del país, yo me instalaba en Tlaltizapán.

Encontré hogar en una vieja construcción del siglo xix, que me sirvió, también, como cuartel general. Era una casa al estilo antiguo con un gran patio en el centro y alrededor las habitaciones; las situadas frente a la calle fueron habilitadas como oficinas del cuartel general y sólo dos cuartos los ocupé yo, uno como dormitorio y otro para comedor. A la izquierda de mi habitación se encontraba la tesorería y la pagaduría; en el fondo se había instalado una fábrica para acuñar monedas, con los aparatos útiles y necesarios.

Campesinos, hombres y mujeres, de todo Morelos, me siguieron, con la creencia absurda de que mi idea podía cumplirse. Y tal vez era cierto.

En ese entonces, los dos hijos que tuve con Josefita habían muerto por una u otra razón. Ahora no quiero pensar en eso, porque los recuerdos me resultan muy dolorosos; sin embargo, mi esposa se mantenía fuerte y entera. Ella era una dama que por las noches se aferraba a mi cuerpo como si fuera la última noche que viviríamos juntos.

Pensé que mi anhelada Josefita, a la que seguramente el Quijote del que tanto hablaba Torres Burgos habría descrito como Dulcinea, estaría mejor conmigo que escondida en alguno de los montes. Y la hice traer para que durmiera a mi lado, para que me acompañara de sol a sol, para convertirse en mi sombra, para que sus manos expertas me preparan las tortillas y me despertara antes del amanecer con un beso en la mejilla. Entonces yo abría los ojos y estiraba los brazos con un bostezo.

Aunque había ocasiones en que dormía sólo con unos calzones para cubrirme, cerca de la cama mantenía una vieja silla de madera en la cual colgaba mi ropa, no fuera a ser que alguno de mis enemigos quisiera atacarme a la mitad de la noche. Me vestía con sumo cuidado y me abotonaba la camisa frente al espejo; cuidaba muy bien mi bigote, que era mi orgullo de macho, y me limpiaba la cara con un trapo húmedo.

Para cuando salía de mi cuarto, me era posible ver uno de los momentos mágicos de Morelos: el amanecer que empieza a surgir por las montañas y que poco a poco va iluminando los árboles, los maizales, los campos de caña, los cuales, por un momento, hacen que la tierra no parezca polvo marrón, sino oro molido.

Si me apuraba, alcanzaba a llegar a la cocina por un pocito de café y entonces podía recargarme en el dintel de la puerta y ver la vida pasar hasta coleccionar unos buenos suspiros.

Me pareció que, aunque no apareciera en los mapas, Tlaltizapán se convirtió en la capital de Morelos. Mi alma de pólvora se calmó por un tiempo y yo pude echar mis tan necesitadas raíces.

Pero más pronto que tarde Carranza envió un par de contingentes a quebrarnos o, según lo veo yo, a imponernos miedo. Suerte que horas antes del ataque todos los que estábamos en el pueblo sentimos las espinas clavadas en el estómago y entendimos que aquél era un presentimiento de que algo iba a suceder. De modo que preparamos las armas, escondimos a los niños y combatimos el fuego con fuego. Además, los pobladores habían llenado latas de conservas vacías de dinamita y clavos, y les ponían unas mechas muy cortas. Así, cuando se encendían y se arrojaban al enemigo no había tiempo para que las apagaran y las regresaran.

En muchos casos, el aspecto de los soldados constitucionalistas que sobrevivían era verdaderamente lamentable. Se daban casos de mutilaciones: rostros ensangrentados, ojos fuera de sus órbitas, órganos expuestos, y cuantimás cosas, que le podrían causar pesadillas a cualquier hombre.

De tal suerte que ganamos siempre con facilidad y al grito de "¡Viva Zapata!".

Pero una vez más me dije: "Este Carranza anda detrás de mis huesos y el cabrón no se va a tentar el corazón para vengarse con Josefita", y la alejé de mí por otro rato; pero como yo no podía estar sin amar, porque después de todo el corazón de un hombre tiende a la democracia, metí a mi casa a tres hermanas del pueblo con las que convivía, sin envidias ni ínfulas. Y ellas sabían aprovecharse de mí mucho mejor que yo de ellas...

Desde luego, eso ayudó a que ninguno de mis hombres pensara en la reputación que se cargaba Ignacio de la Torre y en que yo había sido su amigo años atrás...

Hablando de don Nachito, cuando estuve en la Ciudad de México, me enteré que lo tenían encerrado en la prisión y quise pagarle el favor de haberme liberado. Así que lo fui a visitar y lo saqué de ahí. ¡N'ombre! Pocas veces he visto a un hombre degradarse tanto pa' dar las gracias. Casi casi quería ponerse de rodillas ahí para agradecerme, como si yo fuera un santo (o una de sus fantasías sexuales), pero luego, pensándolo mejor, supuse que tener al yerno de Porfirio Díaz libre iba a ser complicado para la lucha revolucionaria, así que le encargué a Gustavo Baz que lo mantuviera a raya, primero en Cuernavaca, donde luego estuvo en prisión y... su escape de Cuautla y su muerte en Estados Unidos ya son otra historia.

No estaba loco para llevarlo a Tlaltizapán...

Ni siquiera lo consideré una opción; después de todo, en Morelos hasta las piedras son zapatistas.

Fue en esa época cuando escuché, por primera vez en mucho tiempo, la risa de los niños que corrían por las calles, trepaban en los árboles para recoger la fruta, y se hacían de alguna lata para ver qué tan lejos podían patearla. Es una bendición que, en medio de una guerra, florezca la inocencia. Es un buen signo para el futuro.

Después de una semana di la orden de que se construyeran escuelas, no sólo en Tlaltizapán, sino en otros lugares importantes del estado. En mi opinión, la educación debería ser igual para todos, sin importar que se trate de un peón o del hijo de un hacendado.

Era una regla implícita del nuevo orden que había establecido en Tlaltizapán: que desaparecieran por completo las clases sociales.

La justicia también era importantísima para todos, pues éramos responsables de la ley y de hacerla valer. Y no una ley de conveniencia, como la Constitución esa que seguían en la capital y con la cual lograron arrebatarnos la tierra... sino una ley nuestra, porque si todos estábamos ahí, viviendo el mismo sueño y trabajando la tierra,

¿qué necesidad tenían de robar o de faltarle el respeto a una mujer, o de atacar las creencias de otros?

Porque una cosa es que sepa que los altos jerarcas de la Iglesia católica nos hayan puesto el pie, y antes de la Constitución de 1857 hasta se hayan hecho de sus tierras, y otra es que los curas de los pueblos fueran así. No se me olvida que fue un cura quien me regaló un caballo para empezar la lucha armada, otro me ayudó a desentrañar los documentos en náhuatl que escondía en mi caja de latón, y uno más, a pasar en limpio mi Plan de Ayala.

A pie, muchos de aquellos sacerdotes nos acompañaron en las batallas, confesaron a los hombres que lo necesitaban, bendijeron cadáveres que se habían quedado en el camino y les dieron los santos óleos a los moribundos que estaban por cruzar el umbral de la muerte.

Yo siempre fui respetuoso de la fe y de la devoción de todos los campesinos. Es más, yo mismo acudía a los templos para rezar; me encomendaba en silencio al señor de Anenecuilco, observaba las fiestas religiosas, las fiestas que se organizaban antes de Cuaresma y los ritos propios por la muerte de Jesucristo. La fe es un pilar de los mexicanos; la religión, una enfermedad que destruye al pueblo desde dentro.

Por eso, cada vez que me llevaban arrestado a fulano o a zutano con las acusaciones de que éste se robó los centavos de la familia tal se llevó a los santos del altar o asaltó al cura mientras regresaba de visitar otro poblado, pues no me tentaba el corazón. Lo sometía a proceso, escuchaba a los testigos y hasta al propio acusado; pero ellos sabían que estaban en riesgo de perder la vida.

Al final, yo y mis más cercanos comentábamos el asunto y decidíamos si aquel acusado merecía ser liberado, sufrir un castigo o ser pasado por las armas.

Aquello, como era de esperarse, causó burlas en la capital del país. Hasta me inventaron una frase que me resultó por demás burda y ridícula: "Si mi conciencia me dice que te quebre, te quebro; si no, no te quebro"; pues parecía que el insulto y la caricatura hacia mí y hacia mi movimiento eran sus mejores ataques. Poco a poco dejaron de importarme; mejor que se desgasten ellos con su tinta, porque yo sí buscaba un mejor país a través de mis actos.

Sólo les importaban los muertos de Morelos, pero ¿y los vivos?

Ah, pero eso sí, los traidores (como ya dije) iban directo al paredón. Si pueden, como hombrecitos, tomar la decisión de darle la espalda a su pueblo y a sus tradiciones, entonces también pueden mirar a la muerte a la cara.

Los traidores nunca han merecido el perdón. Guajardo tampoco.

III

La idea de hacer de Tlaltizapán un sueño viviente no sólo requirió que nos pusiéramos de acuerdo en muchas cosas, sino que rompiéramos por completo con el gobierno de la capital, por lo que nos apañamos con el dinero que teníamos y hasta fabricamos un poco más en cartoncillos, refrendados en oro y plata. A mí no me iban a sujetar por el dinero, no era tonto... Y así también ese arreglo era parte del asunto durante un buen rato.

Alguna vez Genovevo vino a visitarme unos días, le hice preparar un cuarto y lo recibí con un abrazo:

—Miliano, ¡qué gusto de verte! —me saludó con una sonrisa franca.

Yo lo invité a la sala de mi casa y le serví una copa de coñac. Ya sentado, me deshice del gazné, porque el calor del verano hacía que me sudara todo el cuello y luego traía una tos de Dios es grande.

Me quedaban pocos puros, pero aquella era una ocasión especial, así que abrí una cajita que tenía ahí y me llevé uno a la boca.

—¿No gustas, Genovevo? —le pregunté.

—Pues tratándose de ti, no te voy a rechazar el ofrecimiento —respondió, pero la verdá es que me hubiera gustado que lo hiciera.

Encendí primero el mío, y luego le compartí la caja de cerillos. Él hizo lo propio. Entonces siguió con su siempre agradable plática:

—Entre tu hermano y yo tenemos controlado todo Morelos. Los otros jefes del Sur también te siguen y mantienen sus territorios a raya. Si Carranza no mete las manos en nuestro estado yo creo que podemos arreglar todo en cosa de cinco o diez años.

Solté la primera bocanada de humo cuando exclamé:

—¿Y crees que a ese señor no le va a ganar la ambición de ser como Benito Juárez? Si hasta mártir se siente. Tenemos que estar preparados para cuando golpee. Primero intentará acabar con Villa y luego seguirá con nosotros. Es inevitable.

—¿Sabes cómo te dicen allá afuera? —cambió de tema Genovevo.

—Desde hace años traigo pegado el motecito ese del Atila del Sur —respondí, pero sólo conseguí una risotada de mi amigo.

—No, Miliano; quiero decir la gente que te quiere y te apoya. He oído cómo hablan de ti como si fueras un mito viviente, porque de salvador y jefe no te bajan. Bueno, el otro día escuché a un campesino que decía que Emiliano Zapata es el azote. Así como te lo estoy diciendo.

Solté el humo por la nariz y gruñí un poco.

—¡Vaya exageración! No hice nada que no hubiera hecho otro hombre.

—Pues más vale que lo vayas creyendo.

—No quiero honores —insistí.

—No los habrás buscado; pero los tienes, Miliano.

Le eché una miradita de "mejor cambia la conversación", y al parecer me entendió, porque se acomodó en el sillón, dejó caer un poco de ceniza en un viejo cenicero y exclamó:

—Como que ya empieza a hacer hambre, ¿no? ¿Tardará mucho la cena o me paso a la cocina por un taco de sal? Sólo entonces me reí con él.

Los presentimientos continuaron a lo largo de 1915 y no tuve que ser adivino para saber de dónde venían. Uno a uno, Venustiano Carranza fue derrotando a sus enemigos, de camino a la Ciudad de México, y cuando entró en ella quiso emular el desfile que Villa y yo habíamos realizado en diciembre de 1914. A lo grande planeó su farsa y no me sorprendería saber que pagó para que le aplaudieran como si fuera un héroe militar.

Entró a Palacio Nacional como si fuera suyo y se proclamó presidente. Para colmo de males, los gringos lo reconocieron como tal.

Entonces, decidió que era momento de aplastar a sus enemigos; curiosamente, no empezó conmigo, sino que movió sus tropas hacia el Norte para tratar de acabar con Pancho Villa, y yo, falto de parque, no pude apoyarlo.

La pregunta era: ¿cuánto tiempo duraría mi sueño de Tlaltizapán una vez que Venustiano Carranza decidiera acabar con él?

Mientras más pensaba en la respuesta, más sentía una punzada en la boca del estómago.

Caxtolli huan ce

1915

I

Primero llegaron los rumores y luego aparecieron las esquelas mortuorias en todos los periódicos. Fuimos muchos los mexicanos los que nunca creímos ver el día en que supiéramos que Porfirio Díaz, el gran dictador de la patria mexicana, estaría muerto. Su paso por el umbral de la muerte fue lamentable y lleno de contradicciones.

Dicen que después de su renuncia a la Presidencia vivió en París los últimos meses de su vida y que su salud cada vez era peor. Paseaba por el parque de Boloña con la mirada perdida y decía que le recordaba a Chapultepec. Finalmente, le fallaron las piernas y el tiempo, que vueltas y vueltas da para confundirnos a todos, se le metió en la cabeza y comenzó a balbucear su vida entera.

El 2 de julio de 1915, a eso de las seis y media de la tarde, su podrido corazón al fin dejó de latir mientras pronunciaba una palabra: Oaxaca…

Porfirio Díaz fue un umbral entre dos mundos: entre el México salvaje que había surgido después de la Independencia y el México moderno que se levantaba en armas en una revolución; el fin y el principio de este problema. Con él se había ido una época de valses, de opresión, de crecimiento industrial, de sometimiento del pueblo, de progreso material y de democracia simulada.

¿Sabía Porfirio Díaz que con su renuncia a la presidencia no habría estabilidad en el poder? ¿Que vendría un presidente tras otro a ocupar ese vacío? ¿Que la Revolución que había causado su salida del poder destruiría líneas de ferrocarril y líneas telegráficas? No, como Poncio Pilatos, Porfirio Díaz se lavó las manos, como si no fuera su problema, y vio desde lejos a su patria destruirse. Se habrá sentido triste y melancólico, sí, pero tuvo que aceptar que parte de todo este problema había sido culpa suya.

Desde Tlaltizapán, algunas personas se alegraron de que hubiera muerto el viejo dictador y de que su alma estuviera vagando por jardines europeos; otros se preguntaban si su cuerpo tardaría mucho en volver a México o si el país entero se hundiría bajo el peso de sus huesos. Mientras tanto, los empresarios y los catrines de la capital organizaron misas, novenarios y eternos rosarios por el eterno descanso de Porfirio Díaz. ¡Vaya ridículos!

¿Cuántos padrenuestros o avemarías les dedicaron a los trabajadores de Cananea y Río Blanco?

II

La Revolución transformó por completo al país, y justo aquel 1915 me di cuenta de eso, lo cual me causó una tremenda melancolía. Comencé a extrañar las pláticas con Pablo Torres Burgos, la tranquilidad de Anenecuilco, mi propia juventud, y hasta hacer corajes por lo que el señor Madero hacía o dejaba de hacer.

En Tlaltizapán me sentí en contacto con la tierra, con los árboles que crecían, con los montes que se elevaban a los lejos. Vivía en un sueño. Mi sueño. El ideal de que todo mexicano que se deshace de sus pretensiones políticas y egoístas puede convivir en paz, que todos podemos alimentarnos de la tierra y que si dejamos atrás las injusticias podemos encontrar una verdadera paz.

Pero, como todo sueño magnífico, implica cerrar los ojos y negarse a la idea de que algún día habremos de despertar y que los sueños que se desvanecen no vuelven... Sin embargo, Tlaltizapán era toda una perfección que pocas veces se ha visto en la historia de México; era un experimento, una prueba de que una revolución sí puede cumplir sus promesas y puede llegar a puerto seguro.

Yo no traicionaría a Morelos. Nunca lo hice.

Y quizás mi error, ahora puedo verlo con más claridad, fue pensar en Tlaltizapán como su propio universo, donde las cosas estaban bien y tranquilas, donde no había nada más allá afuera, donde la vida prosperaba por muchísimos años más, cuando en realidad la revolución inicial que había empezado en 1910 iba muriendo poco a poco...

Y es que la cosa no estaba para andarla minimizando, pues los primeros días de abril me llegaron noticias de que Álvaro Obregón fue hasta Guanajuato para enfrentarse con Pancho Villa. En una serie de batallas que duraron alrededor de una semana, allá en Celaya, los dos bandos combatieron sin tregua.

Al final, fue Obregón quien triunfó, logrando matar a cinco mil ochocientos hombres del ejército villista, sin mencionar los otros cinco mil heridos y casi siete mil prisioneros. ¡Vaya desastre! Las consecuencias, sin embargo, resultaron ser peores.

Villa huyó al norte para tratar de reorganizarse y mantenerse en pie. A pesar del pacto que habíamos hecho en Xochimilco, no pude ayudarlo. Ahora que lo pienso bien, desde su derrota en Celaya realmente nunca pudo levantar como antes. Siempre fue el gran Pancho Villa, pero ya no pudo obtener esos triunfos gloriosos que lo hicieron tan importante antes de 1915.

La cosa está en que aquella derrota en Celaya comenzó a tener repercusiones en todo el país. Para empezar, Estados Unidos dejó de venderle armas a Villa, y además, reconoció a Venustiano Carranza como el presidente de México.

Estos pequeños actos no solamente le quitaron fuerza a Villa, sino también a mí.

Había tardes en las que me daba el permiso de sentarme en una banca del pueblo y fumarme un puro mientras veía la vida pasar, leía cartas y recibía a personas de todo el país que me iban a exponer sus diferentes casos.

Por ejemplo, una decía, así con faltas de ortografía: "Resibimos una orden superior en donde nos biene suspendiendo nuestras siembras por conpleto, y ánparados primero a Dios y después a lo sembrado, si es así quedamos en los lamentos, pero fiados primero á Dios, y después en ustedes, como padre de menores, y por tal motivo ocurrimos a usted suplicándole...".

Parecía que Genovevo tenía razón después de todo: me había convertido en un símbolo y venían a mí los campesinos en busca de un poco de ayuda. ¿Qué podía hacer yo? Ni modo que me atreviera a mover a mis tropas a cualquier rincón de México en el que un hacendado le hubiera quitado sus tierras a un pueblo. ¡N'ombre! Nunca hubiera acabado; además, habría dejado vulnerables a las tropas de Zapata.

Entonces me quedaba ahí, en la banca, chupando un puro y escuchando sus historias, tan parecidas a las de Anenecuilco. A veces contemplaba el atardecer; otras, las nubes encenderse como los carbones de un fogón. Muchas ocasiones coincidía el fin de la historia con mi puro y entonces ya podía responderles que los ayudaría más adelante, pero que en ese momento no tenía oportunidad alguna.

Algunos se iban con un sentimiento de esperanza. Después de todo, es lo último que encontró Pandora; otros quizás partían con una ligera decepción.

¿Qué puede esperarse de un santo?

¿Por qué hemos escogido hacer dioses de hombres como yo, Madero o Villa?

Ay, mexicanos, la enfermedad, los errores, la pasión y la muerte no son un signo de debilidad, sino de humanidad.

III

En Tlaltizapán me divertía mucho en el ruedo, pues torear me gustaba muchísimo. Esa sensación de peligro, la electricidad que recorre las venas cuando pones tu vida en riesgo y la satisfacción personal del triunfo me volvían loco. Es más, sólo por diversión seleccionaba al azar a cualquiera de los hombres que estuvieran ahí para que bajara a torear conmigo, y reía a carcajadas cuando corrían despavoridos ante el toro.

¡Ja! Descubrí que le tienen más miedo a un toro bronco que a una batalla. Aquello provocaba risas en todo el pueblo.

Pero lo que todos esperaban ver eran mis proezas charras. Los niños siempre estaban en primera fila con sus sonrisas largas y sus manitas juntas. Entonces aparecía yo y sus caritas se iluminaban como el sol. Les emocionaba verme vestido de charro, con las botas de cuero negro y la botonadura de plata. Sé que les emocionaba cuando me quitaba el sombrero y saludaba al público. Ellos aplaudían.

Pronto, trepaba a mi caballo favorito y cabalgaba alrededor del ruedo. Desde muy niño aprendí a sentir la respiración de los caballos, a adelantarme en sus movimientos, a respetarlos. Así aprendí a montarlos, a pararme en sus lomos, a unir mi espíritu con los suyos. Los hombres de Anenecuilco me enseñaron el noble arte de la charrería que tanto le gustó a Ignacio de la Torre y que me hizo recoger aplausos en Tlaltizapán. Controlar el lazo me tomó un poco más de tiempo, pero logré hacerlo antes de cumplir los doce años, y el mismo Eufemio me pidió que le diera unos consejos, pero nunca pudo dominar esa habilidad.

La fiesta charra podía durar, con facilidad, toda una tarde, y yo también disfrutaba ver las proezas de los otros hombres.

La venta del alcohol estaba muy controlada, sobre todo en esos eventos, pero no faltaba quien aprovechara para tomarse un mezcal o un pulque curado. Mi favorito personal era, desde luego, un coñac, y si había dinero y los ingredientes necesarios, no rechazaba un buen platillo de comida francesa.

¡Qué deliciosos momentos de paz éramos capaces de disfrutar mientras en el resto del país se libraba una revolución! ¡Qué magnífica forma de preservar, al menos por un momento, la infancia!

Nunca esperé que tantos niños quisieran ser como yo, que me rodearan cada vez que terminaba un espectáculo y que me siguieran por la plaza de Tlaltizapán. ¿Cómo era esa frase que le gustaba tanto a Jesucristo? Ah, sí… "Dejad que los niños se acerquen a mí". A más de uno lo vi tratando de dibujarse, con un poco de lodo, bigotes como el mío.

A mí también me hubiera gustado tener un héroe al cual admirar cuando tenía su edad, pero en lugar de eso estaba frente a una caja de latón diciéndole a mi padre: "Yo haré que se las devuelvan".

Pensándolo mejor, sí tuve un héroe: mi propio padre.

IV

La vida próspera genera dinero y Tlaltizapán comenzó a ganarlo. Eso nos permitió invertirlo en echar a andar cuatro ingenios azucareros. También hablé con los campesinos para decirles:

—Miren, está muy bien eso de que cultiven para vender, pero no por eso se van a quedar sin un plato que llevar a la mesa. Primero sus familias y ya luego lo demás. Siembren maíz y frijol, luego caña de azúcar. Sólo así ahuyentaremos el hambre.

Un campesino alzó la voz:

—Pero pues ahora hay dinero, ¿no? Hay que usarlo.

A lo que yo respondí:

—Por eso, ahora que hay dinero debemos ayudar a toda esa gente que ha sufrido tanto en la Revolución. Es muy justo que se les ayude porque todavía quién sabe lo que tengan que sufrir más adelante; pero cuando esto suceda ya no será culpa nuestra, sino de los acontecimientos que habrán de venir. Yo quiero que los ingenios subsistan, pero no como lo hacían los hacendados sino con las tierras que les queden de acuerdo con lo que repartimos. Así lo establecí en el Plan de Ayala.

Así, el azúcar sólo se venderá al mejor postor y a quien pague lo correcto por nuestro trabajo. Y si tenemos cualquier bronca pues instalaremos trapiches para hacer piloncillo y azúcar de purga. Así, como antes. ¿Se acuerdan? Ah, y si a alguien no le gusta y quiere disponer del fruto de nuestro trabajo a la mala… recibirá muchos balazos de nuestra parte. ¿A poco no?

La respuesta fueron muchos balazos y que Eufemio gritara fuerte:

—¡Viva mi general Emiliano Zapata!

Y los demás respondieron:

—¡Viva! ¡Viva!

Pero la paz que se sentía en Tlaltizapán hacía un violento contraste con la Revolución que todavía imperaba en todo el país y que Venustiano Carranza aún aprovechaba desde la presidencia para afianzarse en el poder.

Después de la derrota de Francisco Villa era evidente que Carranza no pararía ahí. El viejo barbas de chivo no sabía que su sed de venganza no lo convertía en un nuevo Benito Juárez. Pronto se encontró aburrido en su polvoso despacho de Palacio Nacional y decidió asomarse al escritorio contiguo, en el cual había desplegado un mapa de México. Su mirada se concentró precisamente en Morelos y supo cuál sería su siguiente paso: acabar conmigo, así como había terminado con Villa.

El tiempo circular no me dijo, a través de anuncios premonitorios, lo que sucedería. Tal vez yo estaba demasiado feliz viviendo mi sueño como para entender que era blanco fácil para un ejército que deseaba atacarme.

Pronto descubriría que 1916 sería uno de los años más difíciles de mi vida.

Y una lucha encarnizada azotó Europa; nación contra nación pelearon una maldita guerra mundial que destrozó al mundo. Mientras en México yo clamaba: "Vengan todos a..."

Caxtolli huan ome

Tlaltizapán, donde los montes se iluminan con el canto de las mariposas y de los campos desnudos brotan maíz y frijol. Vengan todos los desposeídos, los que tienen hambre y sed, los que son perseguidos por causa mía o por mi causa, los que lloran en seco a causa de la miseria, los que han vivido bajo el yugo de poderes rancios y los que han muerto por robar un mendrugo de pan para sus hijos; aquí podrán habitar los espíritus, saciarán su hambre, aquí habrá tierras a su nombre para que las trabajen, y ríos de aguardiente para que calmen su sed, y noches larguísimas para que den rienda suelta a sus deseos, y estrellas para contar cuando el viento nocturno da vueltas y vueltas como el tiempo... En Tlaltizapán nos sentamos todos a la mesa y comemos del mismo guiso, los mismos frijoles, compartimos las mismas tortillas y a veces hasta las mismas sonrisas; estamos hechos de la misma tierra, y tendremos la misma muerte. Aquí no hay ley que valga más que la nuestra, pues lejanos han quedado los tiempos en que una figura de barro llamada Porfirio Díaz intentó expropiar nuestra felicidad a través de la mano dura, y los empresarios quisieron volverse ricos a costa de nuestra libertad, en que los reyes y los emperadores se sentaban en sus tronos largos y se sentían importantes, en que usaban bandas presidenciales y coronas en la cabeza, pero les enseñamos que sólo eran hombres como nosotros y que teníamos el derecho y la obligación de enfrentar el pasado para destruir el presente y construir un nuevo futuro... Sean bienvenidos todos, hijos de Morelos, de México y del mundo.. En Tlaltizapán inicia y termina la vida, la lucha encuentra sentido, los colores se intercambian entre ellos, y nacerá un nuevo México.

Caxtolli huan yei

1907-1909

I

Durante las diferentes visitas que hice a la Ciudad de México comprendí que el Porfiriato privilegió al indio muerto y desdeñó al indio vivo.

Cuando me asomé a las vitrinas de las librerías noté que había varios libros sobre ese "pasado glorioso" que fue el Imperio mexica, donde los indígenas vivían felices, sanos y sabedores de todo tipo de artes ocultas, ahora perdidas. En 1910, por las fiestas del Centenario por la Independencia de México, varios hombres se disfrazaron de mayas y de mexicas para marchar, como una extraña alegoría a la forma como era la vida antes de la Conquista española de 1521. Y se imaginaban el edén bíblico, un lugar sin sangre, dolor ni muerte...

Se hicieron pinturas y óperas a ese pasado, se dedicaron innumerables letras para hablar del indio muerto, como una pieza importantísima de nuestra identidad como mexicanos. Eso lo hizo muy bien Porfirio Díaz y el séquito de hombres que le aplaudían cualquier idea, pero al dictador se le olvidó que esos indios no habían desaparecido tras la infame conquista... ¡Estaban aquí! ¡México estaba y está lleno de ellos: vendiendo productos en los mercados públicos, esclavizados en los campos de azúcar, pidiendo limosna junto a las iglesias, colocando líneas telegráficas y durmientes para las líneas del ferrocarril, limpiando las casas de los políticos importantes y sobreviviendo a un mal gobierno tras otro.

Estaban... estábamos aquí.

Aunque los ricos nunca hayan querido vernos, seguíamos alimentando a los pueblos y a las tradiciones, cosechando la patria, usando calzón de manta y huaraches, ganando apenas lo suficiente para comer y encontrando remedios para dormir cuando el hambre era mucha.

Éramos mayoría en este país donde sólo la minoría tiene lujos.

El indio vivo, sigue y seguirá vivo... porque todavía quiere que le devuelvan sus tierras y su dignidad. A cualquier costo.

II

Después de la bochornosa estancia en casa de Ignacio de la Torre, en la Ciudad de México, me contaron en Cuernavaca que el señor ya tenía una reputación de hacer fiestas en las cuales él y sus amigos se vestían de mujeres. Lo que hacían a puerta cerrada en los cuartos de la segunda planta, lo puedo imaginar, pero lo que le conté a mi hermano Eufemio, de vuelta en Anenecuilco, sólo fue un resumen.

—¿Te obligaron, Miliano? ¿Te hicieron algo? —me preguntó.

—Soy hombrecito, ¿qué no? Yo no le entro a esas cosas de afeminados.

Mi hermano se quedó pensando y luego soltó una carcajada...

—No, pos así que digas, hombres también son ellos. Cuidado, no te haya pegado alguna maña ese catrín.

—Ni Dios lo mande —respondí; en silencio reconocí que me había dado curiosidad saber en qué iba a terminar esa fiesta, y luego añadí—. Mejor dejemos de hablar de ese señor y cuéntame del pueblo.

Ante la sorpresa de mi hermano, me llevé un puro a la boca y lo chupé un poco antes de encenderlo, pues me gustaba el sabor amargo del tabaco en mi paladar. Sentí el humo bajando hasta mis pulmones antes de soltarlo. Era la primera vez que Eufemio me veía fumando. Y más pronto que tarde me imitaría.

—Toda la familia estaba preocupada por ti, Miliano; sobre todo nuestras hermanas. Uno oye historias de esos rurales, de que los cuelgan o les disparan cuando le estorban al gobierno o cuando parece que no cumplen su deber. Te lo dije: nadie se mete con Porfirio Díaz y vive para contarlo.

—El que no va a vivir para contarlo va a ser Porfirio Díaz. Lo vi allá en la capital y no sabes qué pena me dio. La edad ya le está pasando

175

la factura y un hombre así no puede gobernar un país ingobernable como México.

Ignorándome por completo, Eufemio, prosiguió:

—Hace poco llegó al pueblo un maestro de escuela; dice que se llama Torres Burgos. Ayer se anduvo paseando por aquí para saber cómo cosechábamos las sandías y qué relaciones teníamos con los hacendados. Me anduvo contando de unos periodistas de la Ciudad de México, unos tales Flores Magón.

¿No los conociste cuando estuviste por allá?

Negué con la cabeza.

—Pues parece que se están haciendo retefamosos —continuó—. Han estado hablando en su periódico, digo suyo porque ellos mismos lo publican, de la no relección, de los derechos de los trabajadores, y de las tierras.

Aquello último llamó mi atención.

—¿De las tierras? —pregunté, mientras me sentaba a la sombra de un árbol y recargaba la espalda en el tronco.

—Sí, Miliano, no sólo los pueblos de Morelos están pidiendo al gobierno que les devuelvan sus tierras. Te digo, menso, que el maestro Torres Burgos ayer nos anduvo contando de un montón de cosas… Yo que tú, me pasaba por su salón de clases a ver en qué te puede ayudar. ¿Qué pierdes?

Solté otra bocanada de humo, mientras veía cómo mi hermano regresaba al trabajo. Consideraba si ir a visitar al mentado maestro. ¿De verdá podría ayudarme? Contemplé esa pregunta mientras una abeja daba vueltas alrededor de un tallo seco.

Y aunque pasé la tarde trabajando con mi hermano y la noche soñando en abismos verdes, desde muy temprano decidí que buscaría al tal maestro Torres Burgos. Y la cosa no estaba fácil, porque el señor acababa de llegar al pueblo y poca gente lo conocía. Pero ahí andaba yo preguntando por todos lados dónde se encontraba ese señor; pero no me daban razón de él, ni siquiera en la escuela.

¿Pos dónde andaría? ¿O sería que ya se habría ido de Anenecuilco?

Volví a mis tierras sin éxito y pasé dos días cuidando, junto con Eufemio, de mis mulas y de mis cosechas. ¡Vaya que las extrañaba! Es cierto que me gustaba la charrería, montar a caballo, torear y lazar; sobre todo cuando me encontraba rodeado de personas que aplaudían mis hazañas; pero también era un hombre que disfrutaba del silencio del campo, de ver el revoloteo de las mariposas monarca, que jugaba a los naipes con mis amigos, que sostenía largas pláticas con mis hermanos y, por supuesto... que desbordaba una gran pasión por las mujeres que veía a escondidas y que me permitían ver lo que ellas escondían debajo de sus fondos y sus enaguas; pues a lo largo de los años las ha enamorado la imagen de macho mexicano, los aires de altivez con los que caminaba por los campos, las espuelas, la botonadura de plata, el gazné; mirarlas a los ojos, soltar una bocanada de humor y robarles un beso. ¿A qué mujer en Anenecuilco no le hubiera gustado que le susurrara una declaratoria de amor bajo el brillo de la luna, o que le dedicara el triunfo de tal o cual batalla? Pocas me negaron sus mieles, porque pasaban las noches imaginando que sus manos recorrían mi pecho, o que mi bigote les daba cosquillas en la entrepierna, mientras les cubría de besos la espalda.

Desde luego, ¿quién no iba a conocerme en el pueblo, si no en toda la zona? Quizás por eso el maestro Torres Burgos se enteró de que andaba preguntando por él y me fue a buscar. Así, de primera vista, yo no supe quién era; sólo vi a un hombre de camisa y pantalón de vestir que caminaba hacia donde yo trabajaba la tierra. Me pareció que era un hombre así, sin más; nada parecido a mi maestro. No se veía bien alimentado; de hecho me pareció algo pálido.

—Usted es Emiliano Zapata, ¿no es cierto? —lo escuché preguntar desde lejos.

Dejé a un lado la pala que estaba usando y traté de limpiar mis manos llenas de tierra en el pantalón.

—El mismo que viste y calza. ¿Qué se le ofrece?

—Más bien, ¿qué se te ofrece a ti? Me dijeron por ahí que me andabas buscando; aunque puedo imaginar para qué, porque según me contó tu hermano el otro día sabes leer y escribir y tienes alguna noción de teneduría de libros.

—Quiero recuperar las tierras que nos pertenecen —respondí muy decidido.

El maestro Torres Burgos no se sorprendió, sino que se acercó, estrechó mi mano y comenzó a hablarme de la fuerza del pueblo para pedir lo que es suyo, para levantarse contra el mal gobierno y acabar con los privilegios que el gobierno de Porfirio Díaz les había otorgado a los hacendados.

Durante semanas enteras platicamos, a veces en mis tierras o en la escuela, y otras ocasiones en su casa, donde me llenaba de historias, pues lo mismo recordé la lucha de Miguel Hidalgo por la libertad, conocí la magnífica caja de Pandora, empecé a escuchar los rumores de un empresario loco de Parras, Coahuila, que quería entrar a la política nacional aunque el maestro Torres Burgos predecía que no se lo iban a permitir... Después de muchos días de hablar sobre aquel hombre, por fin escuché su nombre. Se trataba de un tal Francisco Ignacio Madero.

—A ver cuánto le dura el chiste ese de pedirle democracia al hombre que se ha reelegido tantas veces —concluí.

III

Quizás lo que Porfirio Díaz no supo ver en su momento fue que el indio vivo, que tanto desdeñaba, algún día pasaría a ser glorificado cuando muriera... pues las tradiciones y la cultura de México se transmiten de generación en generación a través de los pueblos, y representan un legado mucho más grande que su propio gobierno.

Es más, tan Porfirio Díaz negaba ver al indio vivo, que él y todos sus ministros de gobierno comenzaron a vernos como atrasados. No les gustaba que en los pueblos se usaran huaraches, sombreros de palma o calzones de manta. A veces, cuando la gente de los pueblos se acercaba a una ciudad importante, se les exigía que se vistieran a la usanza moderna, es decir, como catrines: pantalón de vestir, camisa y chaqueta, aunque esta ropa se veía más como un disfraz que como otra cosa.

Lo peor vendría también a manos del gobierno. Cada vez que un pueblo estorbaba para construir alguna de las grandes obras del "progreso", se le movía a otro lugar a la fuerza, y si luchaba para impedirlo, llegaban unos soldados a "pacificarlo"... ¡Bang! ¡Bang!

A los indios yaqui los sacaron de sus tierras en Sonora y se los llevaron a Valle Nacional, en Oaxaca, para que realizaran trabajos forzados... Y, claro, los ricos veían estos abusos y los robos de las tierras como una parte necesaria del orden y el progreso que debía suceder para que México creciera.

Cuando estas historias llegaron a Anenecuilco también apareció el miedo: a que el gobierno nos quitara las tierras y que intentara llevarnos a otro lado, a que nos pacificara a balazos, a que Anenecuilco sufriera lo mismo que los indios yaqui, o que los mineros de Cananea, o que los empleados textiles de Río Blanco...

Y no fuimos los únicos.

Por eso el gobierno de Porfirio Díaz comenzó a perder autoridad, presencia e imagen; sus últimos años fueron como un castillo de naipes en caída lenta... Mientras todos esperábamos que cayera el rey. Tal parecía que en el siglo xx no había lugar para un viejo presidente que había sido héroe militar durante el siglo xix.

Según me contó el maestro Torres Burgos, durante 1907 el gobierno de Porfirio Díaz no sólo recibió golpes de sus contras en México, sino que también estuvo afectado por una crisis económica internacional.

Y así, con ese huracán político y social que elevaba sus aires cada vez más violentos, como augurio de la revolución que habría de estallar pronto... vino un periodista de lejos, un gringo, de nombre James Creelman, a entrevistar a Porfirio Díaz, y no sé por qué métodos alquímicos le soltaron la lengua a este último, que comenzó a declarar sus crímenes con un cinismo terrible.

Por eso, en marzo de 1908, cuando el maestro Torres Burgos se hizo de una copia de esa entrevista recién publicada, Eufemio y yo fuimos a su casa. Nos recibió con aguardiente y nos hizo un lugar en su mesa.

Abrimos las cortinas, pues aún era de día y la luz nos alcanzaba para hacer sentido a las letras. Nos saltamos directito a la parte donde hablaba de más y... ¡No podía creer que ese hombre gobernara México!

Me acuerdo bien clarito que el documento decía: "Éramos duros. Algunas veces, hasta la crueldad. Pero todo esto era necesario para la vida y el progreso de la nación. Si hubo crueldad, los resultados la han justificado con creces".

¿Duros? A ver si los que murieron a causa del gobierno opinaban lo mismo de los supuestos resultados del progreso.

Luego luego, Porfirio Díaz afirmaba: "Fue mejor derramar un poco de sangre, para que mucha sangre se salvara. La que se derramó era sangre mala; la que se salvó, buena".

¿Acaso todos aquellos hombres que levantaron la voz por un sueldo mejor o para detener los abusos de los patrones eran malos hombres? ¿Su muerte realmente había sido para lograr un México mejor?

Para acabarla de fregar, Porfirio seguía: "La República mexicana usará toda su fuerza en preservar para su pueblo un justo reparto de sus riquezas. Hemos mantenido el país en condiciones de libertad y de bonanza hasta hoy, y creo que podemos seguirlo manteniendo así en el futuro".

Me acuerdo que di un golpe en la mesa.

—¿Quién se cree Porfirio Díaz? ¿Bonanza? ¿Libertad?

—Cálmate, Miliano —me recomendó Eufemio.

Y le hubiera hecho caso, porque del coraje empezó a dolerme el estómago, pero yo seguí.

—No, es que yo no sé en qué México vive ese señor. Si se diera un paseo por Morelos vería el hambre y la miseria; vería a los niños que no tienen qué cenar y que no tienen zapatos que ponerse. ¿Cuál progreso?

Con una actitud serena, el maestro Torres Burgos intentó interrumpir:

—No estás entendiendo nada, Emiliano. Déjame explicarte...

—¡Claro que entiendo! Ese maldito...

—Ese maldito, como tú lo llamas, aunque no te guste, es un héroe militar al que muchas personas todavía respetan. Y te voy a decir por qué no entiendes lo que está pasando. Escúchame bien y no me interrumpas... ¡Que me escuches, te digo! ¿Tú crees que don Porfirio nació ayer? ¿Tú crees que no conoce su país? Nadie gobierna México treinta años sin conocerlo. Tú crees que hace declaraciones por cínico, ¿verdá?

Pues no, las hace porque quiere vender su concepto de paz y progreso al mundo, pero también porque no puede ocultar que su gobierno tuvo un costo, pero todavía necesita inversión de otros países. ¿Cómo quieres luchar contra un gobierno contra el que no entiendes?

Me levanté de la mesa; mis ojos irradiaban furia.

—¡A la chingada con ese gobierno que usted dice que no entiendo! No necesito hacerlo para ver toda la miseria que está dejando y con la que tenemos que terminar para lograr, tan siquiera, un poquito de justicia.

Y salí de aquella casa ante la mirada estupefacta del maestro Torres Burgos, y de mi hermano, quien salió detrás de mí y varios metros después me tomó del brazo.

Voltié para mirarlo a los ojos.

Recuerdo que comenzaba a hacer frío y que las estrellas brotaban en el cielo como flores en un manto nocturno.

—¿Se puede saber qué te pasa? No puedes pensar con el estómago.

—Pasa que ya estoy harto; el tema de las tierras no se resuelve, el presidente nos quiere fregar más y a México se lo está llevando la ching... Sus ciudadanos duermen o se hacen tarugos. Más países se han destruido por desidia que por maldad.

Y por primera vez en su vida, mi hermano me miró largamente, sin saber qué responderme... Ni apoyos ni regaños. Se levantó de hombros y luego miró las estrellas. El rumor de los grillos arrullaba a los niños y yo permanecía ignorante del destino que me esperaba.

—México ya está harto —susurré una vez que estuve más tranquilo.

IV

Ahora me pregunto, ¿acaso ese privilegio por el indio muerto no sería cargo de conciencia de lo mal que tratan al indio vivo?

Con el paso de los días, otras declaraciones de Porfirio Díaz comenzaron a hacer eco en todo el país, sin importar si se trataba de la capital o de un pueblo, pues en la entrevista con James Creelman había declarado: "He esperado pacientemente por que llegue el día en que el pueblo de la República mexicana esté preparado para escoger y cambiar a sus gobernantes en cada elección, sin peligro de revoluciones armadas, sin lesionar el crédito nacional y sin interferir con el progreso del país. Creo que, finalmente, ese día ha llegado".

Y se armó la de Dios es grande, porque todos pensaron que el dictador iba a dejar la Presidencia y que ya no iba a escoger a diputados y gobernadores.

—¿Y si te lanzas de gobernador? —me preguntó Eufemio durante uno de nuestros descansos de trabajo.

—Como que te está haciendo daño trabajar bajo el rayo del sol; a ver si cambias de sombrero, porque el que tienes sólo te sirve para espantar las moscas —le respondí.

—Te lo digo en serio, Miliano... ¿Te imaginas la cara que van a poner todos los hacendados cuando se enteren de que alguien como tú está en el gobierno? Se van a quedar de a cuatro. Y así puedes ayudar a todos por los que hemos luchado para que recuperen sus tierras, o ya de perdida, a que no pasen hambre. Ahora que se vaya don Porfirio, deberías aprovechar.

Tomé un terrón que había junto a mí y se lo aventé a la camisa.

—Ora... ¡Ya estate, Miliano! —añadió, mientras se sacudía la tierra.

—Es que como dices tarugadas, me cae... Una cosa es que el viejo presidente se saque a la fregada, y otra que su gente haga lo mismo. Además, ¿con qué dinero voy a hacer campaña? ¿Con qué partido político? Mira, escúchame bien, el día que haga una revolución, no va a ser para obtener cargos o hacerme rico, ni para cambiar una dictadura por otra. ¿Quién podría gobernar después de ese dictador? Además, falta ver que lo que dice sea cierto... El poder no se deja así como así de la noche a la mañana.

—Entonces, ¿no vamos a hacer nada? —preguntó.

—Sí, lo mismo que hicimos antes. El pueblo no puede mantenerse con los ojos cerrados por mucho tiempo; tendrá que despertar o morir, unirse en la lucha o ponerse en contra... No hay de otra. Cuando la patria lo necesita, sólo hay quienes apoyan una revolución y los que están en contra; el resto juega a la traición.

—Pos si tú lo dices, así ha de ser, Miliano.

Y así lo creía entonces.

Estaba seguro de que algo sucedería pronto; lo sentía en mis huesos y en mis sueños, como si fuera un aviso premonitorio.

Por eso, a pesar de las protestas de todos mis hermanos, comencé a pasar más tiempo en casa del maestro Torres Burgos que en el mercado vendiendo mi cosecha (para eso tenía el apoyo de Eufemio), y platicaba con él sobre la no reelección, sobre el abuso de los hacendados, sobre el gobernador de Morelos, sobre mi experiencia en casa de Ignacio de la Torre y sobre lo bueno y lo malo que nos había dado tener a Porfirio Díaz durante más de treinta años en el poder. Y curiosamente el nombre de Francisco I. Madero, quien recientemente había roto sus alianzas con los hermanos Flores Magón, había comenzado a hablar en contra de Porfirio Díaz. Y en 1909 nos sorprendió al publicar un libro que tenía un título que habría de incendiar a todo el país: se llamaba *La sucesión presidencial en 1910*.

—Mi hermano dice que nadie se mete con Porfirio Díaz —le dije a Torres Burgos.

Y éste lo pensó antes de responder:

—No me sorprendería que el señor Madero termine con un balazo en la espalda o peor...

Torres Burgos nunca sabría que sus palabras habían sido proféticas, ni que Madero se convertiría en mártir de su propia causa.

Recuerdo la luz roja que pintaba los montes cuando el maestro Torres Burgos trajo una copia del libro y comenzamos a leerlo juntos...

"¡Vaya si tenía tamaños el señor Madero!", pensé entonces, porque el mentado libro lo había mandado a personas importantes de todo México, así como queriéndolos sumar a su causa. Bueno, dicen que hasta el mismo Porfirio Díaz recibió un ejemplar de *La sucesión presidencial en 1910*, aunque me imagino que no le ha de haber hecho ninguna gracia haber leído semejantes letras.

Cuando Torres Burgos y yo leímos el libro nos sorprendieron algunas cosas, que luego comentamos largamente: la primera es que Madero no considerara el problema agrario siquiera para escribir sobre él; también, que considerara heroico el pasado militar de Díaz y como necesario su ascenso al poder, pero que había estado tantos años en la Presidencia que se había convertido en un verdadero tirano, un gran malvado... Y luego Madero escribió sobre los grandes crímenes del gobierno, desde los indios yaquis hasta lo de Río Blanco.

Yo, en su lugar, lo hubiera mandado mucho a la fregada, pero Madero, que siempre fue catrín hasta en su forma de hacer la Revolución, cerró su libro con una petición:

General Díaz: pertenecéis más a la historia que a vuestra época, pertenecéis más a la patria que al estrecho círculo de amigos que os rodea; no podéis encontrar un sucesor más digno de vos y que más os enaltezca que la ley. Declaraos su protector y seréis la encarnación de la patria. Declarándola vuestra sucesora, habréis asegurado definitivamente el engrandecimiento de la república y coronado espléndidamente vuestra obra de pacificación.

Por último, en nombre de la patria y de su historia, que tendría orgullo en mostrar vuestro ejemplo como uno de los más dignos de ser imitado, vuestra vida como uno de sus timbres de gloria más puros, os conjuramos a que, por respeto a vuestra gloria y los más caros intereses de la nación, os pongáis bajo la ley, pues entonces ya nadie se atreverá a vulnerarla y su imperio se habrá establecido perdurablemente, y así legaréis vuestra herencia política al pueblo mexicano, y como sucesor tendríais al más digno de todos: a la ley.

¡Como si Porfirio Díaz fuera a renunciar así como así sólo porque un libro se lo pedía! ¡Si para gobernar a un pueblo de cabrones se necesita ser cabrón y medio y tener un poquito de ambición para mantenerse en el poder!

Y el castillo de naipes seguía cayendo lentamente...

V

Llegado 1909, José Merino decidió que ya no seguiría siendo representante de Anenecuilco para pedir que le regresaran las tierras al pueblo. Eso provocó que todos los hombres del pueblo se reunieran.

Decidimos hacerlo un martes al anochecer, en la casa de uno de los hombres más viejos del pueblo. Recuerdo que yo iba tarde, que una nube blanca desnudaba la luna, y que el viento arrastraba el polvo de las calles. Encendí un puro y me lo llevé a la boca.

Toqué a la puerta y segundos después me abrió una mujer.

—Vengo a la reunión —dije, mientras soltaba el humo de mi puro.

Sin decir más se hizo a un lado. En aquel primer cuarto estaban todos los hombres reunidos, incluidos todos mis hermanos, pero me llamó la atención que no estaban discutiendo entre ellos, o dejándose llevar por el pulque y el aguardiente que habían servido en los vasos. Al contrario, estaban serios, silenciosos y todos me miraban.

—¿Empezaron sin mí?

Aquellos hombres no hicieron ruido.

—Ya decidieron, por lo que veo —respondí a mi pregunta.

—Decidimos que lo mejor sería que un Zapata vuelva a pelear por nosotros —dijo el dueño de la casa.

Y antes que pudiera hablar con mis hermanos mayores, Eufemio añadió:

—Y quién mejor que tú, Miliano.

El tiempo circular invadió mi mente y pude escuchar mi propia voz de niño, la de aquella tarde en la que hice una promesa: "¿No se puede? Pues cuando sea grande, haré que se las devuelvan".

—Emiliano, ¿aceptas la encomienda que te concede el pueblo?

Me pareció que ahí, en las sombras, sonreía el fantasma de mi padre, al entregarme a mi destino, de mano de los vivos, pues José Merino se levantó de la mesa y me dio unas palmadas en el hombro.

—Será un verdadero honor servir a la tierra que me vio nacer y que debe volver a sus legítimos dueños.

Anenecuilco estaba una vez más en manos de un Zapata, pero con una diferencia: se acercaba una elección presidencial en la que Porfirio Díaz decía que no quería participar, y una revolución alcanzaba a divisarse en la distancia.

Dejé mi puro encendido en el marco de la ventana y grité:

—¡Qué viva la gente de Anenecuilco!

Mas ellos respondieron:

—¡Viva Emiliano Zapata!

El miedo y la emoción encendieron mi corazón; me sonrojé sin quererlo. Mi alma de pólvora estaba por encender al país.

Así me convertí en calpuleque, palabra náhuatl que quiere decir jefe.

Aunque Porfirio Díaz se haya vestido de militar, recortado el bigote y cambiado su color de piel con polvos de arroz, nunca pudo cambiar un hecho simple: llevaba sangre mixteca por parte de madre.

Él era tan indio como todos nosotros...

Caxtolli huan nahui

1909-1911

I

A MI MENTE VIENEN PALABRAS con R y no entiendo por qué... En un principio: remover; pues eso hice con el pasado en cuanto tuve la caja de latón en mis manos por primera vez en mi vida adulta, y en la soledad de la iglesia del pueblo, y a la luz del sol y de las velas comencé a revisar cada uno de los documentos de propiedad de Anenecuilco, junto con los mapas milenarios, y así redescubrí la larga historia de abusos contra el pueblo, desde la Colonia española hasta el gobierno de Porfirio Díaz.

También, en aquellos largos momentos de soledad nocturna, pensaba en lo que me había dicho mi hermano: que los hombres del pueblo habían considerado elegir a Modesto González o a Bartolo Parral como reemplazo de Merino; después de todo, ellos eran más viejos y tenían más experiencia. Yo apenas había cumplido treinta años, estaba soltero, me sentía lleno de vida y, de repente, sentía una carga pesada sobre los hombros. Yo sería el responsable del triunfo o el fracaso de mi pueblo, de honrar la promesa que le hice a papá hacía tantos años.

Ocho días estuve en la iglesia del pueblo, leyendo los mismos papeles una y otra vez. Parecía que cada vez que los leía eran diferentes, y manchados de sangre. Me pareció que la caja estaba llena, no sólo de todos los males del mundo, sino de los fantasmas de las víctimas del abuso agrario.

Otra palabra con R... ¡Renacer!

Después de los ocho días que estuve encerrado en la iglesia, frente al señor de Anenecuilco, murió el joven idealista, el niño juguetón, mas no el amante y mujeriego. El pasado de mi familia me hirió tanto que no tuve otra opción que volver a nacer, cruzar el umbral (sí, otro) para salir como un hombre nuevo; sólo que en esta ocasión no hubo frío, ni lágrimas; no estaba yo indefenso frente al mundo ni buscaría consuelo para ese momento tan doloroso. Ya estaba vinculado con el destino de mi padre y de mis abuelos, ya había echado raíces en esta tierra, ya conocía las leyendas del pueblo desde tiempos modernos hasta aquellos ayeres lejanos en los que éramos gobernados por el Imperio mexica. Y me hice consciente del tiempo circular en el que habría de luchar.

El mismo maestro Torres Burgos, ahora dedicado a vender legumbres, cigarros y libros para ganarse la vida, se sentó conmigo para revisar los papeles; aunque él, en 1909, ya estaba envuelto en todas las ideas de reelección que provenían de Francisco I. Madero y pensaba fundar un grupo político en aquella región para protestar contra Porfirio Díaz.

Necesitaba actuar pronto para recuperar las tierras de Anenecuilco, pero ¿podría seguir el mismo curso que José Merino, el de un abogado en la capital, el de ir a la Secretaría de Agricultura y Fomento para tratar de exponer el tema?

Aquel asunto murió rápido. Otro abogado cercano al grupo de los hombres de Porfirio Díaz defendió a los hacendados.

Aquel procedimiento legal se había pagado con una cooperación reunida por los hombres del pueblo, su sudor y mucho sacrificio. No podía reunir otra vez al pueblo para pedirles más dinero; tendrían que sacarse el pan de la boca y de la boca de sus hijos para volver a pagar a un abogado.

Tendría que ser un hombre, dejar de usar terceros y plantarle cara al gobernador de Morelos y decirle: "Éstos son los papeles, haga usted valer la ley". Y, ¿por qué me sentía tan seguro de triunfar en semejante locura? Porque, como ya dije, el tiempo circular nos hace enfrentarnos a los mismos enemigos una y otra vez. El nuevo gobernador de Morelos era nada más y nada menos que el otrora jefe del Estado Mayor de Porfirio Díaz, Pablo Escandón.

¿Estaría dispuesto a recibirme para que le hablara sobre el problema agrario?

Reuní a un grupo de hombres, en el que estaba mi hermano, y emprendimos un pequeño viaje a la capital del estado, donde nos hicimos presentes en las oficinas del gobernador. Nos recibió porque no le quedó de otra. Le habían dicho que un grupo de mugrosos quería hablar con él sobre el problema de las tierras de Morelos, y ¡qué sorpresa se llevó! Al abrir la puerta, entramos todos de golpe, yo por delante, y apenas reconociéndome, le dije:

—Señor gobernador, vengo a pedirle que arreglemos de una vez por todas el problema de las tierras y el abuso de los hacendados.

Aquello no terminó en nada bueno. A Pablo Escandón parecía que le iba a dar un infarto, pues se puso completamente rojo, tanto que se le podían ver las venas hirviendo a través de la piel de las sienes. Me imagino que el muy cabrón ha de haber pensado: "Yo que ayudé a este cabrón desagradecido hace un par de años y entra como Pedro por su casa a exigir sus tierras".

Y era cierto, las exigía porque eran de Anenecuilco, ¿qué no?

Pero Pablo Escandón era demasiado porfirista como para aceptar que nosotros tuviéramos la razón, por más que le dije:

—Tenemos los títulos de propiedad y los mapas que lo prueban. El dueño de la Hacienda de Hospital es un ladrón mezquino, un cabrón que abusa de nosotros y quiere destruirnos usando una ley inmoral que nunca ha considerado a los pueblos…

Pablo Escandón me miraba en silencio, pues la rabia le impedía hablar, la sangre le hervía cada vez más, e intentaba contener el volcán de insulto y odio que sentía hacia nosotros. Así que, ejerciendo el respeto y el recato propios de su clase social, respiró hasta calmarse y fingió interés:

—Señor Zapata, le prometo que voy a revisar este asunto que nos resulta tan gravoso a todos. Ya encontraremos la mejor solución. Este problema tendrá mi mayor atención y usted recibirá una respuesta antes de lo que cree.

Salí de aquella oficina con la idea de quedarnos unos días en Morelos para presionar a Pablo Escandón a darnos una respuesta… Y la sabría pronto.

II

Soldados federales se aparecieron frente a las oficinas del gobernador de Morelos con la clara intención de enseñarnos cuál era "nuestro lugar". Sin decir una palabra, se adelantaron y me separaron del grupo. Esta vez el arresto no me llevó a la leva...

Me arrastraron por la calle, me llevaron a la cárcel y me encerraron en una celda en la cual no había nadie más.

Grité, les pedí que me soltaran; luché para que me dejaran libre, pero ellos eran más fuertes que mi deseo de huir.

Encarcelado, no tenía forma de hacerles saber a mis hermanos y mis hermanas que estaba bien. ¡Quién sabe qué andaría diciendo el gobierno de mí! Después de todo, necesitarían inventar una razón para mi arresto; aun el gobierno de Porfirio Díaz no podía pasarse la ley por el arco del triunfo, como quien dice. ¿Qué cargo me habrían inventado?

Las primeras horas estuve muy enojado como para pensar en eso. Pasé los minutos en mi celda mentándoles la madre y pidiéndoles que me liberaran o se iban a arrepentir; pero eso no pareció importarles mucho. Así que, ya cuando me cansé y logré sentarme en el frío piso de la celda, comencé a pensar un poco.

¡Diablos! Si no me despertaba el infernal frío, lo hacía la lluvia que solía golpear la ventana por las noches... y me resultaba difícil conciliar el sueño. Si acaso cerraba los ojos caía en círculos eternos por las cuencas vacías de las calaveras de jade. Racionaban el agua y la comida, la luz y la sombra, y sobre todo la información. Por eso, no sabía cuánto tiempo pasaba; los días y las horas se mezclaban con mis dolores de cabeza.

Ellos, los que tenían el poder, podían haberse deshecho de mí... Hubiera sido fácil dispararme a la mitad de la noche y decir que quería fugarme, o llevarme a la cárcel de San Juan de Ulúa, en Veracruz, donde dicen que las condiciones eran tan malas para los presos que morían de enfermedades terribles. Pero en 1910 la situación política ya estaba muy tensa como para que alguien se preocupara por mí.

Y es que aquel año sucedieron muchas cosas en el país; entre ellas, se celebrarían elecciones para escoger al presidente de México, y Porfirio Díaz había roto su promesa de no contender como candidato. ¡Quería reelegirse otra vez! La única diferencia fue que entonces sí tendría un candidato opositor con la fuerza necesaria para derrotarlo: el mismísimo señor Madero.

La cosa se puso seria, porque Francisco I. Madero necesitaba hacer campaña para que la gente votara por él y decidió viajar por todo el país levantando la voz a favor de la democracia y la libertad y en contra de los excesos cometidos por el gobierno de Porfirio Díaz, al cual le comenzó a resultar incómodo... No es de extrañarse que en la primera oportunidad que tuvo lo mandara a arrestar y lo encerrara en la cárcel de San Luis Potosí con la infame excusa de que sus palabras alteraban el orden público (porque en México, lo legal y lo moral suelen no representar lo mismo cuando el interés de un hombre con poder o de un partido político están en juego).

Es curioso pensar que aquel año muchos de los hombres que nos volveríamos importantes para la Revolución en México pisaríamos la cárcel.

¿Cómo salí de la prisión? Mis hombres fueron a Anenecuilco para avisarle a mis hermanos y mis hermanas que me habían arrestado, y ellos fueron hasta Cuernavaca para tratar de averiguar bajo qué cargo me tenían ahí. Les dijeron que yo había estado tomando y que había ocasionado desmanes. ¡Por favor! Así que entre todos mis hermanos juntaron dinero para sacarme de la cárcel.

Estoy segurísimo que tanto mi familia como los del gobierno pensaban que ya había escarmentado lo suficiente y que me estaría más tranquilo... Cómo se ve que no me conocían. Un destino no se cumple viendo pasar la vida. Debía recuperar las tierras.

Aún faltaba mucho por hacer si quería llegar al final.

Y entre aquellos tiempos convulsos comenzó a circular una palabra más con R: rumor... Pues con mi regreso a Anenecuilco volví a las andadas.

No fue necesario seducirla en las fiestas del pueblo, ni robármela y llevármela al monte. Al contrario, Josefita tenía una clase que no había visto antes. Sí, no sólo sabía los menesteres propios de una dama: bordar, guisar y mantener con dignidad a su familia, sino que también leía y escribía; le interesaban las noticias que llegaban desde la capital y cualquier avance en el tema de las tierras.

La cosa fue más o menos así. Venía regresando de estar en la cárcel; la verdá es que me sentía cansado. Sabía que necesitaría unos días de descanso para reponerme y enterarme cómo iba el asunto del señor Madero, cuando varios hombres y mujeres del pueblo se me acercaron para preguntarme por mi estancia en la cárcel y por el asunto de sus tierras. Eufemio estaba junto a mí y trataba de decirles que me dieran espacio, que ya luego hablaría con ellos, pero pos los de Anenecuilco querían saber en ese momento qué me había pasado.

Y así, entre tanto griterío, no sé por qué mis ojos se fijaron precisamente en la más callada de todas: una mujer menudita de pelo negro y ojos tan profundos como la noche. Ahí estaba con las manos quietas, con su vestido blanco y su sonrisa inocente; bajó la mirada como si le diera pena encontrarse con la mía, y luego la levantó tímida para asegurarse de que yo estuviera ahí. Y entonces supe que algo había cambiado entre nosotros, y en el mundo entero, porque su respiración cambió y la mía también, y nuestros pechos, aunque alejados físicamente, compartieron el mismo ritmo, la misma respiración.

El amor no nace con el primer beso, sino con la complicidad de una mirada que desnuda en secreto dos almas. Y eso fue lo que nos sucedió…

—Órale, Miliano, ya después les explicas a éstos —me dijo Eufemio, mientras intentaba sacarme de ahí, sin darse cuenta de que yo me estaba enamorando.

Tampoco le importó mucho. Minutos después, cuando ya nos encontramos a solas me sirvió un caballito de mal tequila.

—¿No tienes coñac?

—Ni que fuera fifí, Miliano… A ver, cuéntame qué te traes.

Le di un trago al aguardiente, me llevé el puro a la boca y lo encendí:

—¿Cómo que qué traigo? Muina porque el gobernador me encerró sin siquiera decir agua va.

—No, esa cara de perro no la traías en Cuernavaca. ¿Me vas a decir qué te pasa o te lo tengo que sacar a golpes, como cuando estábamos chamacos?

Apreté los labios y saqué un poco de humo por las comisuras.

—¿Viste a la chamaca que andaba ahí con los otros? La que estaba vestida de blanco y nada más nos miraba. Sí la viste, ¿no? Dime quién es…

Quiso reírse, pero se contuvo… Sólo una mueca le deformó el rostro cuando quiso explicarme…

—¿No estarás hablando de...? ¿No me digas que es la que llevaba el pelo recogido con un moño rojo? Miliano, me canso que tú no vas a escarmentar hasta que no te metan un balazo.

Esa jovencita que tanto te gustó es nada menos que Josefa Espejo, hija de un hombre de dinero; no es de Anenecuilco. Si te metes con ella, no te van a mandar a hacer de payaso en la hacienda de Ignacio de la Torre: te van a desaparecer en alguna tumba sin nombre. El padre de la señorita Espejo no va a soportar que la honra de su hija esté en juego por un pelado como tú, aunque seas el representante del pueblo. ¿Me oíste?

Y la mera verdad es que no lo había oído. Estaba embelesado con aquel nombre... Josefa... Josefita...

Decidí que si la vida volvía a ponernos uno en el camino del otro entonces estábamos destinados a estar juntos.

Así pues, una vez que estuve descansado, vino a visitarme el maestro Torres Burgos para decirme que en unos días más se llevarían a cabo las elecciones para presidente de México y que todo el país se burlaba de la situación. ¿Dónde se había visto que el candidato opositor estuviera en la cárcel? Cada día me convenzo más cuando Porfirio Díaz afirma que en México gana las elecciones el que cuenta los votos... O sea él.

Nadie se sorprendió cuando Porfirio Díaz se reeligió. Después de todo fue el gran dictador de México.

El objetivo era claro: tendríamos que volver a tratar con sus hombres y con su gente si queríamos hacer valer los derechos de Anenecuilco, pero mientras yo recuperaba mis fuerzas y pasaban las fiestas por el Centenario de la Independencia de México, que se celebraron en todo el país, volví a mis tierras por última vez regresando ocasionalmente a Anenecuilco. ¡Y cuál no sería mi sorpresa que ahí, bajo el sol de verano, caminaba Josefa con su canasta del mercado llena de chiles y legumbres! Parecía apurada, aunque iba acompañada de uno de sus hermanos.

Me atreví a acercarme, pero al encontrarme a su lado, me quedé sin palabras. Ella se sonrojó; sospecho que yo hice lo mismo. Recuerdo que su hermano la tomó del brazo como para protegerla.

—Buenas tardes, señor Zapata —saludó ella, tímida.

—Muy buenas, señorita Espejo —respondí—. ¿Sabe? Mis amigos me llaman Miliano... Si no le importa...

Ella bajó la mirada y sonrió.

—Prefiero Emiliano.

Quienes nos rodeaban, nos miraban sin decir nada, inventándonos un romance que todavía faltaba por florecer... Y comenzaron a circular los rumores.

—¿Se encuentra usted bien después de los días que pasó en la cárcel? Todos en los pueblos estábamos muy preocupados y esperábamos lo peor. Es usted muy valiente.

Su hermano la jaló hacia él, sin que ella dijera nada.

—Emiliano no te conviene; es un verdadero barrendero, jugador. Es un mujeriego que no tiene ni burro que montar...

—Sí tengo, fíjese... —le respondí, pero le importó muy poco, porque se la llevó lejos de mí.

Y si no los seguí fue porque escuché unos pasos que corrían hacia mí mientras gritaban:

—¡Emiliano, Emiliano, ahora sí se va a armar la buena! Y tenía razón...

III

Y quizás una de las palabras más importantes con R: ¡Revolución!

La noticia que el maestro Torres Burgos traía era de vital importancia. Tras las elecciones a Madero se le había permitido salir de la cárcel, pero no de San Luis Potosí. Pero este cabrón desobedeció al gobierno y se disfrazó para irse a San Antonio, Estados Unidos. Ahí, dicen, se reagruparía para defender la democracia y la libertad de México.

—¿Qué hacemos? ¿Esperamos? —me preguntó Torres Burgos.

—Tiene que saber que aquí, en Morelos, hay gente que lo apoya.

Suspiró. Para mí que ya sabía lo que le iba a pedir, así que no hubo necesidad de que se lo anduviera diciendo.

—Pues me voy a ir para el Norte y le voy a decir que aquí estamos para lo que se le ofrezca. Es posible que él te ayude a recuperar las tierras.

—Más vale que sea por las buenas, porque por las malas les va a salir más caro a ellos que a nosotros.

Dos días después, el maestro Torres Burgos empacó, se despidió de su familia y jaló pa'l Norte. Durante dos o tres semanas no tuve noticias de él. Llegué a imaginar lo peor: que tal vez había sido víctima de alguno de los salteadores de caminos, que estaban tan de moda por aquel entonces, aunque también cabía la posibilidad de que tuviera algún documento comprometedor y se pusiera en evidencia al enviarme una carta.

Yo no conocía bien al señor Madero, pero sabía que era un señor educado de clase alta. ¿Quién mejor que un maestro, como Torres Burgos, para hablarle del problema agrario? Tal vez...

La respuesta la descubrí en octubre de 1910, cuando Torres Burgos regresó a la ciudad y coincidió con la puesta en circulación de un documento muy curioso firmado por Francisco I. Madero. Sería llamado Plan de San Luis y comenzaba de una manera incendiaria. Nunca lo hubiera esperado de un catrín como él.

Los pueblos, en su esfuerzo constante por que triunfen los ideales de libertad y justicia, se ven precisados en determinados momentos históricos a realizar los mayores sacrificios. Nuestra querida patria ha llegado a uno de esos momentos: una tiranía que los mexicanos no estábamos acostumbrados a sufrir, desde que conquistamos nuestra independencia, nos oprime de tal manera, que ha llegado a hacerse intolerable. En cambio de esa tiranía se nos ofrece la paz, pero es una paz vergonzosa para el pueblo mexicano, porque no tiene por base el derecho, sino la fuerza; porque no tiene por objeto el engrandecimiento y prosperidad de la patria, sino enriquecer a un pequeño grupo que, abusando de su influencia, ha convertido los puestos públicos en fuente de beneficios exclusivamente personales, explotando sin escrúpulos todas las concesiones y contratos lucrativos.

Desde luego, las pláticas que había mantenido con Torres Burgos y con otras personas le habían abierto los ojos a Madero sobre el importantísimo problema agrario que afectaba a México los últimos años.

Recuerdo clarito que el texto decía:

Abusando de la ley de terrenos baldíos, numerosos pequeños propietarios, en su mayoría indígenas, han sido despojados de sus terrenos, ya por acuerdos de la Secretaría de Fomento, o por fallos de los tribunales de la República. Siendo de toda justicia restituir a sus antiguos poseedores los terrenos de que se les despojó de un modo tan arbitrario, se declaran sujetos a revisión tales disposiciones y fallos y se exigirá a los que los adquirieron de un modo inmoral, o a sus herederos, que los restituyan a sus primitivos propietarios, a quienes pagarán también una indemnización por los perjuicios sufridos. Sólo en el caso de que esos terrenos hayan pasado a tercera persona antes de la promulgación de este plan, los antiguos propietarios recibirán indemnización de aquellos en cuyo beneficio se verificó el despojo.

¿Y todo para qué? Pues el Plan de San Luis lo establecía muy claro:

El día 20 de noviembre, de las seis de la tarde en adelante, todos los ciudadanos de la República tomarán las armas para arrojar del poder a las autoridades que actualmente la gobiernan. Los pueblos que estén retirados de las vías de comunicación lo harán desde la víspera. Cuando las autoridades presenten resistencia armada, se les obligará por la fuerza de las armas a respetar la voluntad popular. Las autoridades que opongan resistencia a la realización de este plan serán reducidas a prisión para que se les juzgue por los tribunales de la República cuando la Revolución haya terminado.

En pocas palabras se estaba convocando precisamente a la lucha armada, y estaba por verse si tendría una respuesta oportuna.

Mientras tanto, yo estaba más entretenido con una exquisita y peligrosa palabra que también empezaba con R: romance.

La mera verdá es que, por más que Eufemio me decía que mejor me enfocara en mis campos y en el problema de las tierras, yo estaba más interesado en ganarme el corazón de Josefa Espejo.

Yo no sé qué secreto amatorio oculta la inocencia de una joven, que con el batir de sus pestañas puede embrujar hasta al hombre más serio de toda la región. Ella, Josefita, podía hacerlo.

Aquellos días se me metió hasta en los sueños. En lugar de soñar con las calaveras de jade, estaba ella... en la luna, en la tierra, en la espuma de mar, en los surcos que se formaban en mi vientre. ¡Cómo no iba a querer buscarla!

El problema ya lo sabía, me lo repetía Eufemio una y otra vez: la familia Espejo nunca dejaría que alguien como yo se metiera con Josefita.

Un día, cuando iba caminando a su casa, me encontré con su hermano.

—Vas a ver a Josefita, ¿no es cierto? —me cortó el paso.

—A usted qué le importa de dónde vengo y a dónde voy... —le respondí, aunque más bien me hubiera gustado darle un golpe en la nariz. ¡Quién se creía ese!

—Nomás le aviso que su papá y sus hermanos ya la pusimos sobre aviso para que no se meta con usted. Digo, por si pensaba enamorarla con palabras huecas. ¿Por qué no mejor va y se consigue una mujer de su... clase?

Y se alejó riendo, pero yo no me iba a dejar así nada más porque sí. Regresé a Anenecuilco y me estuve paseando por las calles del pueblo. Recuerdo que aquel día no comí; sólo pensaba y pensaba. ¿Robármela? No sería justo para ella, los rumores acabarían con su reputación. ¿Verla en secreto? No podría acercarme a ella sin que sus hermanos o su padre me lo impidieran. Mi nombre no podría soportar otro escándalo, ni una estancia en la cárcel.

Al caer la noche se me ocurrió una idea: ¡Josefita me había visto con Eufemio! Tal vez si mandaba a mi hermano a hablar con ella podría mandarle algún mensaje. ¿Podría hacerlo? Era una oportunidad.

Me senté con mi hermano y, durante la cena, lo planeamos todo.

A la mañana siguiente, Eufemio fue al otro pueblo para hablar con Josefita; la encontró cuando llegaba a su casa, afortunadamente sin sus hermanos. Josefita lo reconoció, pero no se lo dijo.

Eufemio se acercó:

—Espere el silbido y encontrará a Emiliano —le dijo y se alejó.

Josefita volvió a sus deberes diarios: coser los pantalones de sus hermanos, hervir algunas verduras en la cocina y cuidar las flores del patio. Cuando el sol comenzaba a esconderse detrás de los montes de Morelos, escuchó que alguien silbaba una canción inmemorial afuera de la casa.

Dejó a un lado la jarrita con la que le ponía agua a una maceta y corrió a la estancia de la casa. Se asomó por la ventana y no vio a nadie en la calle, pero seguía escuchando el silbido.

¿De dónde provenía?, se preguntó, y salió por la puerta principal. Buscó de dónde venía el sonido, miró a ambos lados, y nada. Josefita caminó; el silbido se perdió en la distancia. Al llegar al final de la calle encontró un papelito doblado en el suelo. Se puso de rodillas con mucho cuidado para recogerlo, y se enderezó para leerlo. Decía: "Sal a la ventana de tu casa a la una de la mañana". Lo guardó en los pliegues de vestido y volvió a sus deberes. Cenó y se fue a acostar temprano. Yo no sabía si ella iba atender a mi nota; tenía miedo de que no lo hiciera. Me sudaban las manos mientras caminaba de un lado al otro, con miedo...

Cayó la noche y fui hasta Villa de Ayala, donde ella vivía, y esperé unas horas. Hacía frío cuando empecé a rondar el caserón de los padres de Josefa Espejo. Veía mi propio aliento, iluminado por la luz de la luna. El cielo estaba salpicado de estrellas; se podían contar tantas constelaciones como batallas hubo después en la guerra.

Bajo la ventana, esperé y esperé... Cuando mi reloj de bolsillo constató que era la una de la mañana, suspiré profundamente, y volví a silbar la canción.

Nada.

Intenté silbar un poco más fuerte, con el riesgo de que me oyeran los hermanos de Josefita y me intentaran romper la crisma. Escuché que el seguro de la puerta se abría y una figura oscura se asomaba por el ventanal. En cuanto la iluminó la luz de la luna esbocé una tierna sonrisa.

—¿Emiliano? —preguntó ella.

—Yo soy —respondí.

Y estuvimos hablando en susurros hasta poco antes del amanecer, para que nadie nos escuchara. No quise besarla, ni tampoco rozarla con mis dedos. Mi acelerado corazón me decía que tenía que respetarla para amarla, que algo más fuerte debía unirnos.

A partir de aquel día resolvimos vernos en secreto. Para hacerlo, yo vigilaba el momento en que estuviera sola y comenzaba a silbar.

Cuando ella salía de la casa se encontraba con un papel donde decía dónde debíamos reunirnos, a escondidas. A veces de día, otras de noche; pero siempre alejados de sus hermanos y de sus padres, que ya sospechaban algo y no dejaban de decirle a mi querida Josefita que yo no era un candidato adecuado para casarme con ella.

Y llegó el 20 de noviembre, cuando inició la Revolución en contra del gobierno de Porfirio Díaz y de sus desmedidos abusos.

IV

El cura de Axochiapan, un pueblo cercano, vino a Anenecuilco a verme, montado en un caballo. Yo lo recibí en mi casa. Se sentó en una silla que tenía cerca de la puerta y se pasó un pañuelo blanco por la frente; parecía incómodo por mi forma de fumar puro. Caía la noche.

—Señor Zapata, vengo a toda prisa a contarle que hay varios caciques que se están levantando en armas en todo Morelos, como Ambrosio Figueroa y Otilio Montaño. Reunieron pequeños ejércitos al grito de "¡Abajo las haciendas, viva los pueblos!".

—¿Quiere que me una a ellos? Yo sí tengo voz de mando.

El cura negó con la cabeza.

—Quiero que usted también se levante en armas y apoye la lucha del señor Madero. México necesita una transformación; Porfirio Díaz tiene que saber que los pueblos de Morelos no se van a quedar callados ante los abusos. Es su momento, señor Zapata. ¡Ha llegado la hora de luchar! El caballo que tengo allá afuera es para usted.

Suspiré, mi mente trabajaba sobre lo que debía hacer o no, mientras mi puro se iba consumiendo.

—No nos queda de otra más que hacer valer nuestra ley sobre la otra ley —respondí, al tiempo que mi alma de pólvora comenzaba a arder con la fuerza de mil soles—. Ayúdeme a convocar a la gente del pueblo; le diré a mi hermano que haga lo mismo. Hoy inicia la lucha.

Menos de una hora después, en la plaza de Anenecuilco, se habían reunido hombres, mujeres y niños a escucharme. Luego supe que entre ellos se encontraba un hombre que me acompañó en la lucha y que la describía en sus cuadernitos. Su nombre era Octavio Paz Solórzano.

La luna iluminaba todos aquellos rostros que me miraban con gran expectativa. Tras un momento de duda, proseguí con mi plan.

—¡Compañeros! —les hablé a todos desde mi caballo—. Hablé con el gobernador de Morelos y mandó encerrarme en la cárcel; los hombres de la capital tampoco quieren escuchar nuestros ruegos. ¿Cuánto tiempo vamos a seguir así? ¿Cuánto más vamos a aguantar que los hacendados de Morelos sigan robando nuestras tierras, quitándole el pan a nuestros hijos y azotando a nuestros padres porque no trabajan rápido? ¡Hijos de Morelos! Ya no podemos seguir por este camino: únanse conmigo y recuperaremos por las armas lo que nos fue arrebatado por las leyes injustas. Tomen sus armas y síganme...

Vi a hombres, mujeres y niños levantar el puño al aire y dar un grito fuerte.

—¡Vayan por sus armas! ¡A partir de hoy somos un ejército! —añadí.

Y obedecieron, tal como se los había dicho, lo cual causó que el cura sonriera y que Eufemio se me acercara, preocupado.

—¿De verdad vamos a hacer justicia, Miliano?

—Sí, hermano, y además vamos a hacer historia —respondí, confiado.

No tenía un plan para recuperar las tierras, pero ya había incendiado el espíritu de la gente.

Con el paso de las horas se corrió la voz, por todos los pueblos cercanos, de que me había levantado en armas, y que luchaba por las tierras, tanto, que pronto me vi con un ejército de tres mil hombres armados que esperaban órdenes mías, lo cual era una gran responsabilidad. Ni en mis sueños estaba yo al mando de un ejército, ni había otros líderes formando ejércitos por la misma causa.

Desde luego, mi primer impulso fue ir a la Hacienda de Hospital y tomarla para que así se resolviera el problema; pero la cosa no era tan fácil. Desde el principio tuve miedo, porque sabía que en cualquier chico rato iban a llegar los federales, o los contras (como les decía mi hermano Eufemio), y la cosa no iba a ser solamente ir y tomar una plaza, sino enfrentarse con los federales. Hacer la guerra de a deveras con otro ejército y ver de qué cuero salen más correas.

Total que con mi nuevo ejército logré tomar Axochiapan, y de ahí nos fuimos a la hacienda para hacer lo mismo; luego lo repetimos en Jonacatepec. La cosa estaba en apoderarnos lentamente de puntos estratégicos de Morelos, para ya luego hacernos de todo el estado y así poner orden en el asunto de las tierras.

Faltaba otra ciudad importante. Yo había escuchado su nombre cantidad de veces en las historias que el maestro Torres Burgos me contaba sobre la historia de México. Morelos había sido sitiado en Cuautla por el general Félix María Calleja, y después de muchos días, ¡Morelos había triunfado!

Cuautla tenía que ser mía...

Si soy honesto, tengo que aceptar que los hombres de mi ejército no eran propiamente soldados. No tenían una preparación militar, cuantimenos sabían de estrategia; pero tenían el valor para hacerle frente a las circunstancias y razón de sobra para emprender la guerra. Así que nos dirigimos hacia Cuautla, donde ya nos esperaban cosa de cuatrocientos soldados federales.

Esto es lo que hicimos: mis hombres rodearon la ciudad y yo mandé que se cortaran las líneas telegráficas y que no permitieran que entrara ni saliera correo alguno. Es más, ni entraban ni salían trenes.

Le mandé decir al general encargado de la plaza que se rindiera, pero él me contestó que mientras tuviera un soldado a su mando o un cartucho seguiría peleando.

Bien, si eso quería, eso iba a obtener. Primero envié a la caballería, como había hecho durante las otras tomas de ciudades, pero no esperaba que en Cuautla tuvieran artillería pesada y dispararan desde las alturas. ¡Ay, pero qué idiota fui! En ese primer intento murieron algo así como trescientos hombres.

Yo no me iba a rendir.

Nos hicimos de un tren vacío que nos sirvió para guarecernos y más tarde ordené que se llevara a cabo un ataque general a Cuautla. Ahora sí iban a ver esos pelados que cantidad es mejor que calidad. Llenamos los ductos de gasolina y les prendimos fuego. Los soldados salieron...

Cuando empieza una batalla, uno ya no piensa nada más que en sobrevivir. Una bala pasó cerca de mi sombrero, pero pues yo no me iba a rendir. Soy mexicano, ¿no? Eufemio empuñó un viejo machete que había sido propiedad de nuestro abuelo y se adentró a la bola de hombres que luchaban como Dios les daba a entender, lo mismo con fusiles que con cuchillos o bayonetas. Se disparaba a quemarropa. Aquí y allá vi nubes de sangre que aparecían de repente y que se desvanecían en el viento. Olía a muerte, a pólvora y a miedo.

Yo mismo bajé del caballo, me ajusté el sombrero y me apoderé de un cuchillo. Por supuesto, uno de los soldados se me abalanzó, pero lo hice a un lado con un movimiento de mi brazo. Llevaba una bayoneta en la mano, con la que quería apuñalarme. Y era muy insistente en ello, pero yo lo bloqueaba con el cuchillo que llevaba en la mano.

De repente, vi una pistola que apuntaba directamente a la sien de aquel soldado federal, y sin contemplaciones, disparó. Aquel joven, que no tendría más de veinticinco años ahora había quedado muerto sobre la tierra seca.

Yo, con el rostro manchado de sangre, voltié para ver quién me había salvado el pellejo y descubrí a mi propio hermano.

—¿Estás bien, Miliano?

Asentí en silencio.

—Pues vamos, ya estamos ganando la batalla.

Y tenía razón, en unos minutos más Cuautla pasó a manos de mi ejército. De ese modo lograría que muchos riquillos de Cuernavaca huyeran del estado. Si a eso le sumamos que otros líderes rebeldes estaban tomando pueblos y ciudades... Morelos estaba en manos de los pueblos. ¡Al fin!

Días después vinieron a decirme que el general Victoriano Huerta había llegado a Cuernavaca con seiscientos soldados y parloteaba en público que recuperaría Cuautla a la mala; pero no lo hizo. Se quedó en el estado algunos días y ya luego regresó a la capital. Para mí que tuvo miedo de enfrentarse a mi ejército o de dejar la capital desprotegida. Haya sido como haya sido, el pueblo le estaba ganando al gobierno, al menos en Morelos... Y eso le convenía al señor Madero.

La pregunta que yo me hacía antes de irme a dormir era: ¿sería el sueño de Madero una pesadilla?

Según dicen, mientras participaba en aquellos primeros asaltos de la Revolución, el maestro Pablo Torres Burgos se encontró con otro jefe revolucionario: un tal Gabriel Tetepa, quien le prestó hombres para que pudiera tomar Jojutla, pero éstos no solamente le ayudaron a tomar la ciudad, sino que se metieron a las casas a robar, mediante un saqueo que atemorizó a toda la región.

Es de esperarse que Torres Burgos les recriminara el actuar de sus hombres y que Tetepa lo mandara a volar. Pues ya ni modo, con los pocos hombres que le quedaban, y con sus hijos, Torres Burgos se fue para Rancho Viejo y se detuvo a descansar. Ahí mandó a su hijo por algo de comida para pasar la noche, pero cuando éste cumplía el encargo de su padre fue sorprendido por unos soldados del gobierno. Quién sabe qué le dijeron los federales para que el chamaco los llevara con Torres Burgos, quien ya se encontraba dormido, y ahí, en el acto lo fusilaron. Lo mismo que a sus hijos.

Durmió sin saber que nunca despertaría, y que su cuerpo sin vida sería llevado a diferentes poblados para advertirle a la gente que eso les pasaría a todos aquellos que se unieran a la revolución en contra del gobierno.

V

Una última palabra con R... ¡Renuncia!

Dicen que Porfirio Díaz estaba cenando en su casa de la Ciudad de México cuando le llegó un telegrama para informarle que mis hombres ya estaban haciendo de las suyas en Morelos. Se le indigestó la comida, alejó el plato de sí y suspiró con mucho pesar. Luego se volvió hacia su esposa y exclamó:

—Si el Sur se ha levantado, entonces todo está perdido.

Pocos días después, Francisco Villa desobedeció las órdenes de Madero y tomó Ciudad Juárez, lo cual provocó que el gobierno negociara con los revolucionarios. No hubo de otra, la suerte estaba echada y el castillo de naipes se había derrumbado por completo.

A finales de mayo de 1911, Porfirio Díaz dictó una carta para el congreso:

Respetando, como siempre he respetado la voluntad del pueblo, y de conformidad con el artículo 82 de la Constitución federal, vengo ante la Suprema Representación de la Nación a dimitir sin reserva el encargo de presidente constitucional de la República, con que me honró el pueblo nacional; y lo hago con tanta más razón, cuanto que para retenerlo sería necesario seguir derramando sangre mexicana...

Su esposa le tuvo que sostener la mano mientras firmaba. Los dos abandonaron la capital a la mitad de la noche para evitar protestas.

Así, terminaron más de treinta años de un gobierno que no se preocupó por su pueblo y empezó la etapa más cruel de la Revolución.

Mientras, yo reunía a todos los hombres y mujeres que habían luchado conmigo, y les decía: ¡Que todos los hijos...

Cempohualli

...de Morelos tomen las armas para defender lo que es suyo, y que todas las hijas de Morelos se preparen para llorar sobre los cadáveres de sus hijos, hermanos y padres, cuyas vidas serán arrebatadas por una causa justa! ¡Que inicie la Revolución para combatir a todos aquellos que, con sus acciones, traicionan al pueblo, lo oprimen, le arrebatan su dignidad, y cobardemente lo asesinan! ¡Que en cada árbol y cada poste de la patria se cuelgue a estos hombres y mujeres que han permitido el robo de tierras, que han dejado que los niños no tengan un mendrugo de pan para llevarse a la boca, que han evitado que en las escuelas enseñen sobre la historia patria y las calaveras de jade para que la ignorancia produzca esclavos en lugar de buenos mexicanos, que han preferido matar a los que levantan la voz en lugar de escuchar los gritos de aquellos que exigen justicia! ¡Justicia! ¡Justicia! ¡Que truene la pólvora, que se descarrilen los trenes, que se fusile a los traidores, que caigan todas las tiendas de raya, que se le permita a las mujeres hacer la guerra y a los niños soñar sin guerra! ¡Recuperemos por las malas lo que no se nos ha querido otorgar por las buenas, porque estamos cansados de las miserias que nos dan como limosna, de los trabajos mal pagados, de las deudas patronales, de cómo nos humillan cada vez que por necesidad uno de nosotros extiende la mano y sólo le dan unos lastimeros centavos! ¡Que se oiga el tronido de los cañones, que retiemblen en su centro las tierras, que se empapen de sangre las campiñas y los montes, que el alcohol lave las heridas emponzoñadas, y el aguardiente cure los recuerdos más dolorosos! ¡Que muera el mal gobierno y que los cimientos del cielo se desplomen, que todo el universo dé un grito fuerte antes de morir, pues mi voz, que no es mía, sino de todos los hijos de Morelos, llegue hasta los límites de la Tierra, porque la Revolución deberá terminar con el abuso de las haciendas, con sus privilegios ancestrales que seducen a los hombres, porque todas las riquezas sin medidas corrompen el alma, y estas *almas destruyen patrias nobles como México, Morelos, Villa de Ayala, Anenecuilco, y ¡que no termine la lucha agraria! ¡Que se abran las gargantas y se escuche el clamor: tierra y libertad; la tierra es de quien la trabaja! ¡Que a esos héroes de la Revolución, peones sin nombre, se les den las guirnaldas de oliva! ¡Que se recuerde el sacrificio y la lucha, recuerdo merecido para ellos de gloria! ¡Un laurel de victoria· para la causa agraria y un sepulcro de honor para ellos, los hijos de Morelos y mártires de la Revolución! ¡Que tomen todos las armas, porque la muerte también es una guerra que debemos conquistar!*

Cempohualli huan ce

1916-1917

I

YO HE VISTO A ESOS FANTASMAS. ¡Lo juro!

Me asomo a los espejos como quien contempla el sagrado Mictlán; desde ahí veo no mi rostro sino los ojos de mi padre, la calvicie de mi abuelo, la sonrisa de mi hermano Eufemio, la piel tostada de los antiguos tlatoanis mexicas, el bigote propio de los conquistadores españoles, el México de ayer, el sombrero que usaba uno de mis generales, el gazné que me obsequió un anciano de Xochimilco; el joven Emiliano del que se enamoró mi amada esposa, Josefa; pasado y futuro.

A veces uno está preparando una estrategia para tomar, digamos, Chilpancingo, y darle en la madre al enemigo, cuando de repente te acuerdas de la tarde en que te dijeron que tu mamá había muerto. Recuerdo clarito que yo tenía dieciséis años y aquella noticia me cayó de golpe, como si me hubieran arrebatado todo el aire de los pulmones y lo hubieran reemplazado con sollozos. No hablé durante muchas horas y me aguanté las lágrimas hasta que estuve solo, en la cama, y me llené de recuerdos. Ella no estaba enferma; no la vi apagarse como el pabilo de un cirio de iglesia. Simplemente se esfumó... Así, de golpe. Y hasta ahora llevo en mi conciencia que nunca pude inclinarme sobre su lecho y decir, simplemente: adiós, gracias, o lo que fuera.

Once meses después, cuando yo tenía diecisiete, mi padre también traspasó el umbral y se fue al más allá. Se habría muerto de tristeza, o se le habrían terminado las ganas de vivir sin mi madre. No lo sé. Hay parejas que están tan unidas en la vida, que no se pueden dejar ni en la muerte. Dicen que eso mismo le sucedió a Benito Juárez cuando falleció su esposa Margarita, y él murió de angina de pecho pocos meses después... ¿O habrá sido de corazón roto?

Después de vivir un ideal en Tlaltizapán, Carranza volcó toda su ira para destruir ese sueño zapatista y aplastar lo que quedaba del Plan de Ayala.

En 1916 los ejércitos federales entraron con violencia en Morelos y empezaron a destruir todo a su paso, como si de una plaga bíblica se tratara. Comenzaron por arrasar con los pueblos por los que pasaban, apilando los cuerpos de los muertos como si nunca hubieran tenido valor alguno.

En ese entonces apareció en escena el general Pablo González. En Jonacatepec se atrevió a entrar sin más razón que sus tamaños; arrestó a doscientos veinticinco hombres y sin juicio los fue amontonando. Luego, los fusiló de la manera más cruel, sin importarle si aquellos campesinos eran soldados o peones. Sus cuerpos quedaron apilados y no se les permitió a las viudas ni a los hijos ni siquiera una oportunidad de llorarlos.

Pablo González, a sabiendas de que la tierra de Morelos era fértil para sembrar sueños, también quiso sembrar ¡miedo!

Y supo cosecharlo.

En cuanto las noticias de lo que había pasado en Jonacatepec comenzaron a circular por toda la región, se perdió la esperanza. Una vez más, como en tiempos de Porfirio Díaz, se temió que los soldados federales aparecieran de la nada, quemaran sembradíos e invitaran a mi vieja amiga, la muerte, a pasearse sin pudor como si todo el estado fuera un cementerio.

Pero aquellas batallas iniciales solamente eran juegos preliminares, pues él sabía perfectamente a quién deseaba destruir por sobre todas las cosas.

Una noche se quedó despierto y salió al campo a contemplar una luna roja, como si estuviera bañada de sangre. Estuvo pensando y pensando cómo ganar su siguiente batalla y, al llegar la mañana, reunió a sus soldados y les anunció:

—Ahora sí nos vamos a chingar a Zapata. ¡Viva Venustiano Carranza!

Y preparó a sus tropas.

Yo había terminado de desayunar cuando llegaron a avisarme que venían los contras y de inmediato puse en alerta a todos mis hombres.

—¡Órale! —grité—, preparen la dinamita, saquen el parque de la bodega, carguen las metralletas y alisten las pistolas.

Todos corrían desorganizados como pollos sin cabeza tratando de adivinar qué le tocaba hacer a cada uno. Habían perdido la costumbre de la guerra; el sueño de Tlaltizapán los había embrutecido. Agustín se mantuvo a mi lado; no tuve oportunidad de llamar a Genovevo o a Eufemio para que me ayudaran, pues se encontraban en otros pueblos.

Cuando llegaron los soldados federales comenzó la confrontación. Después de los primeros estallidos de pólvora, cayeron los primeros heridos y se escucharon los gemidos lamentables de quienes están perdiendo una batalla. ¿Y cómo levantar la moral de unos hombres que se saben perdidos cuando la batalla aún no ha terminado?

De inmediato fui hasta mi casa por mi caja de latón. Y es que no me quedó de otra que ordenar la retirada. Mis sueños quedaron ahí tirados. Mis ideales se esfumaron en aquellas nubes de pólvora. Cuando iba montado en mi caballo, alejándome de Tlaltizapán, me di cuenta de todo lo que dejaba atrás: cacharros destrozados, pocitos de café arrumbados en el suelo, polvaredas ensangrentadas, vidrios rotos, cosechas que tarde o temprano morirían... Finalmente, yo también era víctima de la revolución que había iniciado. Entendí que no me sería posible vivir en paz.

Los pueblos de alrededor estaban llenos de federales, de muertos, de edificios quemados y de hombres sacrificados. Por primera vez en mi vida no pude encontrar refugio en Morelos sin exponerme, y tuvimos que seguir andando, ya diezmados, hasta las faldas del Popocatépetl. Ahí llegamos por primera vez a Tochimilco.

Teníamos que reorganizarnos, pero poco sabría que lo haría con noticias tan funestas: las fuerzas carrancistas destruyeron los ingenios para vender la maquinaria como si se tratara de fierro viejo; se llevaron a la capital las puertas y las ventanas, las bancas de los jardines, las cazuelas de barro, los fogones viejos y hasta las cañerías de plomo, para venderlos en la Plazuela de las Vizcaínas. La paz perpetua con la que había soñado en Tlaltizapán se desmoronó en pedazos, que luego fueron vendidos como escombro al mejor postor.

Más tarde vinieron a decirme que entre los hombres caídos en la batalla y los capturados que Pablo González había mandado fusilar, aquel breve encuentro con los federales había dejado doscientos ochenta y tres zapatistas muertos.

Durante varios días guardé esa noticia dentro de mí y no quise comentarla con nadie, ni con las soldaderas, ni con Genovevo ni con Eufemio. Finalmente, no me pude contener, y después de un par de copas de coñac en compañía de mis amigos, me excusé para encerrarme en mi habitación. Me senté en la cama. Afuera llovía y sin embargo un rayo de luz de luna alcanzaba a filtrarse entre las nubes de tormenta. Me cubrí el rostro con ambas manos y lloré. Ojalá en ese momento hubieran estado mis padres o mi querida Josefita para consolarme.

Quienes nos hacen héroes no saben que para un hombre a veces es más difícil enfrentar la soledad que el fragor de la batalla más cruel.

Así, melancólico y sangriento, terminó aquel año mientras nos reagrupábamos y pensábamos cómo darle la vuelta a Pablo González y a Venustiano Carranza.

II

Curioso año fue 1917.

En Rusia, una revolución de campesinos se levantó contra los abusos del zar Nicolás II; Estados Unidos le declaró la guerra a Alemania y entró a la Gran Guerra que parecía dividir al mundo; en Portugal tres pastorcitos dijeron que se les había aparecido la Santísima Virgen y había hecho explotar el sol en rayos de mil colores, y en México, después de varias sesiones de los diputados reunidos en el Teatro Iturbide de Querétaro, se promulgó una nueva Constitución, nada más y nada menos que en la misma fecha, el 5 de febrero, en que se promulgó la Constitución anterior, la de 1857.

A los cuatro vientos se anunció que la nueva Constitución ya no consideraba un vicepresidente, que todos los mexicanos ya teníamos garantías individuales, que la educación iba a ser laica y gratuita... ¡En fin! Muchos adelantos que se ven muy bonitos en el papel, pero que no iba a ser fácil ponerlos en práctica; porque, a ver, ¿de qué sirve que la educación ya no esté manchada por los altos jerarcas de la Iglesia católica y que no cobren por asistir a la escuela, si en los pueblos de Morelos ni hay escuelas, ni los niños tienen el tiempo para aprender a leer y escribir, ni hay maestros suficientes para todos los pueblos? ¿De qué sirve que todo eso esté escrito en ese libro tan bonito con ese título tan fastuoso: Constitución Política de los Estados Unidos Mexicanos? ¿Quién velará por que se cumpla esa ley cabalmente?

No cabe duda de que Venustiano Carranza no es un hombre del pueblo, sino un politiquillo más como Porfirio o Madero. (Del carroñero Victoriano Huerta, mejor ni hablemos.) En pocas palabras, otro tirano.

Lo mismo sucedió con el derecho agrario.

El Plan de Ayala, que había sido mi bandera de lucha desde 1911, fue pasando de boca en boca, de pueblo en pueblo, y de una copia en papel a otra, pues en su momento se imprimió en *El Diario del Hogar*, hasta que llegó a manos de Venustiano Carranza. No creo que el barbas de chivo creyera en lo que yo había escrito en el plan, pero reconocía el valor que tenía, sobre todo entre las clases menos favorecidas de mexicanos.

Para él, eso de repartir las tierras entre sus dueños originales seguramente era una barbaridad que no ayudaría a la economía nacional.

Lo que quiero decir es que creo que Carranza no pretendía ser un buen presidente; quería ser popular, y de ahí se apalancó para derogar la Ley Lerdo y la Ley de Enajenación de Terrenos Baldíos. En cambio, prohibió la venta de las tierras y las concesiones ilegales, lo que abrió el camino para que se llevara a cabo el reparto de tierras... en papel, porque la realidad fue muy diferente.

El problema era que, estando el espíritu del Plan de Ayala en la Constitución, ¿para qué peleaba más si, según Carranza, el asunto agrario ya estaba contemplado en la ley? Me habían arrebatado mi bandera, pero no mi alma de pólvora, ni mis deseos de lucha.

Si la cosa iba a estar así, pos iba a tener que hacer justicia y reordenar a Morelos por mi cuenta. Si no lo hacía yo, ¿quién?

En la capital se instalaron mesas para resolver el asunto agrario, se mandaron traer los títulos de propiedad de todo el país y se apilaron en los rincones del Congreso, junto con mapas y decretos. Algunos estaban en náhuatl, otros en español antiguo. A más de uno hubo que soplarle el polvo para adivinar lo que había escrito en ellos.

Pero los ingenieritos encargados de esas labores apenas cotejaban los documentos o discutían su veracidad y no resolvieron nada porque el asunto de la propiedad de las tierras no les interesaba.

¿Cómo era esa frase que decía Porfirio Díaz? Ah, sí, que cuando un político no quiere resolver un asunto, lo que debe hacer es formar una comisión en el Congreso.

Pues eso mismo sucedió.

Así, en la práctica, la nueva Constitución traicionó el Plan de Ayala.

No tuve más opción que reanudar la guerrilla en Morelos.

III

En aquel 1917, otro fantasma se sumó al panteón que llevo en la pupila. Mi gran amigo y hermano, Eufemio Zapata... mi compañero inseparable de juegos, mi cómplice, mi carne y sangre. Estaba refugiado en Cuautla, vigilando la plaza y custodiando a Ignacio de la Torre. ¡Maldigo el momento en que recibí aquella carta!

Municipalidad de Morelos.

C. General en jefe de las fuerzas libertadoras, Emiliano Zapata.

Después de los acontecimientos de que ya tendrá usted noticia con el propio que se le mandó, hago la dolorosa pena de participarle, que habiendo tenido conocimiento de que el señor general Eufemio Zapata, llevado herido y en calidad de preso, en unión de los jefes Caballero y Julio Díaz, por el jefe Sidronio Camacho y su gente, fue abandonado cerca del rancho de San José en un estado agonizante, en cuya virtud dispuse se fuera a traer, lo que se verificó desde luego, y al llegar con el herido a su casa falleció momentos después. Tengo la pena de comunicarle a usted tan infausto acontecimiento, esperando sus respetables órdenes.

Reforma, libertad, justicia y ley. H. Morelos, junio 18 de 1917.

El presidente municipal

Otra vez sentí el nudo en el estómago, las ganas de vomitar, los deseos irrealizables de hablar de nuevo con mi hermano, de escuchar su voz; al menos, de inclinarme sobre su oído y decirle: "Adiós, mi querido hermano... vuela hasta la eternidad como el águila de la bandera, hasta encontrar un nuevo hogar".

Ya luego me enteré bien cuál había sido la causa de su muerte. Resulta que, muy en su naturaleza, había ido a una cantina de allá llamada El Clarín de los Gallos a echarse sus tequilitas... Y pues, una cosa llevó a otra y acabó en un estado que, bueno, digamos que no era estado de gracia, sino más bien inconveniente. Salió de allí y se encontró con unos comerciantes que vendían camisas. Y como que se le hizo cara la mercancía. Mi hermano, con la sangre muy caliente, se puso a insultar a un anciano y hasta cinturonazos le dio. Ahí, enfrente de todos (se ve que estuvo buena la borrachera en la cantina).

Ese anciano era el padre de uno de mis oficiales, Sidronio Camacho, al que yo le había puesto el apodo del Loco Sidronio y no gozaba de una buena reputación. Para no hacer el cuento largo, Sidronio se enteró del incidente y fue a buscar a mi hermano para reclamarle, subieron los ánimos y decidieron retarse para saldar la deuda de honor.

Ambos sacaron la pistola. La tensión estaba al límite.

Mi hermano disparó primero...

Y falló.

Cuando le tocó el turno a Sidronio, éste apuntó bien y, sin pensarlo, disparó certero. Mi hermano cayó moribundo sobre un hormiguero. El resto de esta penosa historia quedó en la carta.

Mandé traer su cuerpo y lo enterré en Anenecuilco, ahí, en el cementerio en el que reposan los restos de tantos Zapatas.

Su alma quedó en el espejo, para siempre.

Desde que me levanté en armas en 1911 para apoyar la lucha de Francisco I. Madero contra Porfirio Díaz, entonces presidente de México durante más de treinta y cinco años, Morelos fue un juego de dominó, o quizás una casa de naipes que se desmoronó en cuestión de semanas. Todo el estado entró en una descomposición cruel: las haciendas perdieron terrenos; los pueblos quedaron destruidos, los caminos quemados, los pozos secos; los caciques se defendían a punta de pistola, y las deudas se saldaban a balazos, no con palabras de caballero.

Mi muy querido hermano fue víctima de ese ambiente enrarecido que se vivió en toda la zona, y como él, hubo otros que también perdieron la vida fuera del campo de batalla. Pero, ¿no es así como debe hacerse una revolución, destruyendo el mundo entero y volviéndolo a levantar desde sus columnas rotas? ¿Cómo podría haber cambiado México si hubiera mantenido sus rancias estructuras?

Revolucionar es renacer, reinventar y reestructurar. Pensar de nuevo qué debe ser México... Y, para mí, México era su tierra y su pueblo, el maíz y el azúcar, su pasado, sus pueblos indígenas; porque la tierra debe de ser de quienes la trabajan, no de quienes tienen el poder de robarla y explotarla para sus intereses.

Debíamos terminar para siempre con los vicios y los pecados que emanaron del gobierno de Porfirio Díaz o que fueron solapados por él.

A veces revolución también significa revolver las aguas violentas de la patria, mancharlas de rojo y agitar la memoria de la gente. Entendí que la mejor forma de detener a Pablo González era volver a la guerra de guerrillas que nos había caracterizado desde el principio de la lucha armada.

Así pues, organizaba pequeños ejércitos y batía, de sorpresa, a los federales. Al mismo tiempo atacaba estaciones de tren cercanas a la Ciudad de México, como fue el caso de Xochimilco; en otras, mis blancos fueron las bombas de agua. Eso sin mencionar los ataques a los postes de teléfono y de telégrafo.

Fueron ataques intensos que no podían pasar desapercibidos a los típicos periodistas de la capital que solían atacarme, y que volvieron a desacreditarme en sus artículos, y también a mi lucha y a todos los hijos e hijas de Morelos que daban la vida por sus ideales.

Morelos se volvió violento, y quedó ensangrentado. A Pablo González lo combatimos con su propio juego infernal y no tuvo más opción que retirarse del estado durante algunos meses.

Sólo entonces pude comprobar en qué condición había quedado todo. Me pareció terrible constatar los innumerables abusos, atropellos, crímenes y actos vandálicos que se cometieron. Pablo González había asolado poblaciones, quemado casas, destruido cementeras y saqueado casas e iglesias. Me llené de una rabia impotente. A Cuernavaca la habían dejado irreconocible; muchas casas estaban sin puertas, las calles y las plazas habían quedado convertidas en estercoleros, los templos abiertos, las imágenes destrozadas, la ciudad casi abandonada; pues los hombres pacíficos se habían ido. Las tres familias que permanecieron se habían escondido en sus casas ante aquel horror: el tufo a muerte, el horror de la gran pobreza y la desolación de los campos quemados que alguna vez albergaron fructíferos sembradíos...

La miseria engendra desigualdad, y la necesidad causa las revoluciones. Por eso comenzaron los robos en Morelos... porque la gente necesitaba comer, alimentar a los suyos, vivir de lo que pudieran. A ellos, en aquel momento de la historia de México, la Revolución no les había traído más que marginación y dolor... La lucha armada no les había hecho justicia. Habían perdido la esperanza de vivir en un México nuevo.

¡Qué cansado estaba entonces! De tanta matazón y de esa larga revolución mi propia vida comenzaba a perder sentido.

Instalé un cuartel zapatista en Tlaltizapán, pero no volvía ese ideal tan hermoso que instalamos en 1915.

Ése había muerto... Carranza le había dado el tiro de gracia.

IV

Con la miseria, con la muerte, con el hambre, con la Revolución, siempre llegan las enfermedades... Y pronto mis hombres, sus mujeres y sus niños, comenzaron a enfermar de paludismo, disentería e influenza. La Revolución estuvo repleta de tumbas sin nombre, llenas de héroes desconocidos.

No puedo dejar de pensar en mi amadísima Josefa Espejo de Zapata... No cualquier mujer aguanta que su marido ande a salto de mata recuperando tierras, o haciéndose de la vista gorda frente a los múltiples romances que tenía y de los que se enteraba, o de los que me inventaban y seguramente los creía ciertos porque: hazte fama y échate... no precisamente a dormir. ¿Habrá sentido celos? ¿La habrá invadido un deseo de venganza? O al adoptar su rol de madre y fiel esposa, ¿prefería ser la catedral de mi corazón sin importarle que yo tuviera mis capillitas?

No sé por qué me enamoré de su cara redonda, de sus manos toscas, de sus ojos tan parecidos a los granos del café una mañana de febrero, de su cuerpo grande, su cintura rechoncha, su piel como la tierra que se hunde en mis manos. Josefa no era como las damas de la capital, que vestían tafetán y seda francesa, que portaban corsé para modelar cinturas pequeñas y que pasaban horas frente al espejo enchulándose con peines y maquillajes. Más bien era una mujer en toda la extensión de la palabra, orgullosa de usar un rebozo sobre los hombros, de seguirme hasta el confín de la patria; de ser, ante todo, la esposa de Emiliano Zapata.

Con ella me sentía seguro; con ella no era un general ni un revolucionario, con ella no había adulaciones ni halagos... Y mi amor no menguó por más guerra que azotara al país. Ella siempre estaba ahí para ser la luna de mi sol.

Por eso, cuando me enteré que la fatal gripa había llegado a Morelos, empecé a escuchar los nombres de todos los hombres, las mujeres y los niños que habían muerto por aquella enfermedad, entendí por qué en el campo había más viento de lo normal. Era, por supuesto, el aliento de esos muertos que agitaba las ramas de los árboles... En el espejo también encontré más presencias nuevas y supe que tendría que dejar Tlaltizapán para ir al hospital improvisado que habíamos montado en Cuernavaca. Se habían agravado el tifo y la disentería de tanta muerte que se había dado en los últimos meses, y que se contagiaron de pueblo en pueblo.

Lo difícil iba a ser decírselo a mi Josefa.

Como todas las tardes de rosa pálido que iluminaban la región, ella me esperaba en el cuarto, sentada en una mecedora mientras bordaba flores sobre su vestido. Me recargué ahí, en el marco de la puerta. Ella levantó la mirada y apenas sonrió.

—¿Qué te pasa? —me preguntó.

—Mis hombres me necesitan, se están muriendo.

—¿Y tú qué vas a hacer allá? Acá te necesitan más.

—Pues lo que tenga que hacer, ¿qué no?

Como si comprendiera mi dolor, se levantó de la mecedora y se acercó a mí.

—Yo voy contigo, una enfermera más no les sobrará —me susurró al oído cuando la tuve entre mis brazos.

Porque a ella le gustaba hablar así, quedito, cuando la tenía cerca. Me atraía su timidez.

Josefita se aferraba a mi espalda como si intuyera que aquélla sería la última vez que nos veíamos. La vi, tenía ganas de besarme, pero algo la detenía. Por el brillo de sus ojos entendí que me deseaba, pero la tristeza la detenía. Me compadecí de ella.

—No te voy a arriesgar, jamás me perdonaría si algo te pasara. No estás segura conmigo. Mañana me voy a Cuernavaca; tú te me vas al refugio hasta que tengas noticias mías. ¿Estamos? Allá no te va a pasar nada; además, nuestros hijos te extrañarían. Descansas y jalas pa' donde yo esté en cuanto vea las aguas más tranquilas.

Ella suspiró, mientras buscaba las palabras para protestar.

—Mañana mismo partes, ¿eh? Nada de dilatarlo, que te vas a poner en peligro, y así de qué le vas a servir a la patria... Con los ojos humedecidos, respondió:

—¿Y tú? También es tu patria. Por ella luchas.

Me dolió el estómago por no poder responderle... Seguramente vio en sueños mi destino en Chinameca...

Cempohualli huan ome

1917-1918

I

EL PROBLEMA DEL TRAIDOR es que siempre tiene una buena excusa para engañar y matar, pues piensa que un asesinato por México puede justificar las mentiras y la doble moral. Muchos hombres traicionaron al país; otros a la Revolución, y muchos de ellos a sí mismos. Desde que Francisco I. Madero propuso que el pueblo se levantara en armas, en noviembre de 1910, para derrocar a Porfirio Díaz, comenzaron las traiciones, la muerte y la lucha por el poder.

A veces, cuando pienso en todo lo que ha pasado durante estos años, me pregunto si valió la pena tanta sangre a cambio de las conquistas sociales que nos dio la Revolución. No cuestiono la lucha, porque era necesaria, sino los resultados. Y los motivos de quienes han tomado las armas: ¿lo hicieron por saciar su ambición de poder o por el bienestar del pueblo?

Lorenzo Vázquez fue fusilado por Genovevo de la O cuando se dio cuenta de que aquél se nos había volteado. La cosa está en que Lorenzo no tuvo el buen tino de morirse cuando las balas le atravesaron el pecho y, malherido, lo arrastraron a cabeza de silla por todas las calles de Cuernavaca.

De veras que morirse a tiempo es un arte que pocos aprenden. Hay que tener dignidad para dejar este mundo.

Francisco Pacheco, un indígena de famosa crueldad que había demostrado su lealtad al Plan de Ayala y a la lucha agraria, se cansó de las batallas y decidió acogerse a la amnistía que proponía Carranza para pacificar a México. ¿Y luego? Seguramente lo pondrían a luchar contra nosotros, así que Genovevo mandó a uno de sus hombres para que se lo quebrara a quemarropa.

Y así sucedió.

La traición que verdaderamente me dolió fue cuando me dijeron que Otilio Montaño (sí, el mismito intelectual que me había ayudado a escribir y darle forma a mi Plan de Ayala) se convirtió en el autor intelectual de un complot para matarme.

Con muchísimo pesar, y después de haberlo pensado un día completo, tomé una decisión. No necesité leer las cartas en las cuales Otilio Montaño planeaba mi muerte. Yo ya había visto en sus ojos que la Revolución no era lo suyo. No le permití que se le diera la extremaunción, ni que lo fusilaran de frente. Si de espaldas quería matarme, así debía partir de este mundo. Me mandó decir: "Ahí donde se hace la justicia, ahí lo espero, tarde o temprano" ...

Cuando me asomé al lecho de tierra en el que había quedado su cadáver, me dio la impresión de que estaba dormido, soñando pesadillas de jade. Tan pacífico... ¿Cómo puede un hombre albergar un pensamiento de traición? ¿Qué lo lleva a despreciar a sus hermanos y a desear su aniquilamiento?

Allá, en el camino de Jojutla, lo colgaron con un letrero que decía: "Éste es el destino que encuentran los traidores a su patria".

A partir de entonces comencé a descubrir traiciones y conspiraciones por todos lados. Sé que querían acabar conmigo a toda costa. Yo le estorbaba a una revolución que se había vuelto de otra clase social. Carranza y todos los hombres rancios de la patria llegaron al poder para convertirse en aquello que habían jurado destruir. ¿Acaso ése es el destino de todas las revoluciones? ¿Sólo una traición puede acabar con los revolucionarios?

Yo, de haberme encontrado en los zapatos de Jesucristo, no me hubiera tentado el corazón para matar a Judas. No porque hubiera deseado mi muerte, sino por atentar contra la revolución del pensamiento...

Ah, pero las ideas no se matan con clavos o balazos... Por eso mi Plan de Ayala vivirá más que yo.

II

Mientras se me desmoronaba la guerra, se diezmaba el ejército, y Venustiano Carranza tomaba control de todo el país, soñé que había algo más en los túneles de las calaveras de jade que inundaban mis noches.

Como un ángel que se posa sobre la patria, vi a un campesino que tenía hambre, que padecía miseria, que sufría la más terrible explotación, como una nube negra que cubría los campos del país. Yo, omnipresente en mi propio sueño, que tal vez no era un sueño, vi al campesino, que representaba a miles como él, levantarse en armas para obtener el pan que el rico burgués le negaba, para recuperar la tierra que el hacendado explotaba egoístamente sólo para sí, para reivindicar su dignidad como hombre y como mexicano, pues su patrón la atropellaba todos los días. Ese campesino se lanzó a la revuelta no para conquistar ilusorios derechos políticos que no dan de comer, sino para procurar el pedazo de tierra que le diera alimento y libertad, un hogar dichoso y un porvenir de independencia y grandeza. Lo vi, tan castigado por la vida, que había perdido su miedo a la muerte; con la carabina al hombro, el sombrero de palma ocultando sus facciones, los pantalones rotos y la camisa manchada de sudor amarillo. Lo vi soldado, lo vi hombre, lo vi humano y también padre; lo vi partirse la madre en la Revolución para hacer de México una patria más justa para todos. Así, entendí que se equivocan lastimosamente los que creen que debe existir un gobierno militar, es decir, despótico, para asegurar la pacificación del país.

Al llegar 1918, mi movimiento armado se asfixiaba cada vez más.

La muerte de Eufemio me atormentaba por las noches. Se volvió uno más de los fantasmas que se me aparecían en el espejo. Pobre del revolucionario, porque está destinado a coleccionar duelos.

Mis últimos años fueron taciturnos. Me levantaba al alba y reflexionaba; vivía, no sólo en carne, sino espiritualmente, mis orgasmos. Me sentía atrapado por las vueltas, giros y recovecos con los que suele envolver el tiempo circular y me preguntaba si de verdá valía la pena encontrarnos con los mismos enemigos en las mismas batallas. Volvimos a establecer nuestro cuartel general en Tlaltizapán.

México es un país ensangrentado y no somos tontos los que luchamos por mejorarlo, los que levantamos la voz en contra de los abusos desmedidos, los que nos atrevemos a ser héroes en época de tiranos. México es un país que huele a muerte, que se construye sobre los huesos de sus hijos y que atrae a los hombres más ruines a la silla presidencial.

Fuimos un pueblo feliz hasta que todo se jodió: el día que los ricos descubrieron el valor de la tierra y del trabajo de los hombres.

III

Supongo que mañana, a esta hora, tendrán mi cadáver en un ataúd, vestido de charro, para tomarle fotografías y hacer de mi funeral una película para los morbosos placeres de Venustiano Carranza.

No puedo entender el engaño ni la traición, pero sí la muerte; por eso sé que ya es momento de...

Cempohualli huan matlactli

...Morir de pie, con las botas de montar, con la frente en alto, con el fusil al hombro, con los ideales firmes, con la pasión inflamada, con los tamaños bien puestos, con la esperanza de que la lucha sigue; morir por la patria y no vivir de rodillas como un gusano. Cierro los ojos por última vez, ha terminado el tiempo circular, he traspasado el umbral y caigo, caigo, por las cuencas negras de una calavera verde. No estoy dormido, pero sueño en un charco de mi propia sangre. Ya estoy muerto sobre el polvo, sobre los huesos de mis padres, sobre las cenizas de mi patria; mi alma seca no tiene más pólvora que arder. Fui Zapata. No tengo más historia que contar. Los más de veinte balazos que atravesaron mi pecho, brazos y muslos, no fueron los que me arrebataron la vida, sino la traición. En el silencio serpentea el viento sobre el guiñapo de carne herida y huesos rotos, pues han desolado mi orgullo, y han intentado matar mis ideales. ¡Ay, México, asesino de caudillos! Tus campos están sembrados de osamentas sin nombre, de tus árboles no cuelgan frutos sino inocentes, tus viudas no encuentran consuelo a su sed de justicia, los niños ya no conocerán el amor de sus padres, y los hombres del gobierno... ¿Para qué hablo de ellos? Esos cabrones son los que más han jodido al país con su desmesurada ambición; se valieron de mentiras y artimañas para conservar el poder y las tierras. Hoy desencarno porque la Revolución me obliga y yo estoy al servicio de los caprichos de una lucha que tal vez nunca entendí. Ojalá mis verdugos recuerden que hace falta algo más que una nube de pólvora para matar el anhelo de libertad que contagié a mis amigos y que siempre llevé dentro de mí: a veces como una maldición y otras como una bandera de lucha. Nunca doblegué a la patria como lo hizo Porfirio Díaz, ni ilusioné en vano al pueblo como el señor Madero; tampoco olvidé que tomar las armas debe obedecer a un designio superior, nunca al egoísmo. El héroe que acepta los aplausos no es más que hombre envilecido por su propio orgullo. No siento odio;

se desvanecen mis deseos de venganza. ¿Acaso los hombres que me llamaban Atila del Sur a modo de burla fueron sólo un espejismo de la guerra? Ahora, de lo único que me siento seguro es de Anenecuilco, de su tierra y de su gente, de sus fantasmas y sus heridas. ¡Cómo quisiera olvidar los momentos dolorosos! Las conspiraciones huertistas, la ocasión en que le apunté con un revólver al presidente de México y la visita fugaz que hice a la capital del país junto a Villa; también de Pascual Orozco, de Ignacio de la Torre y hasta de Benito Juárez. No así de Inés, Lupe, Margarita, Petra, Georgina, Matilde y las demás ninfas que calentaron mis noches. De nada vale decir que fui Emiliano Zapata Salazar, que estuve al mando del Ejército Libertador del Sur, que me llamaban caudillo, o que luché en Tepancinco, Yautepec, Cuautla y Cuernavaca. No importa lo que haya dicho sobre la tierra, el gobierno y los campesinos. Nunca pedí monumentos, sino justicia. El legado de un revolucionario no es un fusil, un bigote o una fotografía, sino cómo se enfrentó a la adversidad con un par de tamaños bien puestos. Sólo los mexicanos cobardes pecan de no luchar; y yo no soy uno de ésos, o no estaría aquí, muerto, mientras mi caballo huye. Quise contarle mi historia al viento, para que lo lleve en su murmullo y recorra cada rincón de México. Mi vida pasó ante mí en un segundo, que parecieron horas, en este tiempo inefable y circular. Ahora sé que he cruzado el umbral. Estoy muerto.

Escucho un corrido lleno de risas sobradas de alcohol:

> *Tal constancia a todos pasma;*
> *de la noche en las negruras,*
> *se ve vagar a su fantasma*
> *por los montes y llanuras.*
> *Se oyen sonar sus espuelas,*
> *sus horribles maldiciones*
> *y, rechinando las muelas,*
> *cree llevar grandes legiones.*
> *Extiende la yerta mano*
> *y su vista se dilata...*
> *¡Recorre el campo suriano*
> *el espectro de Zapata!*

Me hace falta una copa de coñac para refrescar el espíritu. ¿Acaso importa que todas las guerras, batallas y traiciones encuentren su fin en la muerte inevitable? ¿Es rencor lo que siento ante la idea de que el mundo seguirá en su ir y venir sin que yo esté en él? Me invade el frío, no quiero darme por derrotado, si tan sólo mis dedos pudieran alcanzar esa pistola. Ya casi... ya casi... Apenas puedo tocar el mango... Sólo un poco más...

Cronología

1879

- *8 de agosto*. Nace Emiliano Zapata Salazar en Anenecuilco, hijo de Gabriel Zapata y Cleofas Salazar.

1884

- *1 de diciembre*. Porfirio Díaz toma protesta como presidente de México. Se trata de su primera reelección y su segundo gobierno. No dejará el cargo hasta 1911.

1887

- A los ocho años, Emiliano Zapata cuestiona a su padre sobre por qué no les devuelven las tierras a los pobladores de Anenecuilco si tienen los títulos de propiedad y los mapas que los acreditan. El padre le responde que no se puede, a lo que Emiliano replica: "Pues cuando yo sea grande, haré que se las devuelvan". Sus padres morirán poco tiempo después.

1897

- *15 de junio*. Emiliano Zapata es arrestado por primera vez.

1906

- *1 de junio*. Los rangers estadounidenses reprimen una huelga en Cananea, Sonora.
- Emiliano Zapata acude a Cuautla, donde se lleva a cabo una reunión de líderes de los diferentes pueblos que analizan cómo recuperar sus tierras. Aquello termina en una pequeña revuelta que es sofocada rápidamente.

1907

- *7 de enero*. Soldados del ejército reprimen violentamente una huelga obrera en Río Blanco, Veracruz.
- Después de las fiestas del pueblo, Emiliano Zapata es arrestado por robarse a Inés Alfaro, y es incorporado al Noveno Regimiento de Caballería. Luego servirá en la hacienda de Pablo Escandón, jefe del Estado Mayor, y más tarde en la de Ignacio de la Torre, yerno de Porfirio Díaz. Ahí trabajará algunos meses antes de volver a Anenecuilco.

1908

- *7 de febrero.* James Creelman entrevista a Porfirio Díaz. Sus declaraciones son replicadas por diversos periódicos locales.
- Emiliano Zapata se hace muy amigo del maestro Pablo Torres Burgos.

1909

- *Febrero.* Francisco I. Madero publica su libro *La sucesión presidencial en 1910.*
- *12 de septiembre.* Emiliano Zapata es elegido, por los hombres de Anenecuilco, como calpuleque, es decir, jefe de su pueblo, con la encomienda de que intente recuperar sus tierras. Se encerrará durante varios días en la iglesia del pueblo a revisar los títulos de propiedad y los mapas que los acreditan.

1910

- *6 de junio.* Francisco I. Madero es arrestado.
- *8 de julio.* Porfirio Díaz se reelige.
- *6 de octubre.* Francisco I. Madero sale de San Luis Potosí y huye a San Antonio, donde escribirá el Plan de San Luis en contra de Porfirio Díaz.
- *20 de noviembre.* De acuerdo con el Plan de San Luis inicia la revolución armada en contra de Porfirio Díaz.
- *1 de diciembre.* Porfirio Díaz protesta como presidente de México por última ocasión.

1911

- *Febrero.* Pablo Torres Burgos viaja a Texas para reunirse con Francisco I. Madero en representación de Emiliano Zapata; se producen los primeros levantamientos en Morelos.
- *10 de marzo.* Emiliano Zapata se levanta en armas.
- *25 de marzo.* Pablo Torres Burgos, junto con sus hijos, es asesinado por tropas federales. Su cadáver será expuesto en Cuautla.
- *10 de mayo.* Villa, Orozco y Madero toman Ciudad Juárez.
- *19 de mayo.* Después de un sitio de seis días el ejército de Emiliano Zapata logra tomar Cuautla.
- *21 de mayo.* Se firman los tratados de Ciudad Juárez.
- *25 de mayo.* Porfirio Díaz renuncia a la Presidencia de México. Lo aquejan fuertes dolencias bucales.
- *31 de mayo.* Porfirio Díaz aborda el buque de carga alemán *Ypiranga* y parte al exilio.
- *7 de junio.* Madero entra a la Ciudad de México, después de que un terremoto azota la capital. Emiliano Zapata intentará comer con él, pero le resultará repulsivo que aquél se deje adular por los porfiristas.

- *21 de junio.* Emiliano Zapata y Francisco I. Madero se reúnen en la Ciudad de México para hablar acerca del licenciamiento de las tropas zapatistas. No llegarán a un acuerdo.
- *20 de agosto.* Emiliano Zapata y Josefa Espejo contraen matrimonio en Villa de Ayala. Sus padrinos de boda fueron Francisco I. Madero y Sara Pérez de Madero.
- *1 de octubre.* Se llevan a cabo elecciones extraordinarias en México. Francisco I. Madero resulta ganador.
- *6 de noviembre.* Francisco I. Madero asume la presidencia de México.
- *28 de noviembre.* Emiliano Zapata firma el Plan de Ayala mediante el cual desconoce a Francisco I. Madero como presidente y retoma la lucha agraria. Lo ayudará Otilio Montaño.

1912
- En múltiples ocasiones, Madero intenta establecer contacto con Zapata para conminarlo a que sus hombres entreguen las armas.
- Primero Victoriano Huerta, y luego Felipe Ángeles, intentarán contener la revolución en Morelos.
- La prensa ataca vilmente el movimiento agrario. Llaman a Emiliano Zapata el Atila del Sur a modo de burla.

1913
- *Finales de febrero.* Se desata la Decena Trágica en la Ciudad de México, que terminará con la muerte de Francisco I. Madero y José María Pino Suárez. Victoriano Huerta asume la presidencia de México.
- *4 de marzo.* Emiliano Zapata publica un manifiesto en el cual desconoce la presidencia de Victoriano Huerta. Éste hará varios intentos para pactar el licenciamiento de las armas en Morelos, pero Zapata los rechazará todos. Arrestan al padre de Pascual Orozco, que será liberado poco después.
- *28 de marzo.* Venustiano Carranza publica un plan para desconocer a Victoriano Huerta y proclamarse Jefe del Ejército Constitucionalista.

1914
- *21 de abril.* Fuerzas estadounidenses toman el puerto de Veracruz.
- *15 de junio.* Victoriano Huerta renuncia a la presidencia de México y sale del país.
- *23 de junio.* Toma de Zacatecas por parte de las tropas de Francisco Villa.
- *23 de septiembre.* Francisco Villa rompe relación con Venustiano Carranza. Más tarde hará lo mismo Emiliano Zapata.
- *1 de octubre.* Venustiano Carranza convoca a una Convención en Aguascalientes, a la que no acuden los zapatistas. Los villistas toman el control del encuentro y nombrarán presidente de México a Eulalio Gutiérrez Ortiz.

- *4 de diciembre.* Emiliano Zapata y Francisco Villa se reúnen por primera vez y firman el Pacto de Xochimilco. Venustiano Carranza establece su gobierno en el puerto de Veracruz.
- *6 de diciembre.* Las tropas de Emiliano Zapata y Francisco Villa entran a la Ciudad de México y visitan Palacio Nacional. Emiliano Zapata saca a Ignacio de la Torre de la cárcel y se lo lleva a Morelos.
- *12 de diciembre.* Emiliano Zapata toma Puebla. Su plan es seguir a Veracruz para atacar a Carranza, pero una enfermedad lo postra en cama.

1915
- Emiliano Zapata instala su cuartel general en Tlaltizapán, donde intentará crear una utopía agraria.
- *Del 6 al 15 de abril.* Villa es derrotado en Celaya.
- *2 de julio.* Porfirio Díaz muere en París, a los 84 años de edad.

1916
- Emiliano Zapata es atacado y debe escapar de Tlaltizapán.
- *9 de marzo.* Villa ataca Columbus, Nuevo México. Logra matar a 19 ciudadanos estadounidenses.
- Emiliano Zapata intenta reagruparse, mientras los ataques del Ejército Carrancista persisten. Establecerá varias bases en Puebla y Morelos.

1917
- *5 de febrero.* Entra en funciones una nueva Constitución, que retoma algunos principios de la lucha agraria que Emiliano Zapata ya había expuesto en su Plan de Ayala.
- *11 de marzo.* Venustiano Carranza es elegido presidente de México.
- *1 de mayo.* Venustiano Carranza toma posesión de la presidencia.
- *17 de mayo.* Otilio Montaño, intelectual que ayudó a escribir el Plan de Ayala, es fusilado tras descubrirse que era el autor intelectual de un complot en contra de Emiliano Zapata.
- *18 de junio.* Eufemio Zapata es asesinado.
- *Septiembre.* En los diferentes ataques que ordena Venustiano Carranza a Cuautla, Ignacio de la Torre logra escapar.

1918
- *1 de abril.* Ignacio de la Torre muere en un hospital de Estados Unidos.
- Pablo González vuelve a atacar Morelos de una forma vil y cruel.
- Entre los ataques de Pablo González y las diferentes enfermedades que asolan a Morelos (entre ellas la influenza española), el ejército zapatista comienza a mermar.

- Emiliano Zapata intenta establecer contacto con otros líderes revolucionarios.

1919
- *Marzo.* Emiliano Zapata escribe una carta pública a Carranza.
- Desesperado, Emiliano Zapata busca apoyo, comienza un intercambio de cartas con Jesús Guajardo, de quien se asegura le ha dado la espalda a Pablo González.
- *10 de abril.* Emiliano Zapata confía en la promesa de Jesús Guajardo, quien le asegura que le entregará hombres y parque. Es asesinado en la Hacienda de Chinameca.

1968
- *8 de agosto.* Muere Josefa Espejo, viuda de Emiliano Zapata, en Villa de Ayala.

Plan de Ayala

Plan Libertador de los Hijos del Estado de Morelos afiliados al ejército insurgente que defienden el cumplimiento del Plan de San Luis Potosí, con las reformas que ha creído conveniente aumentar en beneficio de la patria mexicana.

Los que suscribimos, constituidos en Junta Revolucionaria para sostener y llevar a cabo las promesas que hizo la Revolución del 20 de noviembre de 1910, próximo pasado, declaramos solemnemente ante la faz del mundo civilizado que nos juzga y ante la nación a que pertenecemos y amamos, los principios que hemos formulado para acabar con la tiranía que nos oprime y redimir a la patria de las dictaduras que se nos imponen, las cuales quedan determinadas en el siguiente plan:

1° Teniendo en consideración que el pueblo mexicano acaudillado por don Francisco I. Madero fue a derramar su sangre para reconquistar sus libertades y reivindicar sus derechos conculcados, y no para que un hombre se adueñara del poder, violando los sagrados principios que juró defender bajo el lema de "Sufragio efectivo. No reelección", ultrajando la fe, la causa, la justicia y las libertades del pueblo; teniendo en consideración: que ese hombre a que nos referimos es don Francisco I. Madero, el mismo que inició la precitada Revolución, el cual impuso por norma su voluntad e influencia al gobierno provisional del ex presidente de la República, licenciado don Francisco L. de la Barra, por haberle aclamado el pueblo su Libertador, causando con este hecho reiterados derramamientos de sangre y multiplicadas desgracias a la patria de una manera solapada y ridícula, no teniendo otras miras que satisfacer sus ambiciones personales, sus desmedidos instintos de tirano y su profundo desacato al cumplimiento de las leyes preexistentes emanadas del inmortal Código de 57 escrito con la sangre de los revolucionarios de Ayutla; teniendo en consideración: que el llamado jefe de la revolución libertadora de México, don Francisco I. Madero, no llevó a feliz término la Revolución que gloriosamente inició con el apoyo de Dios y del pueblo, puesto que dejó en pie la mayoría de los poderes gubernativos y elementos corrompidos de opresión del gobierno dictatorial de Porfirio Díaz, que no son, ni pueden ser en manera alguna, la legítima representación de la soberanía nacional y que por ser acérrimos adversarios nuestros y de los principios que hasta hoy defendemos están provocando el malestar del país y abriendo nuevas heridas al seno de la patria para darle a beber su propia sangre; teniendo en consideración que el supradicho señor Francisco I. Madero, actual presidente de la República, trata de eludirse del cumplimiento de las promesas que hizo a la nación en el Plan de San Luis Potosí, ciñendo las precitadas promesas a los convenios de Ciudad Juárez; ya nulificando, persiguiendo o matando a los elementos revolucionarios que le ayudaron a que ocupara el alto puesto de presidente de la República por medio de sus falsas promesas y numerosas intrigas a la nación; teniendo en consideración que el tantas veces repetido Francisco I. Madero ha tratado de ocultar con la fuerza bruta de las bayonetas y de ahogar en sangre a los pueblos que le piden, solicitan o exigen el cumplimiento de sus promesas en la Revolución llamándoles bandidos y rebeldes, condenando a una guerra de exterminio sin conceder ni otorgar ninguna de las garantías que prescriben la razón, la justicia y la ley; teniendo en consideración que el presidente de la República señor don Francisco I. Madero ha hecho del sufragio efectivo una sangrienta burla al pueblo, ya imponiendo contra la voluntad del mismo pueblo en la Vicepresidencia de la República al licenciado José María Pino Suárez, o ya a los gobernadores de los estados, designados por él, como el llamado general Ambrosio Figueroa, verdugo y tirano del pueblo de Morelos, ya entrando en contubernio escandaloso con el partido científico, hacendados feudales y caciques opresores, enemigos de la Revolución proclamada por él, a fin de forjar nuevas cadenas y de seguir el molde de una nueva dictadura, más oprobiosa y más terrible que la de Porfirio Díaz; pues ha sido claro y patente que ha ultrajado la soberanía de los estados, conculcando las leyes sin ningún respeto a vidas e intereses, como ha sucedido en el estado de Morelos y otros, conduciéndonos a la más horrorosa anarquía que registra la historia contemporánea; por estas consideraciones declaramos al susodicho Francisco I. Madero, inepto para realizar las promesas de la Revolución de que fue autor, por haber traicionado los principios con los cuales burló la fe del pueblo, y pudo haber escalado el poder, incapaz para gobernar por no tener ningún respeto a la ley y a la justicia de los pueblos, y traidor a la patria por estar a sangre y fuego humillando a los mexicanos que desean sus libertades, por complacer a los científicos, hacendados y caciques que nos esclavizan, y desde hoy comenzamos a continuar la Revolución principiada por él, hasta conseguir el derrocamiento de los poderes dictatoriales que existen.

2º Se desconoce como jefe de la Revolución al C. Francisco I. Madero y como presidente de la República, por las razones que antes se expresan, procurando el derrocamiento de este funcionario.

3º Se reconoce como jefe de la Revolución libertadora al ilustre general Pascual Orozco, segundo del caudillo don Francisco I. Madero, y en caso de que no acepte este delicado puesto, se reconocerá como jefe de la Revolución al C. general Emiliano Zapata.

4º La Junta Revolucionaria del Estado de Morelos manifiesta a la nación bajo formal protesta: que hace suyo el Plan de San Luis Potosí con las adiciones que a continuación se expresan en beneficio de los pueblos oprimidos, y se hará defensora de los principios que defiende hasta vencer o morir.

5º La Junta Revolucionaria del Estado de Morelos no admitirá transacciones ni componendas políticas hasta no conseguir el derrumbamiento de los elementos dictatoriales de Porfirio Díaz y don Francisco I. Madero; pues la nación está cansada de hombres falaces y traidores que hacen promesas de libertadores, sólo que llegando al poder se olvidan de ellas y se constituyen en tiranos.

6º Como parte adicional del plan que invocamos hacemos constar: que los terrenos, montes y aguas que hayan usurpado los hacendados, científicos o caciques a la sombra de la tiranía y de la justicia venal, entrarán en posesión de estos bienes inmuebles desde luego los pueblos o ciudadanos que tengan sus títulos correspondientes de esas propiedades, de las cuales han sido despojados por la mala fe de nuestros opresores, manteniendo a todo trance, con las armas en la mano, la mencionada posesión, y los usurpadores que se consideren con derechos a ellos, lo deducirán ante tribunales especiales que se establezcan al triunfo de la Revolución.

7º En virtud de que la inmensa mayoría de los pueblos y ciudadanos mexicanos no son más dueños que del terreno que pisan, sufriendo los horrores de la miseria sin poder mejorar su condición social ni poder dedicarse a la industria o a la agricultura por estar monopolizados en unas cuantas manos las tierras, montes y aguas; por esta causa se expropiarán previa indemnización de la tercera parte de esos monopolios a los poderosos propietarios de ellos, a fin de que los pueblos y ciudadanos de México obtengan ejidos, colonias, fundos legales para pueblos o campos de sembradura o de labor y se mejore en todo y para todo la falta de prosperidad y bienestar de los mexicanos.

8º Los hacendados, científicos o caciques que se opongan directa o indirectamente al presente plan, se nacionalizarán sus bienes y las dos terceras partes que a ellos les correspondan se destinarán para indemnizaciones de guerra, pensiones de viudas y huérfanos de las víctimas que sucumban en la lucha del presente plan.

9º Para ajustar los procedimientos respecto a los bienes antes mencionados, se aplicarán leyes de desamortización y nacionalización según convenga; pues de norma y ejemplo pueden servir las puestas en vigor por el inmortal Juárez a los bienes eclesiásticos que escarmentaron a los déspotas y conservadores, que en todo tiempo han pretendido imponernos el yugo ignominioso de la opresión y el retroceso.

10º Los jefes militares insurgentes de la República que se levantaron con las armas en la mano a la voz de don Francisco I. Madero para defender el Plan de San Luis Potosí y que ahora se opongan con fuerza armada al presente plan, se juzgarán traidores a la causa que defendieron y a la patria, puesto que en la actualidad muchos de ellos, por complacer a los tiranos, por un puñado de monedas, o por cohecho o soborno, están derramando la sangre de sus hermanos que reclaman el cumplimiento de las promesas que hizo a la nación don Francisco I. Madero.

11° Los gastos de guerra serán tomados conforme a lo que prescribe el Artículo xi del Plan de San Luís Potosí y todos los procedimientos empleados en la Revolución que emprendemos serán conforme a las instrucciones mismas que determine el mencionado plan.

12° Una vez triunfante la Revolución que hemos llevado a la vía de la realidad, una junta de los principales jefes revolucionarios de los diferentes estados nombrará o designará un presidente interino de la República, quien convocará a elecciones para la nueva formación del Congreso de la nación, y éste a la vez convocará a elecciones para la organización de los demás poderes federales.

13° Los principales jefes revolucionarios de cada estado en junta designarán al gobernador provisional del estado a que correspondan, y este elevado funcionario convocará a elecciones para la debida organización de los poderes públicos, con el objeto de evitar consignas forzadas que labran las desdichas de los pueblos, como la tan conocida consigna de Ambrosio Figueroa en el estado de Morelos y otras que nos conducen al precipicio de conflictos sangrientos sostenidos por el capricho del dictador Madero y el círculo de científicos y hacendados que lo han sugestionado.

14° Si el presidente Madero y demás elementos dictatoriales, del actual y antiguo régimen, desean evitar inmensas desgracias que afligen a la patria, que hagan inmediata renuncia de los puestos que ocupan y con eso en algo restañarán las graves heridas que han abierto al seno de la patria, pues que de no hacerlo así, sobre sus cabezas caerá la sangre derramada de nuestros hermanos.

15° Mexicanos: considerad que la astucia y la mala fe de un hombre está derramando sangre de una manera escandalosa por ser incapaz para gobernar; considerad que su sistema de gobierno está agarrotando a la patria y hollando con la fuerza bruta de las bayonetas nuestras instituciones; y así como nuestras armas las levantamos para elevarlo al poder, ahora las volvemos contra él por faltar a sus compromisos con el pueblo mexicano y haber traicionado la Revolución iniciada por él. No somos personalistas, somos partidarios de los principios y no de los hombres.

Pueblo mexicano, apoyad con las armas en la mano este plan y haréis la prosperidad y bienestar de la patria.

Justicia y ley.
Ayala, 28 de noviembre de 1911

Manifiesto de Emiliano Zapata para desconocer a Victoriano Huerta

Mexicanos: Cuando creímos que la defección del Ejército federal acaudillado por el general Félix Díaz era para bien de la patria y de los ideales de la Revolución, palpitantes en vuestro espíritu, alimentamos la esperanza de que la paz se restablecería bajo las bases de la reforma política y agraria proclamada desde 1910, y que el triunfo sería radical y efectivo, no en los hombres, sino en los principios, pero desgraciadamente los que desertaron de las filas del dictador Madero, para volver las armas contra él, no han tenido otra bandera que la criminal intención de dar un sangriento cuartelazo en la capital de la República para adueñarse del poder y burlar una vez más a la Revolución y a las nobles aspiraciones del pueblo mexicano.

El cuartelazo que acaba de efectuar el Ejército para asesinar la ignominiosa dictadura de Madero no significa ni remotamente el triunfo de la Revolución, por estar desligado de ella y por haber roto sus relaciones con los elementos de orden y homogeneidad que la constituyen.

El jefe de la rebeldía del Ejército, general Félix Díaz, y los que lo secundaron, han ennegrecido de tal manera nuestra situación, hasta tornarla en caótica, pues se restituye el régimen porfiriano donde su simbólica mano de hierro y el triunfo del cuartelazo felicista no vienen a sintetizar otra cosa que el triunfo de una dictadura sobre otra dictadura, que abofetea a la civilización con la aplicación de la ley fuga y el terror más escandaloso, que nos cubre de baldón y de ignominia ante el mundo civilizado. Con la victoria del cuartelazo felicista quedan en pie los elementos de un gobierno espúreo e ilegítimo, emanado de la imposición brutal de los cañones y bayonetas, que no pueden ser jamás la representación de la soberanía nacional y de los estados conforme al código magno de 1857.

Se nos impone e instituye el gobierno provisional del general Victoriano Huerta como si la turba de iscariotes de la dictadura maderista y los autores del cuartelazo felicista fueran los únicos que controlasen la positiva Revolución general de todo el país, que por más de dos años se ha multiplicado en sacrificios y redoblado sus esfuerzos para verificar la evolución social de paz, de progreso, de libertades y de prosperidad de la millonada de hombres de nuestra querida patria.

En consecuencia, el gobierno ilegal del general Victoriano Huerta está muy lejos de corresponder a la Revolución; podrá representar al núcleo de científicos de neoconservadores, de prosélitos del sistema porfiriano, pero no al núcleo de revolucionarios de principios de todo un país que ninguna investidura le ha dado y debe, por decoro nacional, echarlo abajo y derrotarlo.

Pero la audacia de los héroes del cuartelazo felicista ha ido más allá de lo inverosímil; cada día pregonan la rendición de millares de revolucionarios, promueven iniciativas de indulto y de amnistía para los que enarbolamos y sostenemos el lábaro del Plan de San Luis y, como si fuésemos huestes u hordas de bandidos, pues la verdad es que si nosotros merecemos que se nos brinde la amnistía o el indulto, los que han iniciado el cuartelazo para aprovecharse de los frutos de la Revolución y el poder, también lo merecen, porque juraron fidelidad a un despotismo que ellos bautizaron con el nombre de "ilegalidad" y tremolaron entre sus manos tintas en sangre el pabellón negro de la traición para saciar torpes ambiciones y envenenados enconos, haciéndose, por lo tanto, reos en alto grado, de un delito que merece la pena capital, consignado en el Código Militar.

Por los conceptos y fundamentos legales que anteceden, la Junta Revolucionaria del Estado de Morelos, que dirige los movimientos armados del Sur y Centro de la República, en nombre de la Revolución general del país, declara:

Primero. Que no reconoce al gobierno provisional del general Victoriano Huerta, y la Revolución rompe desde ahora el fuego contra él, hasta derrocarlo y obtener el triunfo radical de los principios y promesas cristalizadas en el Plan de San Luis, reformado en Tacubaya y Villa Ayala.

Segundo. Que la Revolución no permitirá ni tolerará elementos de gobiernos emanados de imposición y de consigna de las dictaduras Díaz y Madero, ya sea en la Federación o en los estados.

Tercero. Que la Revolución no depondrá las armas hasta no ver realizadas sus promesas y luchará con esfuerzo viril y titánico hasta conseguir las libertades del pueblo, hasta recobrar las usurpaciones de tierras, montes y aguas del mismo y lograr por fin la solución del problema agrario que los enemigos del pueblo creen una utopía, porque son obstruccionistas de su progreso; que los adversarios de la Revolución creen irrealizable porque son enemigos de la Reforma; que los neoconservadores y científicos califican de difícil e imposible solución, porque son esclavistas y alegan que aún no es tiempo, pues con arreglo al criterio de estos pensadores incondicionales el mundo no hubiera implantado reformas que se han sucedido en el curso de la humanidad a través de los siglos.

Cuarto. Quedan en pie los principios legales establecidos en el Plan de San Luis reformado en Tacubaya y Villa Ayala, que es lo que hemos defendido y seguiremos defendiendo, reconociendo como jefes de la Revolución general del país a los que permanecen fieles a la causa y a la defensa de los derechos y libertades del pueblo y a los principios que son la base fundamental del movimiento revolucionario.

Quinto. Que en virtud de haber caído la dictadura de Madero, la Revolución convocará a una junta de los principales jefes revolucionarios de toda la República, ya sea que concurran personalmente o por medio de delegados, para proceder a la elección del gobierno provisional que debe regir los destinos de nuestro país.

Sexto. Los jefes revolucionarios que hasta hoy han definido con tesón y profundo ahínco los derechos y libertades del pueblo mexicano, hacen constar: que protestan enérgicamente contra las versiones falsas de rendición o indulto de revolucionarios que propaga la prensa de la capital, así como que la Revolución está de acuerdo con el jefe del cuartelazo federal, Félix Díaz, y el gobierno impuesto por éste; pues la Revolución no reconoce más jefes natos del movimiento revolucionario de la República que los que actualmente se encuentran en actividad en el Norte, Sur y Centro de la República, defendiendo el aludido Plan de San Luis reformado en Tacubaya y Villa Ayala, a quienes reconocerán los diversos jefes insurgentes que operan en los diferentes estados donde domina la Revolución.

El pueblo mexicano los reconocerá como hasta aquí, defensores de sus derechos y libertades, y sólo se reconocerá como gobierno provisional al emanado directamente de la Revolución.

Séptimo. Los hacendados, caciques y monopolizadores de tierras, montes y aguas que no se adhieran a los principios de la Revolución y a la solución del programa agrario conforme a lo prescrito en el plan referido, no tendrán derecho a exigir garantías de la Revolución y sus bienes pasarán a poder de la nación. Su adhesión la manifestarán por escrito al jefe superior revolucionario más inmediato.

Octavo. Se juzgará como traidores a la patria los contratantes o embajadores del general Huerta que mendiguen empréstitos en las naciones extranjeras o aquí en México, para seguir derramando la sangre del pueblo.

La misma pena recibirán los que pretendan dividir a la Revolución por cohecho o soborno y los que, habiendo defendido el lábaro revolucionario, lo traicionen.

Mexicanos: No hacemos la guerra por oposición sistemática al gobierno ilegal del general Huerta, sino porque nuestra conciencia de revolucionarios honrados ha contraído compromisos con la nación, y no estamos dispuestos a esclavizar ni a ser esclavos de la nueva dictadura creada por el cuartelazo, que significa traición, por la rebeldía del militarismo que significa motín, arrollando a la Revolución.

Un grupo de hombres que reconocen el poder como una heredad, la patria como un tráfico mercantil, la sangre del pueblo como un escalón, pretende ahora, a costa de los sacrificios y la sangre del pueblo, enseñorearse del poder; así sucedió al triunfo de la Revolución de Ayutla; otros ambiciosos provocaron un cuartelazo en la capital de la República, como ahora, para burlar a la Revolución; pero el caudillo Juan Álvarez y los suyos castigaron su osadía: imitémoslo ahora.

El pueblo mexicano nunca ha inclinado su frente altiva ante los tiranos; siempre ha sido un valiente y no un cobarde, delante de los tiranos, de todos los tiempos.

Recordad nuestra lucha de 11 años para conquistar nuestra emancipación política, tened presente la heroicidad de nuestros antepasados en la Guerra de Reforma de tres años; imitemos a Cuauhtémoc sonriendo en el tormento, a Morelos luchando por la patria, a Benito Juárez sosteniendo la bandera de la República contra los traidores y los déspotas, y en estos momentos supremos de angustia para la patria, os volvemos a convocar: "A las armas mexicanos, a las armas".

Campamento Revolucionario en Morelos
4 de marzo de 1913
El General en Jefe del Ejército del Sur y Centro, Emiliano Zapata

Carta de Emiliano Zapata
a Venustiano Carranza

Cuartel General del Ejército Libertador en el Estado de Morelos.
Al C. Venustiano Carranza.

Como ciudadano que soy, como hombre poseedor del derecho de
pensar y hablar alto, como campesino conocedor de las necesidades
del pueblo humilde al que pertenezco, como revolucionario y caudillo de grandes multitudes, que en tal virtud y por eso mismo he tenido oportunidad de reconocer las reconditeces del alma nacional y he
aprendido a escudriñar en sus intimidades y conozco de sus amarguras y de sus esperanzas; con el derecho que me da mi rebeldía de
nueve años siempre encabezando huestes formadas por indígenas y
por campesinos, voy a dirigirme a usted, C. Carranza, por vez primera y última.

No hablo al presidente de la República, a quien no conozco, ni al
político, del que desconfío; hablo al mexicano, al hombre de sentimiento y de razón, a quien creo imposible no conmuevan alguna vez
(aunque sea un instante) las angustias de las madres, los sufrimientos de los huérfanos, las inquietudes y las congojas de la patria. Voy
a decir verdades amargas; pero nada expresaré a usted que no sea
cierto, justo y honradamente dicho.

Desde que en el cerebro de usted germinó la idea de hacer revolución, primero contra Madero y después contra Huerta, cuando vio que
aquél caía más pronto de lo que había pensado; desde que concibió
usted el proyecto de erigirse en jefe y director de un movimiento que
con toda malicia denominó "constitucionalista"; desde entonces pensó
usted, primero que nada, en encumbrarse, y para ello se propuso usted
convertir la Revolución en provecho propio y de un pequeño grupo de
allegados, de amigos o de incondicionales que lo ayudaron a usted a

subir y luego lo ayudaron a disfrutar del botín alcanzado: es decir, riquezas, honores, negocios, banquetes, fiestas suntuosas, bacanales de placer, orgías de hartamiento, de ambición de poder y de sangre.

Nunca pasó por la mente de usted que la Revolución fuera benéfica a las grandes masas, a esa inmensa legión de oprimidos que usted y los suyos soliviantaron con sus prédicas. ¡Magnífico pretexto y brillante recurso para oprimir y para engañar!

Sin embargo, para triunfar fue preciso pregonar grandes ideales, proclamar principios, anunciar reformas.

Pero para poder evitar que la conmoción popular (peligrosa arma de dos filos) se volviese contra el que la utilizaba y la esgrimía; para impedir que el pueblo, ya semilibre y sintiéndose fuerte, se hiciera justicia por sí mismo, se ideó la creación de una dictadura, a la que se dio el nombre novedoso de "dictadura revolucionaria".

Se encontró luego la fórmula apropiada; se pronunciaron palabras sugestivas; eran precisas, indispensables, la unidad de dirección y de impulso, la cohesión entre los revolucionarios, la rapidez para concebir, la energía y la prontitud para ejecutar.

Todo eso, que no podrá tener cabida en una asamblea deliberante, se otorgó a un solo hombre, que fue usted, y desde entonces fue el único amo de las filas del constitucionalismo. Para hacer triunfar las reivindicaciones libertarias de la Revolución se necesitaba un dictador —se dijo entonces—. Los procedimientos autocráticos eran inevitables para imponerse a una sociedad refractaria a los principios nuevos.

En otros términos, la fórmula de la política llamada constitucionalista fue ésta: "Para establecer la libertad hay que valerse del despotismo".

Sobre estos sofismas se fundó la autoridad de usted, el absolutismo y la omnipotencia de usted.

¿Cómo y de qué forma ha hecho usted uso de esos exorbitantes poderes, que habían de traer el triunfo de los principios?

Aquí es preciso, para no pecar de ligero, analizar con calma y pasar revista retrospectiva a los hechos desarrollados durante la ya larga dominación de usted.

En el terreno económico y hacendario, la gestión no puede haber sido más funesta.

Bancos saqueados; imposiciones de papel moneda, una, dos o tres veces, para luego desconocer, con mengua de la República, los billetes emitidos; el comercio desorganizado por estas fluctuaciones monetarias; la industria y las empresas de todo género agonizando bajo el peso de contribuciones exorbitantes, casi confiscatorias; la agricultura y la minería pereciendo por falta de garantías y de seguridad en las comunicaciones; la gente humilde y trabajadora reducida a la miseria, al hambre, a las privaciones de toda especie, por la paralización del trabajo, por la carestía de los víveres, por la insoportable elevación del costo de la vida.

En materia agraria, las haciendas cedidas o arrendadas a los generales o a los favoritos; los antiguos latifundios de la alta burguesía reemplazados, en no pocos casos, por modernos terratenientes que gastan charreteras, kepí y pistola al cinto; los pueblos burlados en sus esperanzas.

Ni los ejidos se devuelven a los pueblos, que en su inmensa mayoría continúan despojados; ni las tierras se reparten entre la gente de trabajo, entre los campesinos pobres y verdaderamente necesitados.

En materia obrera, con intrigas, con sobornos, con maniobras disolventes, y apelando a la corrupción de los líderes, se ha logrado la desorganización y la muerte efectiva de los sindicatos, única defensa, principal baluarte del proletariado en las luchas que tiene que emprender por su mejoramiento.

La mayor parte de los sindicatos sólo existen de nombre; los asociados han perdido la fe en sus antiguos directores, y los más conscientes, los que valen, se han dispersado llenos de desaliento.

Hoy se trata, al parecer, de infundirles vida nueva, pero con miras políticas (como siempre) y bajo la corruptora sombra del poder oficial. Acabamos de ver mítines obreros presididos y "patrocinados" por un gobernador de provincia bien conocido como uno de los servidores incondicionales de usted.

Y ya que se trata de combinaciones de orden político, asomémonos al terreno de la política, en el que usted ha desplegado todo su arte, toda su voluntad y toda su experiencia.

¿Existe el libre sufragio? ¡Mentira! En la mayoría, por no decir en la totalidad de los estados, los gobernadores han sido impuestos por el centro; en el Congreso de la Unión figuran como diputados y senadores criaturas del Ejecutivo y en las elecciones municipales los escándalos han rebasado los límites de lo tolerable y aun de lo verosímil. En materia electoral, ha imitado usted con maestría y en muchos casos superado a su antiguo jefe Porfirio Díaz.

Pero ¿qué digo? En algunos estados no se ha creído necesario tomarse siquiera la molestia de hacer elecciones. Allí siguen imperando gobernadores militares impuestos por el Ejecutivo federal que usted representa, y allí continúan los horrores, los abusos, los inauditos crímenes y atropellos del periodo preconstitucional. Por eso decía yo al principio de esta carta, que usted llamó con toda malicia, al movimiento emanado del Plan de Guadalupe, "revolución constitucionalista", siendo así que en el propósito y en la conciencia de usted estaba el violar a cada paso y sistemáticamente la Constitución.

No puede darse, en efecto, nada más inconstitucional que el gobierno de usted; en su origen, en su fondo, en sus detalles, en sus tendencias.

Usted gobierna saliéndose de los límites fijados al Ejecutivo por la Constitución; usted no necesita de presupuestos aprobados por las cámaras; usted establece y deroga impuestos y aranceles; usted usa de facultades discrecionales en Guerra, en Hacienda y en Gobernación; usted da consignas, impone gobernadores y diputados, se niega a informar a las cámaras; protege al pretorianismo y ha instaurado en el país, desde el comienzo de la era "constitucional" hasta la fecha, una mezcla híbrida de gobierno militar y de gobierno civil, que de civil no tiene más que el nombre.

La soldadesca llamada constitucionalista se ha convertido en el azote de las poblaciones y de las campiñas. Según confesión de los más altos jefes de usted (nada menos que el secretario de Guerra, José Agustín Castro), la Revolución se extiende y nuevos rebeldes aparecen cada día, en gran parte debido a los excesos y desmanes de jefes sin honor y carentes de todo escrúpulo, que, olvidando su carácter de guardianes del orden, son los primeros en trastornarlo con sus crímenes y sus actos de vandalismo.

Esa soldadesca, en los campos, roba semillas, ganados y animales de labranza; en los poblados pequeños incendia o saquea los hogares de los humildes, y en las grandes poblaciones especula en grande escala con los cereales y semovientes robados, comete asesinatos a la luz del día, asalta automóviles y efectúa plagios en la vía pública, a la hora de mayor circulación, en las principales avenidas, y lleva su audacia hasta constituir temibles bandas de malhechores que allanan las ricas moradas, hacen acopio de alhajas y objetos preciosos, y organizan la industria del robo a la alta escuela y con procedimientos novísimos, como lo ha hecho ya la célebre mafia del "Automóvil Gris", cuyas feroces hazañas permanecen impunes hasta la fecha, por ser directores y principales cómplices personas allegadas a usted o de prominente posición en el ejército, hasta donde no puede llegar la acción de un gobierno que se dice representante de la legalidad y del orden.

Y, sin embargo, usted acaudilló a todos esos hombres; usted, su Primer Jefe, usted sigue siendo el responsable ante la ley y ante la opinión civilizada de la marcha de la administración y de la conducta del Ejército, y sobre usted recaen esas manchas y a usted salpica ese lodo.

¡Con cuánta razón los gobiernos extranjeros no tienen confianza en el de usted, y con qué justo motivo el de Francia se ha negado a recibir al enviado constitucionalista, considerándolo como el representante de una facción y no como el funcionario de un gobierno! Las naciones extranjeras recuerdan la conducta de usted durante el periodo del gran conflicto guerrero, y no tienen para usted sino recelos, desconfianza y hostilidad. Usted protestó ser neutral y se condujo como furioso germanizante; permitió y azuzó la propaganda contra las potencias aliadas, protegió el espionaje alemán, obstruyó y perjudicó el capital, los intereses y las finanzas de los extranjeros hostiles al káiser. Usted, con sus desaciertos y tortuosidades, con sus pasos en falso y sus deslealtades en la diplomacia, es la causa de que México se vea privado de todo apoyo por parte de las potencias triunfadoras, y si alguna complicación internacional sobreviene, usted será el único culpable.

Usted ha orillado a nuestro país a la ruina en lo económico, en lo financiero, en lo político y en el orden internacional.

La política de usted ha fracasado ruidosamente.

Usted ofreció y anunció que por medio de un régimen dictatorial que disfrazó con el nombre de Primera Jefatura, haría la paz en la República, mantendría la cohesión entre los revolucionarios, consolidaría el triunfo de los principios de reforma.

La paz no se ha hecho, ni se hará nunca con los procedimientos que usted emplea y con el desprestigio que sobre usted pesa. Los revolucionarios, los de la facción constitucionalista, los que usted ofreció unir, están cada vez más desunidos: así lo confesó usted en su último manifiesto, y en cuanto a los ideales revolucionarios, yacen maltrechos, destrozados, escarnecidos y vilipendiados por los mismos hombres que ofrecieron llevarlos a la cumbre.

Nadie cree ya en usted, ni en sus dotes de pacificador, ni en sus tamaños como político y como gobernante.

Es tiempo de retirarse, es tiempo de dejar el puesto a hombres más hábiles y más honrados. Sería un crimen prolongar esta situación de innegable bancarrota moral, económica y política.

La permanencia de usted en el poder es un obstáculo para hacer obra de unión y de reconstrucción. Por la intransigencia y los errores de usted se han visto imposibilitados de colaborar en su gobierno hombres progresistas y de buena fe que hubieran podido ser útiles a México. Esos hombres, esos intelectuales, esa juventud pletórica de ideales, esa gente nueva, no mancillada, no corrompida ni gastada, esos revolucionarios de ayer, se han apartado de la cosa pública llenos de desencanto; esos jóvenes que se han iniciado en los grandes principios de la Revolución y sienten infinita ansia de realizarlos; esos enamorados del ideal, que hoy llevan el alma impregnada de anhelo por un gobierno serio, honrado, fuerte, impulsado por anhelos generosos y atento a cumplir los compromisos contraídos en hora solemne.

Devuelva usted su libertad al pueblo, C. Carranza; abdique usted sus poderes dictatoriales, deje usted correr la savia juvenil de las generaciones nuevas. Ella purificará, ella dará vigor, ella salvará a la patria.

Y si usted, como simple ciudadano, puede colaborar en la magna obra de reconstrucción y de concordia, sea usted bienvenido.

Pero, por deber y por honradez, por humanidad y por patriotismo, renuncie usted al alto puesto que hoy ocupa y desde el cual ha producido la ruina de la República.

Nuevos horizontes se presentan para la patria. El señor doctor don Francisco Vázquez Gómez, hombre conciliador y atingente, antiguo y firme revolucionario, invita a la unión a los mexicanos, y ha encontrado una fórmula de unificación y de gobierno, dentro de la que caben todas las energías sanas, todos los impulsos legítimos, el esfuerzo de todos los intelectuales de buena fe y el impulso de todos los hombres de trabajo.

Bajo esa nueva dirección se podrá hacer patria, se fundará una paz definitiva, se reorganizará el progreso, se consolidará un gran gobierno de la unificación revolucionaria.

Y para allanar esa obra que de todas maneras habrá de realizarse sólo hace falta que usted cumpla con un deber de patriota y de hombre, retirándose de lo que usted ha llamado Primera Magistratura, en la que ha sido usted tan nocivo, tan perjudicial, tan funesto para la República.

Emiliano Zapata

Bibliografía

Ávila, Felipe, *Breve historia del zapatismo*, Ediciones Culturales Paidós, México, 2018.

Ávila, Felipe, y Pedro Salmerón, *Breve historia de la Revolución mexicana*, Ediciones Culturales Paidós, México, 2017.

Flores Magón, Ricardo, *La Revolución mexicana*, 3ª edición, Editores Mexicanos Unidos, México, 2001.

Garner, Paul, *Porfirio Díaz, del héroe al dictador*, Planeta, México, 2003.

Gilly, Adolfo (comp.), *Felipe Ángeles en la Revolución*, Era, México, 2016.

Katz, Friedrich, *De Díaz a Madero: orígenes y estallido de la Revolución mexicana*, Editores Independientes, México, 2008.

Krauze, Enrique, *Biografía del poder*, Tusquets Editores, México (Biblioteca Histórica Enrique Krauze), 2014.

_____ y Fausto Zerón-Medina, *El vuelo del águila*, t. V: *El derrumbe*, Clío, México, 1993.

_____ y Fausto Zerón-Medina, *El vuelo del águila*, t. VI: *El destierro*, Clío, México, 1993.

Madero, Francisco I., *La sucesión presidencial en 1910*, Random House Mondadori, México, 2010.

Pineda Gómez, Francisco, *La Revolución del Sur*, Era, México, 2013.

Salmerón, Pedro, *1915. México en guerra*, Planeta, México, 2015.

Varios autores, *Nueva historia mínima de México*, El Colegio de México, México, 2016.

SITIOS WEB

Plan de Ayala, texto íntegro, versión 28 de noviembre de 1911:
https://es.wikisource.org/wiki/Plan_de_Ayala_(1911-11-28).

Manifiesto de Zapata en el que desconoce al gobierno de Victoriano Huerta, texto íntegro, versión 4 de marzo de 1913:
https://es.wikisource.org/wiki/Manifiesto_de_Zapata_en_el_que_desconoce_al_gobierno_de_Victoriano_Huerta_ (1913-03-04).

Árbol genealógico de Emiliano Zapata:
https://www.bibliotecas.tv/zapata/familia/arbol_genealogi co.html

Índice

Esta obra se imprimió y encuadernó
en el mes de octubre de 2023,
en los talleres de Impregráfica Digital, S.A. de C.V.,
Av. Coyoacán 100–D, Col. Del Valle Norte,
C.P. 03103, Benito Juárez, Ciudad de México.